高等职业教育“十二五”创新型规划教材

应用写作实训教材

主　编　佟晓丽
副主编　徐　婧　李小侠
主　审　石　莹　孙丽杰
副主审　王金凤
参　编　张英会　李岩岩　黄　琳

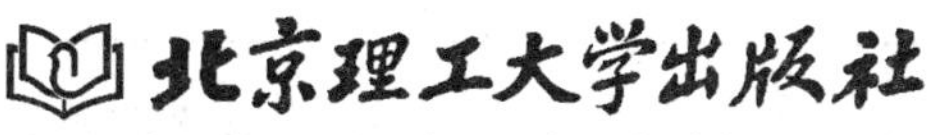

北京理工大学出版社
BEIJING INSTITUTE OF TECHNOLOGY PRESS

内容简介

本教材内容丰富翔实。全书共分五个单元：应用文写作基础知识、行政公文写作、事务性文书写作、日用类文书写作、专业类文书写作；共30多个文种项目。教材模式设计合理，分为目标解读、写作示例、技能导引、理论总结及知识延展等8个模块。

全书既保留了行政公文、事务文书这类贴近岗位需要的通用文书，同时也增加了日用类文书和专业类文书中比较常用的条据类、主持词、竞聘词、自我鉴定、毕业设计等文种。

图书在版编目（CIP）数据

应用写作实训教材／佟晓丽主编．—北京：北京理工大学出版社，2011.7（2017.7 重印）

ISBN 978－7－5640－4696－5

Ⅰ.①应…　Ⅱ.①佟…　Ⅲ.①汉语－应用文－写作－高等职业教育－教材　Ⅳ.①H152.3

中国版本图书馆 CIP 数据核字（2011）第117376号

出版发行／北京理工大学出版社
社　　址／北京市海淀区中关村南大街5号
邮　　编／100081
电　　话／（010）68914775（办公室）　68944990（批销中心）　68911084（读者服务部）
网　　址／http：//www.bitpress.com.cn
经　　销／全国各地新华书店
印　　刷／北京富达印务有限公司
开　　本／710毫米×1000毫米　1/16
印　　张／17.25
字　　数／326千字
版　　次／2011年7月第1版　2017年7月第6次印刷
定　　价／36.00元

责任校对／周瑞红
责任印制／吴皓云

前　言

随着现代社会科技和信息交流的迅速发展，应用文作为信息载体与交流工具日益渗透到社会生活的各个领域。“应用写作”作为职业院校的一门综合性、实践性较强的基础能力课，应立足于增强学生的就业竞争力和职业适应力上，以满足社会对实用型人才的需求。

本教材以学生在日常生活、学习与未来职业生涯中经常使用的应用文为主体，以案例分析为核心，以写作实训为目的的体系来构建全书。在编写中，我们力求突出以下几大特色：

一是重视操作性。本教材在理论知识精练的前提下，重点突出了案例的导向性，给出了各种案例的写作格式，给学生最直观的参考。同时弥补了传统教材的理论过多，实训操作性不强的缺点，通过病文分析、写作练笔、情景模拟等实训环节，使学生能够依据规范，借鉴案例写出符合要求的应用文。

二是体现实用性。本教材注重了以相关职业活动为导向，设定情境教学任务，明确相应岗位应具备的应用文写作能力，设置了合理的教学环节。如“单元任务”“项目目标”“范文示例”“技能导引”“写作实训”“归纳总结”等，充分体现了对未来相关职业岗位的适应性。重在突出“理论够用、重在实用”的高职教育特色。

三是突出时代性。我们在文种选择上，既保留了传统应用文教材内容，也增加了学生在日常的生活学习中经常使用和将要使用的应用文。同时本教材既适合于教学使用，也适合自学使用。

本教材由佟晓丽担任主编，负责统稿；由石莹、孙丽杰主审，王金凤副主审；徐婧、李小侠担任副主编。

书中借鉴了同行教材和网站中的一些有益材料，由于时间仓促，未能一一与作者联系，在此一并表示感谢。由于编写时间匆忙，书中难免存在不当和疏漏之处，恳请专家、同行提出宝贵意见。

编　者

目　　录

第 1 单元　应用文写作基础知识 ………………………… 1

单元实训项目 ………………………… 1

第 2 单元　行政公文写作 ………………………… 11

单元实训项目 ………………………… 11

项目一　公文基础知识 ………………………… 12

项目二　拟写通知 ………………………… 20

项目三　拟写通报 ………………………… 30

项目四　拟写报告 ………………………… 37

项目五　拟写请示与批复 ………………………… 46

项目六　拟写函 ………………………… 55

项目七　拟写意见 ………………………… 62

项目八　拟写会议纪要 ………………………… 72

附表：一些常见的公文格式 ………………………… 88

第 3 单元　事务性文书写作 ………………………… 97

单元实训项目 ………………………… 97

项目一　事务性文书基础知识 ………………………… 98

项目二　拟写计划 ………………………… 99

项目三　拟写总结 ………………………… 114

项目四　拟写述职报告 ………………………… 130

项目五　拟写调查报告 ………………………… 147

项目六　拟写简报 ………………………… 171

第 4 单元　日用类文书写作 ………………………… 185

单元实训项目 ………………………… 185

项目一　拟写个人简历 ………………………… 186

项目二　拟写竞聘词 ………………………… 193

项目三　拟写主持词 ………………………… 202

项目四　拟写求职信 ………………………… 209

项目五　拟写申请书 ………………………… 217

项目六　拟写条据 …… 224
第5单元　专业类文书写作 …… 233
单元实训项目 …… 233
项目一　拟写消息 …… 234
项目二　拟写毕业论文 …… 244
项目三　拟写毕业设计 …… 255
附录 …… 263
国务院关于发布《国家行政机关公文处理办法》的通知 …… 263
参考文献 …… 270

第1单元

应用文写作基础知识

单元实训项目

一、知识目标

理解应用文写作的内涵，掌握应用类文章的基本特征，认识学习本课程的作用，重点掌握应用文的概念，了解应用文的种类、特点以及基本要素。

二、能力目标

初步具备应用文写作的基本知识，具有应用文写作的理念，能够正确使用应用文的专门用语。

三、了解应用文

（一）应用文的概念

应用文是和记叙文、说明文、议论文相并列的一种文体。它是人们在工作和生活中为实现某种实用目的，解决实际需要，处理事务，传播信息时所使用的具有一定格式的文章。

（二）应用文写作的特点

1. 文体的实用性

应用文是为适应社会实践需要而产生、发展的。从内容上看，应用文有较强的现实针对性，它的写作目的，是为了解决现实问题，为了有用。一张条据，就是一个凭证；一封书信便传递了信息；一个通知、一项规定，常常需要成千上万干部和群众遵照执行，甚至指导着亿万人民群众的行动。应用文讲求实际效用的特点，正是它区别于其他文体文章的关键。应用文的实用性，还表现在事务性特点上，它总是与现实生活和具体的工作事务联系在一起，内容求实用，不尚空谈；形式求得体，不求新奇。

2. 使用的广泛性

应用文是人类在社会生活、工作和学习中，经常、普遍使用的文体。当今社会交往日趋频繁，信息传递日渐增多。人们联系工作、个人往来、反映意见和情况要靠信函，开展工作、制订计划、总结经验、管理政务要靠公文，应用文还是党和政府统一领导、贯彻意志的重要工具。总之，应用文在政治、经济、文化和个人生活诸方面发挥着重要的作用，它是所有文体中使用频率最高、应用面最广的重要文体。

3. 内容的真实性

应用文的真实性首先体现在方针、政策的真实性和事实的真实性上。其次，体现在应用文写作态度要端正、实在，文中情况要真实可靠，材料要准确无误，判断要符合实际，要求要具体明确，措施办法要切实可行，做到“文实相符”等方面上。

4. 格式的规范性

应用文一般具有惯用的写作格式。其相对固定的格式是人们在长期实际工作、生活中约定俗成的，目的是为了更好地发挥其实际效用，便于掌握、使用和交流。如公文名称、格式、行文关系等，国家都做了统一规定，任何单位或个人都必须按规定撰写和发送，不得随心所欲，自立名目，另搞一套；其他应用文如合同、广告、诉状、判决书、调解书以及简报、调查报告、计划、总结等，也都各有其特定的惯用程式。程式性是提高应用文写作质量和行文效率，以及增强权威性和约束力的重要保证。

5. 写作的时效性

时效性是指应用文写作有时间限制。时效性是应用文实用价值能否充分发挥的重要要求。如合同书在合同签订前就必须写好，会议通知开会前必须发出，信函、批复、报告等时限性更强，延误时间，不仅误事，甚至会给工作带来重大损失。

（三）应用文的种类

由于社会分工不同、各行各业的业务不同，应用文的种类在不断增多。为了方便把握文种及其特征，我们把应用文分为私务应用文和公务应用文两大类。私务应用文主要有日记、家书、自传、宗谱、账目等。公务应用文主要有五种：规范性文书、法定性公务文书、机关事务性文书、专业性文书、日用性文书。

公务类应用文的分类情况如下：

1. 规范性文书

规范性文书是指能为人们的行为提供标准，指明方向，以书面形式或成文形式表现，以一定的社会主体的强制力保证实施，以一定的行为规范用以指导、规范人们行为的各种应用文书。它包括国家宪法、法律、法规、规章；政党、社团、经济组织的章程；行政机关、人民团体、企事业单位的一般规章制度、规范、须知、公约等。

2. 法定性公务文书

法定性公务文书就是指依照法律法规的规定所形成的公务文书，即公文。目前已形成体系的法定公文有：《中国共产党机关公文处理条例》规定的党的机关公文；《国家行政机关公文处理办法》规定的国家行政机关公文；由《人大机关公文处理办法》规定的人大机关公文；由《中国人民解放军公文处理条例》规定的军队机关公文；由《人民法院公文处理办法》规定的法院公文。

3. 机关事务性文书

机关事务性文书，就是各类机关包括企事业单位，为开展日常工作而使用的计划、总结、调查报告、简报、会议记录、大事记、公示等。

4. 专业性文书

专业性文书指社会各行各业在处理各自行业业务工作时所使用的文书。如经济类文书、传媒类文书等。

5. 日用性文书

日用性文书指人们日常生活中常常需要使用的文书，如条据类文书、告启类文书、书信类文书、礼仪类文书、外交类文书等。

（四）应用文的作用

应用文在传达和贯彻党的方针政策，管理国家事务，联系与处理工作交流信息、沟通理解等方面起着十分重要的作用。具体说来有以下几点：

1. 法规准绳作用

应用文的主体——公文是党和国家治国安邦的重要文体。在公文中，有相当一部分文件的内容是党和国家以及各级权力机关所制发的命令（令）、决定、决议等法规性质的文件。法规文件具有法律的依据作用，它一经制定和发布生效，国家即以强制力保证它的权威和贯彻实施，在它的有效范围内，人们必须遵守，不得违反。行政命令性文件对下级的约束力，表现为受文者必须坚决贯彻执行，否则会受到党纪政纪追究处分。因此具有法规性质的公文一经制定、发布，便具有了法律的规范性和准绳作用。

2. 领导指导作用

上级机关对下级机关的工作指导，通常是以文件的形式出现的。领导机关通过颁布法律、法令和行政法规，通过制发决议、决定、指示、通知、通报等来具体领导和指导下级机关的工作。各机关也可制作有关文件，对有关人员的行为进行规范，对工作进行具体指导和帮助。

3. 宣传教育作用

发布文件是宣传党的路线、方针、政策的一种重要手段，同时也是教育广大干部和群众的一种重要方式。党和国家各项方针、政策的贯彻执行，各项工作任务的完成，虽然离不开行政命令，但主要还得依赖于广大干部和群众的自觉性。文件作为党和国家明法传令、指导工作的工具，在传达机关的意图的过程中分析形势，提出任务，发表主张，说明应该做什么而不应该做什么，应该怎样做而不应该怎样做等，其目的就是为了使党的方针政策和法律法令深入人心，使广大人民群众自觉地贯彻执行。

4. 公务联系作用

一个国家的管理包含着自上而下的完整体系，是一个系统网络，而每一个机关单位就是这个网络中的一个结点。各机关单位在处理日常事务中，经常要与上下左右的有关单位沟通联系。公文中的请示、通知、通报、函等文种，常用来沟通关系、联系上下左右间的各种事宜。社会公务管理目标的实现，需各方配合，公文便是承载、传递管理信息的桥梁和纽带。人类借助公文运行，保持国家和社会管理的平衡，进而沿着正确的轨道，通向既定的目标。

5. 凭证记载作用

有些应用文可直接作为某种证明和依据。证明信、介绍信及护照等证件，可以证明某种情况，某人身份、职务、资格和赋予他的任务等；会议记录、会议纪要等文种，在行文过程中便具有了凭证、记载作用；合同、协议等经过双方签订的文件，是证实双方曾经许诺的责任和享有权利的凭证；上级机关制发的文件是下级机关据以执行的依据和凭证。它们在失去执行效用后，经过档案化过程而成为档案材料，对今后的工作具有记载、凭证和查考作用。

四、应用文写作基本要素解析

应用文写作的基本要素是指建构一篇应用文章必须具有的组成部分。具体指主题、材料、结构、语言、表达方式等。

（一）应用文的主题

1. 应用文主题的含义

主题又称主旨，是作者在说明问题、发表主张或反映生活现象时，通过文章内容所表达的中心思想或基本观点。主题是文章的统帅和灵魂，应用文的其他构成要素都要服从服务于主题，因为它决定着文章的质量、价值和作用。

2. 主题的特点

应用文的主题有自己的个性特点。这里所说的个性特点，是与文学写作中的主题相对而言的。应用文的主题和文学写作所产生的文本的主题虽然都是通过文章来表达“中心思想和基本观点”，但在思维方式，表达方式，写作活动中的写作主体所处的角色、角度，以及具体展现主题时所使用的表现手法都有区别。

3. 主题的来源

应用文写作中，主题的产生和确立与应用文的写作目的直接相关，多数应用文的写作目的直接揭示了主题，这与其他类文体主题的产生和确立不尽相同。它主要来源于三个方面：

（1）来源于社会生活的客观需要；

（2）来源于本单位、本部门或个人处理公、私事务的需要；

（3）来源于党和政府的方针政策及有关决策意图。

4. 确立主题的要求

（1）正确。主题正确，这是应用文写作最基本的要求，也是最终的要求。所谓正确，就是要用先进的思想为指导，所确定的主题符合党和国家的路线、方针、政策、法律、法规，符合客观实际，能够反映事物的真实面貌和本质规律。

（2）集中。所谓集中，是指应用文的主题要单一，一篇应用文不论篇幅长短、内容繁简只能有一个主题，重点要突出。如果应用文所传达出的信息呈现多向性，其语言材料就会夹杂不清，读者就无从把握。

（3）深刻。所谓深刻，是指确立的主题要能够反映事务的本质和规律，以及事务间的内在联系，要能够揭示事物所隐含的最有价值的思想意义，能够提出推进社会发展的有益的见解。

（4）鲜明。所谓鲜明，是指应用文表达的观点要清晰明确，直截了当。肯定什么，反对什么，态度鲜明，使读者易于理解。

（二）应用文的材料

1. 应用文材料的含义

所谓材料，是指在应用文写作中，为实现写作目的、有效表现主题而搜集、积累的事实、数据和观点。它包括事实现象，也包括理论观念。

2. 材料的特点和要求

应用文的材料有以下的特点：

（1）真实性。应用文写作必须以事实为基础，不允许虚构、想象、移花接木。选用的材料本身必须是真实的，是符合客观实际和生活实际的，反映给读者的材料必须是准确唯一的。

（2）典型性。应用文写作要求使用最有代表性、最能深刻揭示事物本质的材料。用这样的材料来突显观点，结论才更加坚实可信。

（3）直接性。应用文写作以“解决问题”为目的，表达主旨要明确，也就要求材料必须具有表意的直接性，围绕着主题来选择和使用材料。应用文在材料与观点统一的基础上，所用材料能够坚实地支撑观点，表现主旨。

（4）时效性。应用文必须立足于当前，着眼于未来，这就要求使用新颖的材料，尽可能地反映出事物发展的新动态、新情况，为决策者提供依据。

3. 材料的种类

从不同的角度，可以划分出不同的种类。

（1）从时间上分，有现实材料和历史材料；

（2）从性质上分，有感性材料（事实、数据）和理性材料（理论依据）；

（3）从范围上分，有概貌材料和典型材料；

（4）从获取途径上分，有直接材料和间接材料；

（5）从内容上分，有正面材料和负面材料。

（三）应用文的结构

1. 应用文结构的含义

应用文的结构又称谋篇布局，是指运用材料表现主题的组织构造，它既是应用文内容的重要表现形式，也是作者思路在文章中的具体体现。

2. 结构的作用

（1）使文章言之有体。“体”指体裁。应用文在长期的写作实践过程中，大都形成了比较固定的结构形态，也叫程式。

（2）使文章言之有序。合理安排结构，就是根据一定的思路，将零散的材料组织起来，使之条理清楚，成为一个有机的整体。

（3）使文章言之成文。通过精心安排结构，可以增加文章的文采，从而增强其可读性。

3. 应用文结构的特点

（1）固定性。应用文有较固定的写作结构，以适应实际工作需要，使写作更快速，阅读更便捷。特别是公文写作，其格式更规范，结构更固定。

（2）条理性。应用文写作要求思路严密，结构上以求清晰有条理。如写事件，就应按“开端—发展—结果”的顺序安排结构；写问题就应按“发现问题—分析问题—解决问题”的顺序安排结构。

（3）文种不同结构不同。凡文种都有相对稳定的结构样式，不同文体有不同的结构要求。如写合同就需要将合同的条款按标的、数量、质量、价款等内容分条列项地写清楚；写通知要按目的、依据、事项、执行要求的顺序安排结构。

4. 应用文安排结构的原则

（1）要服从表现主题的需要。主题是作者的写作目的、意图的体现，结构必须服从主题的需要，为表现主题、突出主题服务。例如怎样安排开头与结尾、怎样划分层次与段落、怎样设置过渡与照应、怎样确定主次与详略等，都要围绕主题进行。这样，才能使文章组成一个严谨周密、内容形式统一的有机整体。

（2）要正确反映客观事物的发展规律和内在联系。应用文是对现实生活、客观事物的反映，客观事物总有一个发生、发展、结局的过程，作者对它的认识也遵循一定的规律。这种规律性，也就表现为文章结构的基本形式。

（3）要适应不同文体的要求。文体不同，结构的样式和要求也会不同。应用文不同于文学作品，不同类型的应用文体结构方式也存在着区别，在写作时，要凸显出文体特点。

5. 常见的应用文结构形式

文章的结构形式具有两重含义：一是宏观结构，即文章的总体构思、大体框架；二是微观结构，即对文章的层次、段落、开头、结尾、过渡、照应和主次的具体设计。我们重点介绍应用文写作常用的结构形式。

（1）单段式。正文内容用一个自然段来表达。内容少而单一，不便分开，往往采用一段文字来表达。如写在商品外包装上的说明文，公文中的函、批复等。

（2）两段式。正文内容用两个自然段来表达。这种结构模式，一般用于以下几种情况：

①把结语部分内容和主体内容分开写，单列一个自然段，成为两段式。即行文的缘由和行文事项为一段，希望、要求等结语为一段。

②写作目的缘由、行文事项各为一段。在转发、发布性公文中，将发布或转发的文件名和发文意见列为一段，执行要求另为一段。在答复性公文中，将表示收到对方文件为一段，而答复事项为另一段。

③没有开头、结语部分，只将主体内容列为两段。

（3）三段式。三段式是短篇应用文比较规范的常用模式。正文把写作目的缘由、写作事项、结尾分为三段来写。

（4）多段式。用于内容较多，篇幅较长的应用文书，总共有四个自然段以上。一般是开头概述基本情况、说明原因、目的、依据，结尾单独成段或省略结尾，主体部分内容分为若干个段，各部分不分条列项。内容多、篇幅长的应用文书，一般不宜采用多段式，宜采用将主体内容分成几部分，用小标题或总分条文式。

（5）条款式。用分条列项的形式安排结构。规章制度、计划、合同和职能部门的一些文书，较多使用这种形式。全文从头到尾都用条款组织内容，给人以眉目清楚、排列有序的印象。

（6）表格式。表格式通常有以下两种形式：

①由职能部门或企事业管理部门或企业单位，事先印制好表格式的规范文本，将有关内容分项列出，各项之后留下空白，让使用或合作单位和个人按规定填写。表格文书一般要注明填写要求和注意事项。如招、投标的文书，合同，财务会计文书等。

②单位临时制作的表格式文书。根据写作目的，将有关统计数据编制成表格。

（四）应用文的语言

1. 应用文语言的含义

应用文的语言，是指在应用写作过程中用以承载作者对客观事物的观点和态度的文字材料。能否运用语言文字去恰切地表达思想内容，这不仅是一个人是否具有写作能力的重要标志，也是一篇文章成功与否的关键。

2. 应用文语言的特点

应用文的语言具有以下的特点：

（1）应用文的语言要平实。所谓平实，就是强调文风朴实无华，语言实在，强调直接叙述。绝大部分应用文拒绝文学的写作技巧。无论是机关单位还是个人，在运用应用文处理公私事务中，都要充分发挥它的现实效用。为此，在表述中力求语言的平易质朴、通俗易懂。

（2）应用文的语言要准确。准确，就是应用文所使用的语言材料，能恰如其分地承载其所传递的信息，做到词义相符。这是应用文写作中对语言的最基本的要求。在应用文写作中，特别是在公文和科技文章的写作中，要特别强调语言的准确性。有时，字句上一个小小的失误，就可能造成无法挽回的损失。一定要避免使用无法准确地反映客观事物本质属性、形态以及作者意图的词义不确定的词语。

（3）应用文的语言要简明。为了使机关单位和个人在处理公、私事务时加快办事节奏，提高办事效率，应用文的用语必须简洁精练，言简意赅。在具体写作中，选词造句，最基本的一条原则就是“明白”，要让人一看就知道讲的是什么，明白该如何去做。不枝蔓，不苟简，不晦涩难懂，不啰唆烦琐。

（4）应用文的语言要庄重。应用文语言庄重的这一特点，在公文写作用语中表现得尤为明显。因为公文往往代表一级机关或组织说话，有着法定的权威性和行政约束力。一些法规性公文，一经发布，就成为各项工作乃至个人行为的规范和准则，有关人员必须严格遵守实施。一些下行文虽没有法规性质，但下级机关必须坚决执行。因此，这类公文的写作语气必须严肃，措辞必须郑重，用语不能轻漫浮华。上行文、平行文的用语虽然不像下行文那样具有威严的特点，但也应庄重严谨。公文语言的这一特点，表明了写作者严正的立场和严肃的态度，维护了公文的权威性。在礼仪性的文书中这一特点也非常明显。

3. 应用文语言表达的要求

（1）语言表达要严谨、得体，多用书面语。应用文语言表达是否严谨有分寸，关系到对问题的判断、处理是否合理、准确。应用文往往有特定的阅读对象，在语言表述中要符合作者的身份地位，语言色彩要符合特定的行文目的及文章内容的性质。应用文的写作性质决定其语言风格表现为简明、规范、严肃，而书面语能较好达到这一语言要求，因而应用文语言大多采用书面语进行书写。

（2）语言简洁、准确，数据使用要规范。应用文语言表达要真实、明确，恰如其分。要严格区分词义的大小和轻重，词语的选用要恰当，防止产生歧义。引用数据时，在同一篇应用文中序数数字的体例要统一，不能体例混杂。表示公元世纪、年代、时刻均需使用阿拉伯数字，而星期则用汉字。邻近两个数字并列表示概数时，应该用汉字书写，数字与数字之间不能用顿号将其隔开。

（3）正确使用应用文的习惯语。程式化的语言是应用写作实践中的习惯用语，这种语言已经约定成俗，得到广泛的认可和共识。学习掌握这种语言的关键是表达要简明合乎规范。

（五）应用文的表达方式

写文章常用的表达方式有叙述、描写、说明、议论和抒情五种。应用文写作中常用的表达方式有叙述、说明、议论三种，而描写、抒情一般在广告、调查报告、经济新闻等文体中偶尔使用。这里主要介绍叙述、说明、议论三种方式在应用文体中的使用。

1. 叙述

（1）叙述的含义。叙述是对人物、事件、环境所作的概括性的交代和表述。在应用文中，叙述是一种最基本、最常用的表达方式。运用这种方法，可以介绍人物的事迹、经历；可以陈述事物发生、发展的过程；可以为议论提供事实论据。

应用文体中叙述的方式通常有：顺叙、倒叙、概叙和夹叙夹议。

（2）应用文写作中叙述的特点。叙述在应用文写作中有如下几个特点：

①应用文中的叙述以记事为主。应用文写作反映现实，解决问题，多以记事为主，如反映经济活动状况、市场情况、经济信息、介绍典型经验、阐述事情原委、总结工作等。

②应用文中的叙述以概括叙述为主。应用文写作是通过叙述为文章得出正确结论作依据的。如通报的叙述是为后面阐述事实的性质，达到对这一事件学习、鉴戒或引起注意的目的而服务。因而应用文写作的叙述大多用简明扼要的概括叙述。

③应用文中的叙述多用顺叙。为使应用文条理清晰，让读者理解掌握所述的客观事实，在文章中应尽量使用顺叙。有的按照时间顺序，有的以事件发展为顺序，有的按照认识事物的客观过程来叙述，这样能使较复杂的事实头绪清晰，一目了然。

④应用文中的叙述要客观真实。应用文所述事实必须客观真实，不允许对事实夸大或缩小，更不能歪曲事实或主观臆造，否则就会导致决策失误。如市场预测所依据的市场事实失真，预测的结果必定出现很大的偏差，从而导致决策的失误。

2. 说明

（1）说明的含义。说明是用言简意赅的文字，把事物的形状、性质、特征、构成、功能等解说清楚。说明在应用文中与叙述相结合，起到对客观事物真实介绍说明的作用。如说明书、报告、请示、合同、自荐书等都离不开说明。说明是应用文的主要表达方式之一。应用文体中常用的说明方法有：诠释说明、分类说明、举例说明和列数字说明等。

（2）应用文中说明的特点。说明在应用文写作中表现出以下几个特征：

①说明客观、科学。通过说明真实客观地反映事物的真实面貌及其本质特征，这就要求说明要客观、科学、严肃。

②多用数字进行说明。说明不但要客观真实，而且要做到准确无误，用数字进行说明就能起到这样的作用。特别是需要反映量的变化时，数字的作用就尤为突出。

③综合使用多种说明方法。在说明中，常常是多种方法结合同时使用。如数字说明和比较说明、定义说明和分类说明等结合运用，可以把事物说得更具体、准确。

3. 议论

（1）议论的含义。议论就是作者对客观事物或问题进行分析评论，表明自己的观点和态度。议论具有论点、论据、论证三要素，但在大多数的应用文写作中，往往不要求三要素齐全、论证过程完整。而是根据文种的需要，叙述事实后就下结论，或提出观点后就举例证明，不需要周详的论证推理过程。

（2）应用文中议论的特点。

①应用文中的议论重数据、重材料。与议论文的议论不同，应用文中议论不是靠言论的雄辩，而是需要无可辩驳的事实材料和数据为依据，正可谓“事实胜于雄辩”，应用文反对不切实际的议论。

②应用文中的议论通常与说明、叙述等方式结合使用。夹叙夹议、叙议结合，是应用文中的议论特点。应用文写作不单独进行完整的议论，议论依赖于所叙述的事实和说明的现象，是在事实和现象的基础上进行议论。

第2单元

行政公文写作

单元实训项目

实训目标

以某政府机关秘书的身份完成一次公务活动中通知、通报、请示、报告、批复、函、意见、会议纪要等文种的拟写。

实训准备

本单元要求学生提前了解行政机关、党政机关的职能范围、隶属关系、性质特点，通过翻阅报纸、查看政府公报、浏览机关网站，搜集整理各级各类机关运行中的各类行政公文，并作比较分析，找出公文的特点与规律。

实训阶段

在学习本单元的同时，进行各个项目的实训。为保证各实训项目按时完成，应按以下各阶段进行检查验收。

第一阶段：以某机关秘书身份，通过告知事项、布置任务、检查落实，学会撰写通知、通报、通告等文种。

第二阶段：以某机关秘书身份，通过请示汇报工作，请求上级批准、指示的事项，请求有关行政及职能主管部门审定事项、答复请求及商洽事项，学会撰写请示、报告、批复、函、意见等。

第三阶段：以某机关秘书身份，通过布置会议、下发通知、准备文件材料、做会议记录、整理会议相关材料，学会撰写会议纪要。

总结与评估

实训项目结束，教师对实训任务进行考核，综合对学生实训成绩进行评定，分为优秀、良好、中等、及格和不及格五个等次。

项目一　公文基础知识

一、知识目标

通过该模块的学习，了解行政公文的特点、种类、行文规则，重点把握党政机关在进行公务活动中所使用的《国家行政机关公文处理办法》中规定的公文格式规范。

二、能力目标

通过对行政公文格式各要素的学习，了解如何设计公文版式和具体流程要求等。

三、公文基础知识概述

（一）公文的概念

公务文书简称公文。它的涵盖面很广，广义上讲，包含了除私人文书以外的各类公务文书。通常指党政机关、企事业单位、群众团体在处理公务时形成和使用的各类文书。如1996年5月3日中共中央办公厅发布的《中国共产党机关公文处理条例》；国务院2000年8月24日发布，自2001年1月1日起实施的《国家行政机关公文处理办法》（以下简称《办法》）；全国人民代表大会常务委员会办公厅1998年2月发布的《人大机关公文处理办法》以及中央军委制定的《人民解放军机关公文处理条例》；最高人民法院制定的《人民法院公文处理办法》等确定的公文文种。

狭义上，特指行政公文。根据国务院2000年8月24日发布，自2001年1月1日起实施的《国家行政机关公文处理办法》的规定："行政机关的公文，是行政机关在行政管理过程中形成的具有法定效力和规范体式的文书，是依法行政和进行公务活动的重要工具。"《办法》规定，我国行政机关现行的公文有13种：命令（令）、决定、公告、通告、通知、通报、议案、报告、请示、批复、意见、函和会议纪要。

（二）公文的特点

1. 实用性

公文的产生与公务活动有关，离开了公务活动，就不能称其为公文。公文，是在机关公务活动中形成的，是各级行政机关与组织行使法定职权，实施有效管理的重要工具，具有很强的实用性。

2. 权威性

首先公文要求公文作者必须是法定的。所谓法定的作者，就是指依据法律、法规和有关的章程、条例、决定成立的并能以自己的名义行使法定的职能权利和担负一定的义务的机关、组织或代表机关组织的领导人。公文必须由法定的作者依法制发，因而赋予了公文具有法定性与权威性的特征。同时从中央国家机关到地方各级政府在进行行政管理过程中，必须严格履行各自的职责，即下一级必须服从上一级的领导与指挥，地方必须服从中央，各级行政机关及其所属部门制发的公文，都是本部门法定权威的象征，其下属部门必须严格贯彻执行。所以，公文具有法定的权威性。

3. 时效性

每一份公文都是为了完成某个特定的任务而制发的，有的公文的时效很长，如法规性文件时效可达几十年；而有的公文时效很短，如具体事项的通知。制发公文的目的也是为了解决公务活动的实际需要，提高机关的办事效率。由此，公文的实际效用是有一定的时间限制的，随着一项工作的完成，该公文的作用也就随之结束，经过立卷、归档后，它将对今后的工作起到凭证与参考的作用。

4. 规范性

为了维护公文的权威性，保护公文的严肃性和便于公文的处理，国务院从公文的用纸规格、公文的格式、公文的处理程序等都有严格的规定。一篇具体的公文从发文机关标识、发文字号、标题、主送机关、正文、落款等也都有严格的要求。

（三）公文种类

1. 按适用范围来划分

根据《办法》的规定，现行公文有 13 种：命令（令）、决定、公告、通告、通知、通报、议案、报告、请示、批复、意见、函和会议纪要。

（1）命令（令）。适用于依照有关法律公布行政法规和规章，宣布施行重大强制性行政措施，嘉奖有关单位及人员。

（2）决定。适用于对重要事项或者重大行动做出安排，奖惩有关单位及人员，变更或者撤销下级机关不适当的决定事项。

（3）公告。适用于向国内外宣布重要事项或者法定事项。

（4）通告。适用于公布社会各有关方面应当遵守或者周知的事项。

（5）通知。适用于批转下级机关的公文，转发上级机关和不相隶属机关的公文，传达要求下级机关办理和需要有关单位周知或者执行的事项，任免人员。

（6）通报。适用于表彰先进，批评错误，传达重要精神或者情况。

（7）议案。适用于各级人民政府按照法律程序向同级人民代表大会或人民代表大会常务委员会提请审议事项。

（8）报告。适用于向上级机关汇报工作，反映情况，答复上级机关的询问。

（9）请示。适用于向上级机关请求指示、批准。

（10）批复。适用于答复下级机关的请示事项。

（11）意见。适用于对重要问题提出见解和处理办法。

（12）函。适用于不相隶属机关之间商洽工作，询问和答复问题，请求批准和答复审批事项。

（13）会议纪要。适用于记载、传达会议情况和议定事项。

2. 按行文方向来划分

公文按行文方向可分为下行文、上行文和平行文。

3. 按缓急程度来划分

公文按缓急程度可分为特急、急件、一般文件三类。

4. 按保密级别来划分

公文按保密级别可分为四个等级：绝密、机密、秘密和普通。

（四）公文行文规则

公文的行文规则主要包括以下几个方面。

（1）行文应当确有必要，注重效用。

（2）行文关系根据隶属关系和职权范围确定，一般不得越级请示和报告。

（3）政府各部门依据部门职权可以相互行文和向下一级政府的相关业务部门行文；除以函的形式商洽工作、询问和答复问题、审批事项外，一般不得向下一级政府正式行文。部门内设机构除办公厅（室）外不得对外正式行文。

（4）同级政府、同级政府各部门、上级政府部门与下一级政府可以联合行文；政府与同级党委和军队机关可以联合行文；政府部门与相应的党组织和军队机关可以联合行文；政府部门与同级人民团体和具有行政职能的事业单位也可以联合行文。

（5）属于部门职权范围内的事务，应当由部门自行行文或联合行文。联合行文应当明确主办部门。须经政府审批的事项，经政府同意也可以由部门行文，文中应当注明经政府同意。

（6）属于主管部门职务范围内的具体问题，应当直接报送主管部门处理。

（7）部门之间对有关问题未经协商一致，不得各自向下行文。如擅自行文，上级机关应当责令纠正或撤销。

（8）向下级机关或者本系统的重要行文，应当同时抄送直接上级机关。

（9）“请示”应当一文一事；一般只写一个主送机关，需要同时送其他机关的，应当用抄送形式，但不得抄送其下级机关。“报告”中不得夹带请示事项。

（10）除上级机关负责人直接交办的事项外，不得以机关名义向上级机关负责人报送“请示”“意见”和“报告”。

（11）受双重领导的机关向上级机关行文，应当写明主送机关和抄送机关。上级机关向受双重领导的下级机关行文，必要时应当抄送其另一上级机关。

四、公文的用纸规格

（1）公文用纸采用国际规定的 A4 型纸，其规格为：210 mm×297 mm。

（2）公文页边与版心尺寸。公文用纸天头（上白边）为：37 mm±1 mm，地脚（下白边）为：35 mm±1 mm；公文用纸订口（左白边）为：28 mm±1 mm，翻口为：26 mm±1 mm，版心尺寸为：156 mm×225 mm（不含页码）。

（3）字体型号。公文正文一般用三号仿宋体字，文中小标题可用三号小标宋体字或黑体字，一般每面排 22 行，每行排 28 字。

（4）公文装订。公文应在左侧装订，不掉页。

五、公文格式

按照《国家行政机关公文格式标准》的要求，公文一般由秘密等级和保密期限、紧急程度、发文机关标识、发文字号、份号、签发人、标题、主送机关、正文、附件、成文日期、印章、附注、附件、主题词、抄送机关、印发机关和印发日期等要素组成。

组成公文的各要素可以分为眉首、主体、版记三部分。其中公文首页红色反线以上的各要素统称眉首；置于红色反线（不含）至主题词（不含）之间的各要素统称主体；置于主题词以下的各要素统称版记。

（一）眉首部分

公文的眉首也称文头，是指置于公文首页红色反线以上的各要素，包括公文份数序号、秘密等级、紧急程度、发文机关标识、发文字号、签发人等项。

1. 秘密等级与保密期限

有密级的公文可分绝密、机密和秘密三个等级。如需标识秘密等级，须用三号黑体字顶格标识在版心右上角第一行，两字之间空一字；如需同时标识秘密等级和保密期限，用三号黑体字顶格标识在版心右上角第一行，秘密等级和保密期限之间用“★”隔开。

2. 份号

份号是份数序号。绝密和机密文件需要编发份号，一般文件则不需要。与秘密等级在同一行，用阿拉伯数字左侧顶格书写。

3. 紧急程度

紧急文件应该根据紧急程度标明“特急”或“急件”字样。如需标识紧急程度，用三号黑体字顶格标识在版心右上角第一行，两字之间空一字；如需同时标识秘密等级与紧急程度，秘密等级顶格标识在右上角第一行，紧急程度顶格标识在版心右上角第二行。

4. 发文机关标识

发文机关标识由发文机关全称或规范化简称后加“文件”组成；对一些特定的公文可只标识发文机关全称或规范化简称。联合行文，主办机关排列在前，“文件”二字置于发文机关名称右侧，上下居中排布；如联合行文机关过多，必须保证公文首页显示正文。

发文机关标识一般使用小标宋体字，用红色标识。字号以醒目美观为原则，但一般应小于 22 mm × 15 mm（高 × 宽）。

5. 发文字号

发文字号也称文号，发文字号有三个要素：发文机关代字、发文年份和该年的发文顺序号。联合行文，只标明主办机关发文字号。

下行的公文，发文字号居中排列于发文机关标识的正下方；上行的公文，发文字号位于发文机关标识的左下角，前空一字，使用三号仿宋体字。年份、序号使用阿拉伯数字；年份应标全称，并用六角括号括入；序号不标虚位，不加“第”字。

6. 签发人

上行的公文需标识签发人（会签人）姓名，平行排列于发文字号右侧。发文字号居左空一字，签发人居右空一字。签发人用三号仿宋体字，签发人后标全角冒号，冒号后用三号楷体字标识签发人姓名。如有多个签发人，主办机关在前。

（二）主体部分

主体是指置于红色反线以下至主题词之间的各要素，包括公文标题、主送机关、公文正文、附件、成文日期、印章、附注等项。

1. 公文标题

公文标题一般由发文机关名称、事由、文种三部分组成。置于红色反线下空两行的位置上，用二号小标宋体字，可分一行或多行居中排列；回行时要做到词义完整，排列对称，间距恰当。

2. 主送机关

主送机关指公文的主要受理机关，应当使用全称或规范化的简称。位于标题下空一行的位置，左侧顶格用三号仿宋体字标识。

3. 公文正文

公文正文是公文的核心部分。正文内容应做到：符合各项法律法规和政策，主题突出，观点鲜明，结构严谨，语言简练。正文位于主送机关下一行，每个自然段前空 2 字，回行顶格。正文中的序号应按“一、（一）、1、（1）”的顺序排列。

公文首页必须出现正文，如果发文机关或主送机关过多，导致首页不能出现正文时，可采取适当缩小发文机关标识字体、调整标题写法等方式来解决。

4. 附件

需要标明附件的公文，其标注位置在正文下空一行，左空两字用三号仿宋体字标识“附件”，后标全角冒号和名称。

5. 成文日期

成文日期是公文生效的时间，是公文的一项重要内容。成文日期以负责人签发的日期为准，联合行文以最后签发机关负责人的签发日期为准。会议通过的公文以通过的日期为准。成文日期一般在正文之后的右下方标注，标注时要使用汉字，并将年月日标全。

6. 印章

印章是公文的生效标志。其作用一是证实公文的效力，二是证实公文的信用，三是表示对公文的负责。

公文除“会议纪要”和以电报形式发出的以外，都应当加盖印章。联合上报的公文，由主办机关加盖印章；联合下发的公文，发文机关都应当加盖印章。加盖印章要做到骑年盖月（上不压正文，下压成文日期）。

（三）版记部分

版记是指主题词以下的各要素，包括主题词、抄送机关、印发机关和印发日期、印制份数等项。

1. 主题词

主题词是为了便于公文管理的需要。一般由类别词、类属词、文种三个部分构成。具体词目可以参考《国务院主题词表》。主题词居左顶格标注，后标全角冒号，词与词之间空一字。

2. 抄送机关

抄送机关是指除主送机关以外需要执行或知晓公文的其他机关，应当使用全称或者规范化简称、统称。在主题词下空一行，左空一字，标上“抄送”，用全角冒号，后面依次写上机关名称。

抄送的基本原则是：①公文只抄送给有关机关。②本机关的重要下行文，可以抄送直接上级机关。本机关向上级机关的请示，不得同时抄送平级和下级机关。③受双重领导的机关，在向其中一个领导机关行文时，应根据公文内容抄送另一领导机关；上级机关在向受双重领导的下级机关行文时，应同时抄送另一上级机关。④因特殊情况须越级行文时，应抄送越过的机关。⑤如同一份公文既要抄送上级机关，又要抄送平级和下级机关，应分段书写，上级机关在前，平级和下级机关在后。

3. 印发机关和印发日期

印发机关位于抄送机关之下占一行位置，用三号仿宋体字。印发机关左空一字。印发日期以公文付印的日期为准，与印发机关同处一行，右空一字，用阿拉伯数码标识。

除了以上公文的一般格式外，还有一些公文有其特定的格式。

（1）信函式格式。信函式公文，用于处理日常事务的平行文或下行文，使用频率较高。这种公文只标识发文机关名称而不标识“文件”二字；也不标识签发人，其他各要素都和“文件式”公文相同。具体标识方法为：

①发文机关名称上边缘距上页边 30 mm，书写时不加“文件”二字，发文机关名称一般不用简称。如“中华人民共和国国务院”。

②在发文机关名称 4 mm 之下印一条上粗下细的武文线，在距下页边 20 mm 处印一条上细下粗的文武线，线的长度是 170 mm。

③“信函式”公文的秘密等级、紧急程度可以放在武文线下版心左上角顶格，发文字号放在武文线下右上角顶格。最后一行文字下边缘与文武线距离 6 mm（参见信函格式）。其他要素的标识方法和“文件式”公文格式相同。

（2）命令格式。

①发文机关名称应使用全称，不能用简称。发文机关名称后加“命令（令）”字。如“广东省人民政府令”。发文机关标识用红色小标宋体字；字号由发文机关自定。

②在发文机关之下空两行标识令号，居中，令号用黑体字显示庄重，前面加“第”字，即“第×号”。令号的编制从第一号令开始，其余机关下移，不受年度限制。

③令号下空两行标识正文，中间没有红色反线。

④正文下空一行标识签发人亲笔名章。签名章用红色，右空四字。命令的签发人应该是发文机关的最高领导。（参见命令格式）

（3）会议纪要格式。会议纪要的格式应写成“×××××会议纪要”，位置距版心上边缘 25 mm。字号由发文机关酌定。会议纪要不加盖印章。（参见会议纪要格式）

六、思考与实训

（一）绘制公文版式图

请参阅公文格式示例，自己动手制作一套（文件格式、函件格式）模拟的公文样式，要求用纸规格、反线长度、版心大小、天白地脚、订口翻口、公文要素等都要符合规定要求。

（二）拟写标题训练

（1）哈尔滨市人民政府为了巩固城市绿化的工作成果，制发了一份公文，将保护城市绿地应遵守的有关事项告知全体市民。

（2）临江市实验中学是该市唯一一所使用汉英双语教学的学校，为了进一步提高英语教学质量，该中学领导经研究后，准备选派 5 名英语教师去加拿大学习 6 个月。为此，制发了一份公文，请求临江市教委给予批准。

（3）吉林市某大学学生张力周末返校途中，路遇歹徒抢劫他人，便奋不顾身，见义勇为，最终将歹徒制伏扭送到公安机关，其学校决定对张力进行表扬奖励。

（4）旭日酒店职工马某某在清理餐厅时，拾到客人遗落在此的黑色皮包一个，里面装有 1 万元现金和其他一些贵重物品，她马上通过酒店和客人取得了联系，将钱物如数返还给了失主，九江市旅游管理局决定下发公文对马某某予以表扬奖励。

（5）威海市公安局需要购置 30 辆摩托车，须向市财政局申请批准财政拨款购买。请代拟公文标题。

（三）拟写发文字号

（1）重庆市人民政府在 2010 年制发的第 5 号函件。

（2）上海市人民政府办公厅在 2010 年制发的第 1 号文件。

（3）黑龙江省人民政府 2010 年制发的第 13 号文件。

（4）天津市人民政府 2010 年第 31 号函件。

七、拓展迁移

了解公文的收文与发文程序。

（一）收文办理程序

收文办理，指文书部门收到文件材料后，在机关内部及时运转直到阅办完毕的全过程。收文办理程序主要有：签收、拆封与登记；分发与传阅；拟办、批办与承办；催办、查办与注办。

1. 签收、拆封和登记

签收是指收到文件材料后，收件人在对方的公文投递单或送文簿上签字，以明确交接双方的责任，保证公文运转的安全可靠。

拆封是文书人员的职责。

登记就是将需要登记的文件在收文登记簿上编号和记载文件的来源、去向，以保证文件的收受和处理。

2. 审核分发和传阅

审核：机关文书部门收到下级机关上报的需要办理的公文，应当进行审核。

3. 拟办、批办与承办

拟办是指对来文的处理提出初步的意见，供领导人批办时参考。

批办是指机关领导人对送批的文件如何处理所作的批示。

承办是指机关有关部门或人员按照来文的要求进行具体工作或办理复文。

4. 催办、查办与注办

催办是指那些必须办理答复的文件，根据承办时限的要求，及时地对文件承办的情况进行督促和检查。催办的形式有口头催办、电话催办和书面催办等。

查办是指文书工作人员协助机关领导检查各项方针、政策、决议、指示的执行和落实，以及对某些问题进行查处，解决的一项承办性工作。

注办是指对公文承办结束后，由经办人在公文处理单上所作的简要说明。注办便于公文的整理和日后查考。

（二）发文办理程序

发文是指机关文书部门根据机关的工作需要向外发出文件材料，包括本机关制发、转发、翻印、复印的文件材料等。发文办理程序有：拟稿、审核与签发、核发、缮印与校对、用印、登记与分发。

1. 拟稿、审核与签发

拟稿是公文承办人员根据领导交拟或批办的意见草拟文稿的过程。

审核是指公文的草稿在送交机关领导人审批签发以前，对公文的内容、体式进行的全面审核和检查。

签发是指机关领导人对文稿的最后审批。

2. 核发、缮印与校对

核发是指在公文正式印发之前，对经领导人签发的文稿进行复核并确定发文字号、分送单位和印制份数的一项工作。

缮印是指对已签发的公文定稿进行印制。

校对指将公文的誊写稿、打印稿清样与经领导签发的原稿核对校正，以修改和消耗除书写、排字上的错误。校对要确保文字准确、格式规范、杜绝差错。

3. 用印、登记与封发

用印是指在制成的公文落款上加盖发文单位的印章。它代表着机关的职权，印章标志着公文由此生效。除会议纪要外，其他公文都要加盖公章。

登记是在发文前，对制发的文件标题、文号等进行记载，以便对发文进行清点、统计、控制、查找与回收。

分发是对印好的公文，按照发送范围的要求，进行分封发放的过程。

项目二　拟写通知

一、知识目标

通过该模块的学习，帮助学生了解各种通知的正确写作方法；规范要求，撰写出规范、标准的通知；完成批转下级，转发上级和不相隶属机关的公文；传达要求下级机关办理和需要周知或共同执行的事项；任免人员等；便于方针政策、周知事项得到贯彻执行和遵守。

二、能力目标

通过范文阅读及评析，了解各种通知的适用情境、写作特点和写作规范、程式；通过病文诊治、思考实训、分步训练等方法，在此基础上提炼出通知的写作要点。在撰写训练中，以模拟某机关秘书的身份，以开会、告知事项、布置任务、传达政策、人事任免等日常工作为对象，使学生学会撰写出符合要求的通知。

三、写作范例

示例 1

关于建立有形建筑市场的通知

各市、县、自治县人民政府，省府直属有关单位：

为规范建设工程发承包交易行为，建立公开、公平、公正的建筑市场秩序，从源头上防治建设领域的腐败现象，必须尽快建立有形建筑市场。现就有关问题通知如下：

一、各地级以上市必须在今年底前建立建设工程交易中心，并挂牌运作。个别工程较少的地级市，可以实行定期办公制度。各县（县级市）要从实际需要出发，因地制宜地成立建设工程交易中心。

二、今后凡属政府投资（包括政府参股投资和政府提供保证性质的使用国外贷款进行转贷的投资）以及国有企事业单位、集体企业和公有产权占主导地位的企业投资工程和《广东省建设工程招标投标管理条例》规定应实行招标发包的建设工程，都必须进入交易中心进行交易；如有特殊原因不宜进入交易中心进行公开招标的，必须经同级建委审核后，报同级人民政府批准，并在交易中心按规定办理有关手续。违者，将依照《建筑法》和有关规定予以处罚。

三、建设工程交易中心应具备如下基本功能：一是信息服务功能，收集、存储和发布各类工程信息、企业状况信息、材料价格信息、法规政策信息等，为发包承包双方提供信息、咨询服务；二是场所服务功能，为开标、评标、定标、洽谈等活动提供条件较好的场所；三是“窗口式”集中办公服务功能，通过工程报建、招标投标、施工许可、合同鉴证、质量安全监督、建行营业等有关部门进驻集中办公，为发承包双方提供便利的“一条龙”配套服务。

四、有形建筑市场建立以后，每个投标工程项目的投标单位原则上不得少于6家，其中，1/3由建设单位直接推荐，2/3由交易中心从符合招标条件的报名投标单位中随机抽取。参与投标的单位均应具有规定的资质。

五、评标工作在交易中心指导下由建设单位主持。评标委员会（小组）由7人以上单数组成，其中建设单位及其主管部门人员占2/5，另外3/5人员在开标前一天从招标评标专家库（名单）中抽取确定。

六、建设工程交易中心可以收取合理的服务费用。收费标准，由各市物价部门从实际情况出发核定，报同级政府批准后实行。

七、建设工程交易中心的各项招标评标工作必须坚持公开、公平、公正的原则，严格按照有关规定和程序办理。建设行政主管部门和监察部门要加强对交易中心工作的监督管理，并视交易活动的需要，听取财政、税务、工商等有关部门的意见，确保交易中心各项工作正常开展。

八、各级政府要从讲政治的高度深刻认识加强建筑市场管理的重要性，加强领导，对发承包过程中发生的违法违纪行为要坚决依法查处。各有关部门要积极参与，各司其职，相互配合，努力建立公平竞争、规范运作的建筑市场，保证工程建设顺利进行。

广东省人民政府

二〇〇八年十一月五日

示例2

关于编制2010年财务预算报表的通知

各部门：

根据市财政局关于上报2010年度财务预算报表的通知（×财发〔2010〕××号）精神，公司要求各部门要认真填报2010年度预算项目，现将有关事项通知如下：

一、各部门编制预算报表时间：2010年10月15日至2010年11月15日。

二、各部门上报本部门预算报表的时间：2010年11月16日至2010年11月20日。

三、上报部门：公司财务结算中心。

四、编制办法及报表格式：见附件。

希望各部门要根据本年度财务情况，在做好调研的基础上，本着实事求是、精细准确的原则，认真做好编制2010年度财务预算报表的工作。

附件：1. 2010年度财务预算报表编制办法

2. 2010年度财务预算报表格式

××公司（盖章）

二〇〇九年十月十二日

示例3

国务院关于批转中国残疾人事业“十一五”发展纲要的通知

各省、自治区、直辖市人民政府，国务院各部委、各直属机构：

国务院同意国务院残疾人工作委员会制定的《中国残疾人事业“十一五”发展纲要（2006年—2010年）》，现转发给你们，请认真贯彻执行。

国务院

二〇〇六年六月四日

示例4

黑龙江省人民政府转发国务院关于开展第六次全国人口普查的通知

各市（地）、县（市）人民政府（行署），省政府各直属单位：

现将《国务院关于开展第六次全国人口普查的通知》（国发〔2009〕23号）转发给你们，并结合我省实际提出如下要求，请一并认真贯彻执行。

一、高度重视，加强领导。各地、各有关部门要切实加强对普查工作的组织领导，确保高质量完成普查任务。省政府已成立黑龙江省人民政府第六次全国人口普查领导小组，负责人口普查的组织和实施工作。各地也要抓紧成立相应的组织领导机构，组织和实施本地的人口普查工作。

二、周密安排，落实到位。各级政府要为人口普查创造良好的工作条件，认真解决普查中遇到的困难和问题，严格按照国家要求完成各项工作。要保证人口普查所需经费，按时拨付，足额到位。各级人口普查机构要做好普查经费管理工作，切实做到专款专用，节省开支。要选调政治素质好、工作责任心强、具有普查经验的人员组成普查员队伍，并认真做好培训和管理工作。要积极做好宣传工作，为人口普查顺利开展创造良好的舆论环境。

三、密切配合，明确职责。省直各有关部门要通力协作，密切配合，共同做好人口普查工作。按照部门分工协作的原则，统计部门负责普查工作的业务指导、组织、协调和实施，财政、公安、人口计生和民政等部门要积极配合，做好相关工作。

附件：国务院关于开展第六次全国人口普查的通知

黑龙江省人民政府
二〇〇九年九月十一日

示例5

国务院办公厅关于开展行政法规规章清理工作的通知

各省、自治区、直辖市人民政府，国务院各部委、各直属机构：

为了更好地适应加快建设法治政府、全面推进依法行政的要求，国务院决定对现行行政法规、规章进行一次全面清理。经国务院同意，现就有关事项通知如下：

一、清理范围

（一）现行行政法规；

（二）国务院各部门制定的现行规章；

（三）省、自治区、直辖市和较大的市的人民政府制定的现行规章。

二、清理原则

各省、自治区、直辖市和较大的市的人民政府，国务院各部门分别负责清理本级人民政府、本部门制定的规章，并按照以下原则处理：

（一）规章主要内容与法律、行政法规相抵触的，或者已被新的法律、行政法规、规章所代替的，要明令废止。

（二）规章适用期已过或者调整对象已消失，实际上已经失效的，要宣布失效。

（三）规章个别条款与法律、行政法规不一致的，要予以修改。

（四）在规章清理中发现部门规章与地方政府规章对同一事项的规定不一致的，要将处理建议送国务院法制办研究处理。

国务院法制办具体承办行政法规的清理工作，并按照以下原则提出建议，报国务院做出决定：

（一）行政法规的主要内容已被新的法律、行政法规所代替的，要明令废止。

（二）行政法规适用期已过或者调整对象已消失，实际上已经失效的，要宣布失效。

（三）行政法规与法律不一致的，要予以修改。

三、清理工作要求

及时清理行政法规、规章是维护法制统一和政令畅通、推进依法行政、建设法治政府的客观要求和重要措施。各地区、各部门要高度重视这次清理工作，加强领导，精心组织，周密部署。国务院法制办要加强工作指导，抓好督促检查；省、自治区、直辖市和较大的市的人民政府及国务院各部门法制工作机构要认真做好具体实施工作，确保清理工作顺利进行。

行政法规和规章清理工作要在 2007 年 10 月底前完成。行政法规清理工作完成后，国务院法制办要及时将清理结果报国务院，经批准后向社会公布。规章清理工作完成后，各省、自治区、直辖市和较大的市的人民政府及国务院各部门，要分别将清理结果和现行有效规章目录向社会公布，并于 2007 年 11 月底前将清理工作总结送国务院法制办（较大的市的人民政府将清理工作总结报省、自治区人民政府），经汇总后报国务院。

附件：规章清理情况表

国务院办公厅

二〇〇七年二月二十五日

示例 6

关于召开 ×× 市中小学教学工作会议的通知

各区县教工委、教委、督导室：

为落实中共中央 8 号文件及 ×× 市教育大会精神，深化中小学教学改革，进一步巩固和提高我市基础教育教学质量，今年暑期，基础教育领导干部会议与 ×× 市中小学教学工作会议合并召开。现将有关事项通知如下：

一、会议主题

贯彻 ×× 市教育大会精神，明确教书育人、育人为本，在稳步推进课程改革和强化信息建设与应用的背景下，进一步深化教学方式和学习方式的改革，落实素质教育，创新教学工作，全面提高教学质量，促进教师专业发展，促进学生德智体美劳全面发展。

二、会议内容

总结交流 5 年中小学教学改革工作经验，认清形势，明确任务，提出今后几年深化教学改革、提高基础教育整体质量的意见；通报 2008 年 ×× 市义务教育阶段教学质量监控的基本情况，发布《 ×× 市义务教育教学质量报告（2008）》；研讨进一步提高中小学教学质量的相关政策和管理机制；宣读百名专家致中小学家长的一封信和示范高中校长致中小学校长的一封信；交流 ×× 式中小学教学改革经验，宣传推进教学成果。

三、会议时间、地点

时间：2009 年 8 月 16—17 日

地点：××会议中心（ ××来广营西路××号）

请参会人员于 16 日上午 9：00 前在北京会议中心东会议厅一楼大厅报到，9：30 准时开会。

四、会议形式

此次会议将采用电视电话视屏系统。

五、参加人员

（一）主会场参加人员（略）。

（二）分会场参加人员（略）。

六、会议要求

（一）要配合做好网络视频转播相关工作。

（二）要组织好网上在线解答参与工作。

××市教育委员会

二〇〇九年八月三日

示例 7

关于澳门特别行政区政府白英伟任职的通知

澳门特别行政区政府：

依照《中华人民共和国澳门特别行政区基本法》的有关规定，根据澳门特别行政区行政长官何厚铧的提名和建议，国务院 2000 年 10 月 27 日决定，任命白英伟为澳门特别行政区警察总局局长。

国务院

二〇〇〇年十月二十七日

四、技能导引

（一）标题

通知的标题分完全式和省略式两种。即由发文机关、事由、文种三部分组成，或事由、文种两部分组成。转文性通知的标题相对较为复杂，构成样式为“发文机关+发布（批转或转发）+被发布（转发或批转）的文件标题+文种”。

（二）主送机关

通知要主送给需要知晓或办理公文的对象，要写明全称或规范化简称、统称。

（三）正文

1. 转文性通知的正文

一般首先要表明对转文的态度；其次可写明被转文件的作用或意义；最后要提出执行要求与希望。

2. 指示性通知的写法

指示性通知的正文由通知缘由、通知事项、通知要求等组成。通知缘由要简明扼要，主要交代拟写通知的目的或政策理论依据等。通知事项是主体部分，包括对工作任务的部署，对工作原则、具体措施、意见以及需要注意的问题的阐述。指示内容要明确、具体，并方便下级操作，可采用分条列点的方式叙述。最后提出要求，可以单独成段，提出执行要求，大多数通知多采用“特此通知”“以上通知，请认真贯彻执行。”等直接结束全文。

3. 事项性通知的写法

事项性通知的缘由部分可先说明依据、目的或意义等。事项部分要把需周知或执行的事项以分条列点的方式进行阐明，做到重点突出。其中会议通知是事项通知中比较常用的。会议通知的缘由一般要说明召开会议的目的和意义等。具体事项要包括会议议题、会议内容、会议时间与地点、具体参会人员、会议要求等。

4. 任免通知的正文

任免通知的正文比较简单，一般由任免依据、任免人员姓名和任免职务构成。个别的还要写明任职期限等。

（四）结束语

通知结束语一般要单独成段，常用的有“特此通知”“以上通知，请认真贯彻执行。”

（五）落款

落款包括成文日期和单位印章。

五、通知写作实训

（一）病文诊治

病文 1

关于重申禁止职工参与赌博活动的规定

各科室、班、站、供电公司：

为了禁止各种形式的赌博活动，我局于九二年制定了《关于禁止职工参与赌博活动的规定》，对禁赌活动起到了一定的作用。但近几年，社会上赌博之风日益盛行，甚至有发展蔓延之势，成为社会一大公害。目前，我局部分职工中，仍有赌博的活动，严重影响了生产、职工队伍及职工家庭的稳定。为了扫除赌博这种丑恶现象，严惩腐败，严肃党纪政纪，纯洁党的组织和队伍，保证我局各项任务的完成，对赌博问题，重申以下的规定：

1. 局属各级领导干部要严格自律，做出表率，不准参加任何形式的赌博活动，包括不准参与以消遣、娱乐为目的，有少量钱物作注比输赢的赌博活动。

2. 各单位领导、各级党组织要把禁赌工作作为党风和廉政建设责任的两项重要内容，做到敢抓敢管，一级抓一级，不纵容赌博活动，不通风报信，不包庇赌博分子，发现本单位人员参赌、聚赌的，要及时制止，严肃处理，如发现后不查处，不报告，产生严重后果的，要追究直接领导的责任。

3. 全局职工，不准参与赢利为目的的聚众赌博活动，不准利用公务活动或探亲、旅游之机境外参与赌博活动，严禁动用公款参与赌博。

4. 严禁在办公、生产场所内进行任何形式的赌博活动。

5. 各单位要将禁止赌博活动作为年度考核内容之一。凡参与赌博活动，经教育仍然不改的，要扣发参赌人员当月及年终奖金，并不得评为先进。

6. 凡参与赌博的职工，且屡教屡犯的，依据党纪政纪有关规定，给予党纪政纪处分，情节严重的、影响恶劣的，给予开除党籍，行政撤职或开除的处分，触犯刑律的，交司法机关依法处理。

××市电力工业局

××年×月×日

病文2

关于召开布置开展增产节约、劳动竞赛会议的通知

各分公司、分厂、各车间党支部、公司直属部门：

为贯彻上级精神，总公司董事会研究决定在全公司范围内广泛开展增产节约、劳动竞赛活动，现在，把会议有关问题通知如下：

一、会议时间：10 月 4—8 日。

二、会议地点：总公司招待所。

三、与会人员：各分公司、分厂、总公司直属部门负责同志，工会主席等。

四、请各单位准备好本单位开展劳动竞赛活动的经验材料，限 500 字，报到时交给会务组，并请与会人员于 10 月 4 日前来报到。

××省××公司

2009 年 4 月

（二）写作练笔

（1）请根据新学年入学新生需要办理图书证的有关情况，拟写一份通知。

齐鲁大学新学年开学，为了方便新生办理借阅图书，图书馆拟发一份通知，就办理图书证的有关事宜告之新生，包括办证的时间、地点，办证需要的照片、工本费等，以班级为单位统一到图书馆办理。

（2）请依据下面这则消息，为广东省卫生厅模拟撰写一份公文给各有关单

位，明确应采取什么有效措施，确保人民群众的健康和安全。

广东省卫生厅要求专项治理急查食用洋凤爪

本报讯近日，传出国外禽畜内脏及鸡爪等废弃物流入中国的消息后，国家卫生部要求专项治理。广东省卫生厅从昨日起着手布置行动，通知各地对市面销售的这类货品实行严格检查。广东尤其是广州市是国内“凤爪”消费量最大的地区，由于需求量大，部分此类货品要依赖进口。而从国外进口的冷冻禽畜内脏、凤爪更是受到家庭主妇们的喜爱。

自发现一批国外不被人食用的废弃禽畜内脏、凤爪、鸡胫进口到中国后，省卫生部门特发出通知，要求各市、县、区卫生部门迅速对当地经营禽畜、肉副食产品批发市场，进口肉类加工厂，冷库，农贸市场内的进口、国产畜禽内脏、鸡胫、凤爪等进行检查和清理整顿，对不具备经营卫生许可证、进口检验证的商家，对其出售的不合格产品要全部进行销毁。

公文内容应增加一条：望各单位立刻行动，并将治理情况上报我厅。

发文字号自拟，日期为：2008 年 7 月 24 日。

六、归纳总结

（一）通知的适用范围

通知适用于批转下级机关的公文，转发上级机关和不相隶属机关的公文，传达要求下级机关办理和需要有关单位周知或者执行的事项，任免人员。

（二）通知的种类

1. 指示性通知

向下级机关布置工作、传达需要执行的事项的通知。如《国务院关于进一步规范彩票管理的通知》。

2. 转文性通知

将现有文件转给收文机关了解与执行的一类通知，包括批转性通知、转发性通知、发布性通知等。如《国务院批转公安部关于推进小城镇户籍管理制度改革意见的通知》《黑龙江省人民政府办公厅关于转发国务院办公厅国办发〔2000〕12 号文件的通知》《国务院关于发布〈国家行政机关公文处理办法〉的通知》。

3. 事项性通知

传达需了解或执行的事项。如《国务院办公厅关于成立国务院安全生产委员会的通知》《国务院关于召开 2005 年全国劳动模范和先进工作者表彰大会的通知》。

4. 任免通知

任免人员的通知。如《哈尔滨市人民政府关于李志恒等同志任免职务的通知》。

（三）通知的特点

1. 广泛性

通知是公文中使用范围最广、使用频率最高的文种之一。使用通知的机关不分级别高低，可以在各级各类机关单位广泛使用。通知的内容既可涉及党和国家的重要方针政策，也可以是基层单位的日常事务。

2. 告晓性和指挥性

通知具有告晓性的特点，告晓有关事项；同时又具有指导性，通知总是有所要求，要求相关人员办理、遵守和执行。

3. 灵活性

通知的形式灵活多样，它既可以是重要的指示性的长篇，也可以是转发文件的短文。它既可以通过广播、电视、网络等媒体发布，也可以采用文件形式下发。

项目三　拟写通报

一、知识目标

通过对该内容的学习，可以了解通报作为引导性、教育性、告晓性很强的文种在社会发展中的作用，了解通报的适应范围、特点及正确使用方法等。

二、能力目标

通过范文阅读与分析的学习，将会帮助学生提炼出通报的写作要点与规律，掌握表彰、批评、传达通报的正确写作方法，规范要求，撰写出规范、标准的通报，并学会从正反两方面分析、归纳、阐明观点，从而发挥通报的警示教育作用。

三、写作范例

国务院办公厅关于表彰奖励中国女子足球队的通报

各省、自治区、直辖市人民政府，国务院各部委、各直属机构：

中国女子足球队是我国体育战线上的一支优秀队伍，长期以来，刻苦训练，锐意进取，在历次重大比赛中都获得了好的成绩，为我国体育事业的发展做出了贡献。中国女子足球队在第三届世界杯女子足球赛中，发扬为国争光、不畏强手、团结协作、顽强拼搏的精神，荣获亚军，为祖国赢得了荣誉，受到全国人民的称赞。为此，国务院决定对中国女子足球队给予表彰并予奖励。

各地区、各部门要认真学习中国女子足球队热爱祖国、无私奉献、坚忍不拔、团结拼搏的优秀品质和高尚情操，更紧密地团结在以江泽民同志为核心的党中央周围，高举邓小平理论伟大旗帜，振奋精神、开拓进取、立足本职、扎实工作，为把建设有中国特色的社会主义伟大事业全面推向二十一世纪而努力奋斗。

国务院办公厅

一九九九年七月十二日

示例 2

关于××市超越权限批准征地问题的通报

《中华人民共和国土地管理法》规定，国家建设征用耕地××亩以上，其他土地××亩以上的，由国务院批准。《××省土地管理实施办法》规定，省辖市人民政府批准耕地 10 亩以下，其他土地 20 亩以下；超过以上限额的，按审批权限报上一级人民政府审核批准。××市人民政府违反上述规定，超越权限批准征地 3 901 亩，并推土施工。最近，省国土厅、监察厅联合派出调查组对此事进行了查实。现通报如下：

××年×月，××市决定在×村和×街分别建设工业加工区，并于××年×月，以市政府办公室名义，超越权限批准×村电子工业加工区征地 2 754 亩，其中耕地 1 048 亩，非耕地 1 706 亩，随后推土动工。为此，省国土厅发现后曾对××市提出了批评，并要求他们按规定报批。××市不但不按规定办理这批土地的征地手续，反而在今年初又一次以市规划局名义，超越权限批准×街纺织工业加工区征地 1 147 亩，其中耕地 579 亩，非耕地 568 亩。今年 3 月，国家土地管理局到该市检查工作时，向他们严肃指出：超越权限批准征地是违法行为。该市仍不听劝告，继续施工。直到今年五月，省政府明电制止，才停止施工，推土面积已达 1 497 亩。

××市对国家和省有关征用土地的规定是知道的，但该市明知故犯，有法不依，有禁不止。这种做法是十分错误的。根据《××省土地管理实施办法》有关规定，省人民政府决定：对××市处以罚款 621 万元，责成××市人民政府作出深刻检查，并对直接责任人作出严肃处理，处理结果应专题报告省人民政府。

各地要从××市的错误中吸取教训，引以为戒，增强法制观念，严格按照国家的政策、法规办事。国土部门要切实加强土地管理工作，对超越权限批准征地和乱占滥用土地的，要依法严肃处理。

××省人民政府

××年×月×日

示例3

教育部办公厅关于陕西重庆等地学校相继发生食物中毒事件的通报

新学期开学以来，陕西、重庆等地学校及幼儿园相继发生数起食物中毒事件。9月7日，陕西省铜川市青年路小学的学生，因食用集体早餐，造成160名学生、9名教师食物中毒；同日，西安建筑科技大学约130名学生因食用晚餐而致食物中毒；9月9日、9月15日，西安市631研究所幼儿园、西安市莲湖区几所中小学因食用集体早餐分别发生食物中毒；9月8日重庆市万州区天城周家坝流水村贝贝幼儿园（系家庭幼儿园）的26名儿童因食用混有亚硝酸盐的午餐，而发生食物中毒（其中2名儿童死亡）。这一系列食物中毒事件的发生，反映出一些地方教育行政部门和学校领导对学校卫生工作没有给予足够的重视，尤其是对学校食品卫生工作疏于管理，缺乏安全防范意识。学校发生食物中毒的事件，不仅影响了正常的教学秩序，而且严重地损害了学生的身心健康。为了使发生食物中毒事件的地区和学校吸取教训，促进各地学校对食品卫生的重视，进一步加强学校饮食卫生的管理，杜绝食物中毒事件在学校的发生，确保学生身心健康，特对以上事件进行通报，并重申以下规定：

1. 各级教育行政部门要加强对学校卫生工作的领导和管理，要配备专人分管学校卫生工作；每学期应定期深入学校了解和检查有关学校卫生工作情况，尤其要对学校饮食卫生、环境卫生等进行重点督促检查，并主动争取卫生部门对学校集体用餐、环境卫生的监督指导。

2. 各级各类学校（包括幼儿园）应严格按照《食品卫生法》的要求，加强对学校食堂、学生集体用餐的管理工作。

3. 各级教育行政部门和学校应对学校炊管人员加强营养与食品卫生知识方面的培训。要制订培训计划，分期分批地进行培训，使之懂得营养与食品卫生方面的知识，增强食品卫生方面的防范意识。

4. 要加强学校健康教育工作。各级各类学校应充分利用健康教育课、班会、队会、讲座、板报等形式对学生进行食品卫生知识和预防食物中毒的专题教育，增强学生的卫生防病意识以及识别腐败、变质食品的能力，并教育学生不买街头无照、无证商贩出售的各类食品。

5. 加强食物中毒、传染病流行疫情报告制度。各级各类学校一旦发生食物中毒、传染病流行等事件应及时报告当地卫生防疫和教育行政部门，并积极采取措施救治发病人群，保护易感人群，力争把中毒事件或传染病疫情控制在最小范围。重大事件或疫情应及时报告上级教育主管部门。

四、技能导引

（一）标题

通报的标题分完全式和省略式两种。即发文机关、事由、文种三部分组成，或事由、文种两部分组成。单用文种的较少。

（二）主送机关

通报的主送机关分两种情况，一种是专指的，这时要标明主送机关；另一种是普发式文件，这时则不需标出主送机关。

（三）正文

通报的正文一般包括通报缘由、事项、结束语三部分。

表彰性通报，一般先说明受表彰个人或单位的先进事实、典型经验及主要意义；然后写明奖励办法等；最后对其他单位提出要求，即典型经验的示范作用。

批评性通报，可先写明所要通报事件的主要事实与表现或交代通报的缘由；接着分析该事件发生的原因、经过、危害；最后，提出处理意见，对其他单位提出要求杜绝此类事件发生。

情况通报，侧重于传达情况，一般分概括叙述基本情况，分析情况和针对情况提出希望与要求等部分。

通报的结束语常用“特此通报”，也可在事项叙述完以后直接结束。

（四）落款

最后写明发文单位和发文日期。

五、通报写作实训

（一）病文诊治

商业部关于××市和××地区商业仓库发生重大火灾事故的通报

×××：

为深入贯彻落实《中共中央关于加强安全生产的通知》精神，各地发动和依靠广大群众参与安全生产管理，建立义务消防组织，定期进行群众性的安全大检查，总结推广了一批十几年、二十几年无火灾事故的先进典型，在安全工作方面取得了一定的成绩。但也有一些单位乃至地区还存在不少问题，去年曾发生了两起重大火灾，均使国家遭受了重大损失。现将××市和××地区商业局关于火灾事故的调查处理报告摘要通报给你们，请组织所属单位领导和职工进行学习，从中吸取教训，并结合本单位工作做好安全检查，及时消除火灾隐患。

当前，梅雨季节已至，望全面加强工作领导，在搞好防火安全教育的同时，注意与水文、气象部门联系，发动和依靠群众，及早采取有效措施，确保国家财产安全。

附件：1：（略）

2：（略）

2007年5月6日

（二）写作练笔

（1）2010年7月3日，某职业技术学院的王某、张某在期末语文考试中，由于平时不努力，考试时想通过打小抄，舞弊蒙混过关，被监考老师发现。为严肃校风校纪，学院领导决定对他们两人的舞弊行为给予严肃处理。7月4日，学院拟在各教学楼上张贴对舞弊同学处分的批评通报，请你代拟一份批评通报。

（2）请认真阅读《湘妹子阿香和45 000元巨款》这篇报道，以广州市旅游管理局的名义，写一篇表彰性通报，发下属各旅游公司、宾馆、酒店，表扬这种精神。

写作提示：可按顺序介绍申彬香其人，然后叙述其事迹，最后发出号召。

捡钱

“我又捡了1万多元呢！”2000年3月的下午，中旅酒店员工宿舍楼，住D01室的申彬香对她的室友谢小兰说。申彬香说得很平淡，谢小兰却跳起来了：“什么？你又捡钱了？……哇，你运气怎么那么好！”

那是上午8点多钟，申彬香在一楼餐厅为客人服务，喝早茶的客人还很少，56号台的客人离座了，但凳子上还放着一个黑包，桌子上的早点（白粥和炒面）已经吃光。餐厅里当时只有阿香一个服务员。台位和台位间都由隔板隔着，形成一个小小的隐秘空间。那个放在凳子上的黑包，显然又是客人忘记拿走的。阿香疾步走出那个隐秘的小空间，问收银员56号台的客人是否已经付账，收银员回答说，在两分钟之前已经付账，客人付完账后拎着一个大行李箱匆匆走出了酒店！

又是一桩这样的事！

仅仅在几个月之前，1999年的11月，也是喝早茶的时间，那次是53号台，两个40多岁左右的男人坐在那里边吃东西边谈生意，然后他们一同笑着走了。阿香去收台，就发现他们坐过的凳子上却还“坐”着一只黑包。

那三只黑包里，都装着1万多块钱，三只黑包里的钱加起来，一共有45 000多元。才出来打工几个月，阿香就捡了45 000多元钱！

阿香为什么出来打工

申彬香的家乡在湖南省邵东县的峡山村，是湖南省的贫困地区。贫困地区的年轻人都纷纷出门打工了，但阿香初中毕业后却一直陪伴着父母干活：她插田、割稻、割草喂鱼，稚嫩的双肩也挑担子，从井里挑回水，从“土”里挑回红薯和玉米……家里的生活很艰难。弟弟考上高中了，每年需交学费、生活费 5 000 多元。5 000 多元啊！这是一笔让阿香的父亲绝望的巨款。姐姐已经出嫁，妹妹也还在上学，弟弟的“学习钱”也让阿香操心得睡不着。穷人的孩子早当家，1999 年 10 月，22 岁的阿香来到广州了，经老乡介绍，她进了位于广源中路的中旅酒店，做服务员，工资每个月才 400 元，但她觉得已经不错了！

还　钱

一个月后，申彬香就捡到了钱，那两个黑包。她很着急，为那两个粗心的客人着急。包里肯定装有贵重东西啊！她抓起那两个包就追到大门外，可早不见了客人的踪影。她就把包交给了餐饮部经理。经理叫来保安，在保安的监督下打开包检查：有钱装在信封里，都是 1 万多，点数清楚；另外有客人的身份证和卡片。根据卡片上的电话找到了客人。

第二次，听收银台小姐告知客人已走，阿香又本能地抓起包追出门外，下台阶时还差些摔倒。可是早已不见了客人的踪影。

如第一次一样开包检查，一大沓新版百元大钞跳出来，数了一下 15 000 元，幸好也有客人的卡片，卡片上有手机号码。阿香拨打那手机号码，得知客人已进入机场的候机厅，正为黑包遗失的事急得不知所措的呢。当他听到阿香的声音时，不禁大叫起来：“小姐啊，你真好！”

还钱之后的故事

捡到钱，还给失主，对于申彬香来说，是再自然不过的事情，就像她家池塘中的鱼需要她割草去喂一样。她不知道有一部新出台的法律，规定捡钱要还，否则将被视为“不当得利”而造成违法，第一次捡钱时她才从老家来广州一个月，酒店管理部门也没有特别向她这个新员工讲明拾获客人钱物要还的纪律，她只是这样认为——从小她父亲就不断地对她这样讲过：别人的钱，一分一厘也不能沾——她并不认为她做了“拾金不昧”的好事！

两次捡钱，还钱，她都毫不声张，就像什么也没发生一样，第二次捡钱过了两天，她正当班，忽然酒店老总派人叫她到办公室去。原来是从广州日报社来了一位记者，要采访她拾金不昧的好事。这有什么好写的呢？阿香不理解。

酒店老总听她回答得太朴实，索性手一挥代她对记者说：“自己急需用钱却对巨额现款毫不动心，这是非常难能可贵的！巨款，45 000 多元对于她绝对是一笔巨款，按她每月 400 元工资算，这钱她得工作 10 年才能挣够，还得不吃不喝！她两次捡到钱时都是只她一个人在场，如果她不交出，谁也不会知道，酒店也无从追究她的责任，客人也无从追究酒店的责任——所以阿香的这种精神尤其难能可贵！”

（三）分析下面一份情况通报正文的结构

关于2009年度全市殡葬管理目标考核结果的通报

各区、县级市人民政府，市府直属各单位：

根据《××市殡葬管理目标考评办法》的规定，经市殡葬管理目标考评小组综合考核，现将2009年度全市殡葬管理目标考核结果通报如下：

××区、××区、××区、××区能够采取有力措施，强化殡葬工作，大力推行火葬，使各项目标达到或超过《××市殡葬管理计划目标责任书》规定的考核目标，总评分均在98分以上，其中××区、××区、××区连续三年总评分均在98分以上。

殡葬改革是社会主义精神文明建设的一项重要工作，希望各级政府一定要高度重视。同时希望各区、县再接再厉，继续积极推行殡葬改革，力争取得更好成绩，确保全面完成2010年度的殡葬管理目标任务。

××市人民政府

二〇一〇年五月二十二日

六、归纳总结

（一）通报的适用范围

通报是国家机关、社会团体、企事业单位表彰先进、批评错误、传达重要精神或情况所使用的一种下行公文。

（二）通报的特点

1. 教育性

通报的写作目的是以提高人们的认识为目的，通过弘扬先进，树立典型，或是通过批评错误，警醒人们，提高认识，明辨是非，从而推动工作发展。

2. 典型性

通报所表扬的不管是正面的还是反面的，都必须是真实的典型，不能是一般的好人好事或反面事例，所以通报所选取的人或事，必须是有代表性的典型事例。

（三）通报的种类

1. 表彰性通报

表彰性通报主要用来表彰先进，介绍单位或个人成功的经验、做法，以弘扬正气，树立先进典型，教育广大干部群众。

2. 批评性通报

批评性通报用来批评反面典型，纠正错误，打击不良倾向，指出有关单位或个人存在的错误事实，提出解决办法或处理意见，达到警示教育作用。

3. 情况性通报

情况性通报用于传达本单位、本系统的重要精神；沟通信息，互通情况，以推动本单位或全局工作的顺利进行。

项目四　拟写报告

一、知识目标

通过对报告的学习，能够了解报告是向上级汇报工作、反映情况的重要形式，了解报告的相关知识，并能根据实际工作需要搜集、使用材料，写出符合要求的报告。

二、能力目标

通过理论学习、范文示例分析、分步训练、病文修改等实训手段，了解报告的写作特点、程式与写作基本规律，撰写出规范的报告。

三、写作范例

示例 1

中国××进出口总公司
关于××年工作情况的报告

对外经济贸易部：

××年，在经贸部的领导下，经过全体干部职工的共同努力，我公司超额完成了全年计划任务，深化了体制改革，取得了较好的成绩。现将有关工作情况报告如下：

一、进出口计划完成情况

我公司××年进出口总额为××亿美元，完成年计划的××%。其中出口总额为××亿美元，完成年计划的××%，比去年增长××%。××、××、××等大宗商品出口完成较好，增长幅度较大。其他商品也有不同程度的增长。除了进出口总额明显增长之外，我公司××年的进出口工作还有以下特点：

（一）经济效益明显提高，财会收支状况良好。（略）

（二）进出口商品结构有所改变，机电产品出口增长较快，原料性商品进口增加。（略）

（三）提高了合同履约率和进出口商品质量，增强了信誉。（略）

（四）包装、装潢得到进一步改进，运输调价继续好转。（略）

二、深化体制改革，落实承包经营责任制（略）

三、存在的问题和今后工作的意见（略）

特此报告。如有不妥，请指示。

中国××进出口总公司

××年××月××日

示例 2

铁道部关于 193 次旅客快车发生重大颠覆事故的报告

5 月 28 日 16 时 05 分，由济南开往佳木斯的 193 次旅客快车，行驶至沈山线锦州铁路局管内的兴隆店车站（距沈阳 43 公里）时，发生颠覆重大事故，造成 3 名旅客死亡，143 名旅客和 4 名列车乘务人员受伤，报废机车 1 台、客车 4 辆、守车 1 辆，损坏机车 1 台、客车 5 辆、货车 1 辆和部分线路、道岔等设备，沈山下行正线中断运输近 20 小时，直接经济损失达 170 万余元。

事故发生后，东北铁路办事处和锦州、沈阳铁路局负责同志立即随救援列车或救护车赶赴事故现场，组织抢救、抢修工作。当地驻军、地方党政领导同志和部分社员、学生也投入抢救工作。辽宁省、沈阳市的领导同志及沈阳军区、辽宁省军区有关负责同志先后赶到现场，组织抢救伤员，疏运旅客。我部李克非副部长率安监室和运输、机务、车辆、工务、电务、公安各局负责同志也于当日连夜赶赴现场，指挥抢修工作，调查分析事故原因，慰问伤员，并对省市党政领导和部队表示感谢。在省市的领导和驻军的大力支持下，伤员的抢救和治疗工作安排得比较周密，受伤的旅客和列车乘务人员，除少数送入就近的新民县医院抢救外，其余的均由沈阳市和军队、铁路医疗部门派车接到沈阳，及时得到了抢救和治疗。

经调查分析，造成这次事故的直接原因，是锦州铁路局大虎山工务段兴隆店养路工区工人在该处做无缝线路补修作业时，违反劳动纪律和操作规程，将起道机立放在钢轨内侧，擅离岗位，当 193 次快车通过时，撞上起道机，引起列车脱轨颠覆事故。

这次事故是发生在旅客列车上的一次严重事故，又是发生在全国开展的“安全月”活动中，使国家和人民生命财产蒙受了巨大的损失，在政治上造成了极坏的影响，性质是非常严重的，我们的心情十分沉痛。这次事故的发生和最近一个时期安全工作不稳定的状况有关，说明了我们铁路基础工作薄弱，管理不善，思想政治工作不落实，反映了我们作风不扎实，对安全工作抓得不力，在安全生产中管理不严，职工纪律松弛的问题长期没得到解决。

为了使全路职工从这起严重事故中吸取教训，我们于5月30日召开了各铁路局、铁路分局、全路各工务段负责同志参加的紧急电话会议，通报了这次事故，提出了搞好安全生产的紧急措施。要求铁路各部门、各单位必须把安全工作放在第一位，各级领导干部要树立安全第一的思想，并向全体职工进行安全教育，使每个职工都牢固地树立起对国家、对人民极端负责的观念，认真落实岗位责任制，严格遵守劳动纪律，一丝不苟地执行规章制度和操作规程；各单位要针对近年来新工人比重不断增加的情况，加强对新工人的教育和考核工作，各行车和涉及安全生产的主要工程不经考试合格不得单独作业；对各种行车设备要进行一次认真检查，发现问题立即解决；同时，各单位要切实解决职工生活中，应该而且可以解决的具体问题，解除职工的“后顾之忧”；动员广大职工干部迅速行动起来，以这次事故为教训，采取措施，堵塞漏洞，保证行车安全。

我们在6月开展的“人民铁路为人民”活动中，要把搞好安全生产作为重点，并在今后当做长期的根本任务来抓。党、政、工、团各部门要从不同的角度抓好安全工作，迅速改变目前安全生产不好的被动局面。

锦州铁路局对这次事故的主要责任者已按照法律程序提出起诉，追究刑事责任；对与事故有关的分局、工务段领导也做了严肃的、正确的处理。铁道部决定对锦州铁路局局长董庭恒同志和党委书记李克基同志给予行政记过处分。这次事故虽然发生在下边，但我们负有重要的领导责任，为接受教训，教育全路职工，恳请国务院给我们以处分。

示例3

关于我校工会干部有关待遇的报告

市总工会：

×月×日函悉。现将我校工会干部有关待遇报告如下：

一、我校基层工会主席由教师兼任，每年基本工作量40学时。

二、部分工会主席任职期间待遇，由教师担任的每年工作量30学时。

三、校工会委员任职期间工作量30学时；部门工会委员每年减免工作量15学时。

专此报告。

××大学工会

一九九九年六月五日

示例4

关于淮河流域水污染防治工作情况的报告

（环保总局二〇〇一年六月十五日）

按照环保总局、国家计委、水利部联合制定的《淮河流域水污染防治2000年规划目标完成情况核查办法》（环发〔2000〕205号），环保总局会同国家计委、财政部、水利部、监察部、建设部、农业部、法制办等8个部委组成核查组，于2001年2月25日至3月5日对淮河流域水污染防治工作进行了全面核查。现将有关情况报告如下：

一、淮河流域水污染防治工作的完成情况

核查组先后赴河南、安徽、江苏、山东四省（以下简称四省）17地（市），实地抽查了淮河干流及主要支流水质、城市排污口、城市污水处理设施、工业企业污染治理设施、饮用水保证工程、河道清淤及生态保护等情况，并就淮河流域水污染防治工作进展、存在问题和下一阶段拟采取的措施进行了研究。

（一）总体评价

"九五"期间，沿淮四省和国务院有关部门高度重视淮河流域水污染防治工作，认真组织实施《淮河流域水污染防治规划及"九五"计划》（以下简称《规划和计划》），关停了近5 000家污染严重的小企业，工业废水排放达标率从1994年30%提高到目前的90%，入河主要污染物排放总量大幅度削减，淮河干流和主要一级支流水质基本达到《规划和计划》确定的2000年水质目标，未达到水质目标的断面水质也有明显改善，形成化学需氧量（COD）削减能力约100万吨/年，淮河水质恶化的趋势得到初步遏止，水污染严重地区的800多万群众吃水困难基本得到解决，淮河水污染防治工作取得阶段性成果。

（二）目标完成情况

《规划和计划》要求，到2000年年底淮河水体变清，具体指标有1项水质指标、1项总量控制指标、67座城市污水处理工程和380个治理建设项目。

1. 水质指标。水质指标是有机污染指标（以COD计），《规划和计划》要求，到2000年年底淮河干流断面水质达到Ⅲ类水质标准，主要支流达到Ⅳ类水质标准。目前，淮河干流有机污染指标基本达到Ⅲ类水质标准。主要支流断面有机污染有所减轻，部分支流断面水质明显好转，达到Ⅳ类水质标准的断面从治理前的1994年的10%上升到目前的72%。其中：河南省19个断面达标率为84%；安徽省淮河干流水质达到Ⅲ类水质标准要求，支流21断面水质达标率为71%；山东省18个断面水质达标率为78%；江苏省15个断面水质达标率为87%。

2. 总量控制指标。《规划和计划》要求，到2000年年底全流域COD入河总量为36.8万吨。目前，河南、山东及江苏省完成了削减任务，安徽省尚有4.72万吨的削减任务没有完成。

3. 污水处理建设工程。《规划和计划》要求，到 2000 年底全流域应建设 67 座城市污水处理工程，后调整为 52 座。目前已投入运行 11 座，在建 28 座，未开工 13 座。其中河南省应建 9 座，已建成 6 座，在建 3 座；安徽省应建 18 座，在建 10 座，处在前期准备阶段 4 座，尚未启动 4 座；山东省应建 11 座，已建成 3 座，在建 8 座；江苏省应建 14 座，已建成 2 座，在建 7 座，尚未启动 5 座。四省总计已建、在建日污水处理规模为 312.5 万吨，占规划总规模的 86%。

4. 治理项目。《规划和计划》共确定 380 项治污工程，主要是饮用水保证工程、产业结构调整、清洁生产、污水集中处理工程等。目前已完成 311 项，占项目总数的 82%，其中：河南省完成 83%，安徽省完成 73%，山东省完成 87%，江苏省完成 79%。还有 37 个项目正在施工，32 个项目尚未动工。

为解决污染严重地区群众的吃水困难，沿淮四省打井近 3 000 眼，解决了近 600 万人的吃水问题；投资 2 亿多元，建成了江苏盱眙、连云港蔷薇河，安徽蚌埠、淮南等污染严重地区的引水和导污工程，解决了 200 多万人饮水困难。

二、存在的主要问题

从沿淮四省的自查报告和这次淮河核查的情况看，目前淮河流域仍有一些二、三级支流水质为劣 V 类水体，河流水色较深，28% 的断面水质不能达到目标要求，水体中氨氮浓度很高，离群众对治污工作成果的期望还有差距。目前存在的主要问题有：

一是工业企业按标准排放尚不稳定。少数地区地方保护主义依然严重，执法不严，企业有偷排废水情况。由于市场原因停产的企业，如继续开工生产将会加重水体污染。此外，工业结构型污染尚未从根本上得到解决，特别是制浆造纸企业数量多，规模小，是淮河水质不稳定的最大隐患。据统计，目前淮河流域仍有造纸企业 418 家，年排放废水近 5 亿吨，COD 年入河量近 10 万吨，约占全流域 COD 入河量的 25%。因此，淮河流域工业企业达标巩固的任务仍然非常艰巨。

二是城市生活污水处理工程建设慢，处理率低。随着工业污染的治理，淮河流域生活污水的污染负荷流域总污染负荷的比例已达到 50% 以上，生活污水已经成为淮河水污染的主要来源之一。按要求应在 2000 年年底建成运行的城市污水处理工程还有 13 座未动工，一些已建成的污水处理工程尚处于调试阶段。另外，已投入运行的部分污水处理厂管网不配套，污水收集量难以达到设计规模要求，因此实际生活污水处理率达不到淮河第二阶段污染防治目标的要求。造成这种情况的主要原因是地方配套资金不能及时到位。

三是面源污染防治工作尚未全面开展。目前淮河水质主要超标的指标是氨氮，氨氮的主要来源是生活污染和畜禽养殖污染及氮肥的流失等。虽然沿淮四省抓了一些农业生态示范工程，但由于面源污染底数不清，又缺乏具体的管理措施，因此面源污染的防治力度还不够大。

四是淮河流域自净能力差。目前，淮河水资源开发利用率已超过 50%，远远超过国际上内陆河合理开发利用程度的上限（40%）。由于淮河流域降雨时空分布不均，年内6—9月降雨量约占全年总降雨量的70%，许多河流为季节性河流，主要闸坝常年关闭，河道内的水大多为城市生活污水和工业废水，冬春枯水期实际上是排污河。这些支流仅靠污染治理达标是无法达到地面水水质要求的。

三、下一步工程安排

从前一段工作进展情况来看，淮河水污染防治工作仍然十分繁重，需要继续采取综合有效措施，加大整治力度。“十五”期间，淮河流域水污染防治工作将从以点源工业污染控制为主向点源工业污染、生活污染、面源污染相结合控制转变；从以行政手段为主向法律、行政、科技、经济手段相结合转变；从以治标为主向标本兼治、综合治理相结合转变；从以水污染治理为主向治污工作与生态环境建设相结合转变。为适应上述转变，下一步淮河治污重点要抓好以下六项工作：

（一）尽快制定《淮河流域水污染防治“十五”计划》。结合“九五”规划各项工作的实际完成情况和南水北调东线工程需要，明确淮河“十五”治理目标和治理措施。

（二）进一步落实沿淮四省各级政府环境保护目标责任制。四省人民政府应当采取有效措施，进一步强化流域治理工作，确保本省出境断面水质达到规划要求，对排污企业要加强分类指导，及时采取防范措施，努力避免跨区域水污染纠纷的发生。

（三）继续加大产业结构调整力度，巩固和提高工业企业污染防治水平。对淮河流域制浆造纸等重污染企业提出分类指导意见，对有能力扩大规模又满足总量控制要求的，要求其限期安装碱回收加二级生化处理设备；对经济效益差又突破本地区总量控制要求的，采取淘汰、关闭、搬迁和转产的措施。同时加大执法力度，严格控制新污染，全面实行污染物总量控制和排污许可证制度。对重点企业分期分批实行清洁生产，扩大在线自动监控装置的安装范围。推行群众有奖举报监督机制，发挥新闻舆论和社会的监督作用。对入河排污口实行要严格的管理，按月公布水质状况。

（四）抓紧污水处理工程的建设。督促未动工的县级城市污水处理工程尽快开工，重点城市污水处理厂抓紧完工，尽快发挥实效，并要求采取脱氮脱磷措施。同时，继续推行污水处理工程企业化建设、运行和监管。

（五）把农业面源污染防治摆上日程。开展面源污染调查和监测，摸清底数，制订污染防治计划。积极研究、开发和推广面源污染防治的适用技术，加大农业结构调整，实施畜禽集中养殖，搞好粪便集中处理和综合利用。

（六）加强水资源的合理开发利用和节约。做好水资源开发利用总体规划，实现水资源优化配置。根据水情状况，继续实行污染联防制度，制定水库水闸水量调度方案，明确主要闸坝生态环境用水量，增强水体的自净能力。同时加大节水力度，落实农业灌溉节水措施，制定污水资源化利用和实施方案，进一步利用经济杠杆促进城市节水工程。

四、技能导引

（一）标题

1. 完全式标题

由发文机关、事由、文种构成。如《铁道部关于 193 次旅客快车发生重大颠覆事故的报告》。

2. 省略式标题

由事由、文种组成。如《关于我校工会干部有关待遇的报告》。

（二）主送机关

报告的主送机关针对性比较强，所以一般不能省略。

（三）正文

1. 工作报告

首先是报告缘由、依据或目的；接着写报告事项，要写明工作基本情况、主要做法与成绩，包括采取的方法、措施以及产生的效果以及存在的问题及今后的工作设想；最后是报告结尾用语，如“特此报告”或“专此报告”等。

2. 情况报告

也是先写报告缘由、依据或目的等；然后是报告事项部分，即事情、原因、对策；最后是结尾用语。

3. 答复报告

报告缘由、依据或目的；报告事项，先叙述上级机关询问的事项或提出交办的任务；然后写明处理的大致过程，包括采取的办法措施，以及在处理中遇到的问题；接着交代处理结果，同时征询上级机关的意见；最后结束语。

撰写报告需要注意的事项：

（1）严格使用文种，尤其应当注意不要与请示混用。报告不得夹带请示事项，否则会因“报告”不需批复而影响请示事项的处理和解决。

（2）材料要真实。向上级机关汇报工作应该本着实事求是的态度，如实汇报。无论是成绩还是失误，都应该全面、真实地反映，不能只报喜不报忧，也不能夸大和虚构。上报的公文应该在调查研究、全面掌握本单位情况的基础上撰写。

（3）主旨鲜明。报告的内容，一般涉及的面宽而且复杂，很容易写得篇幅较长而又重点不够突出，形成泛泛而谈。这就要求在撰写时，力求写的观点鲜明，条理清楚、简洁、深刻。

五、报告写作实训

（一）病文诊治

病文1

××市司法局文件

（2006）××第××号

关于报送二〇〇六年工作计划的报告

市政府办公厅：

根据市“二〇〇六年工作要点”精神，结合我局实际情况，也已定好“二〇〇六年工作计划”，并经局党委××次会议讨论通过，现随文附送，请审批。

××市司法局局长办公室

2006年1月10日

病文2

“迎国检”，进一步搞好了学校卫生工作情况报告

为了迎接国家卫生检查团的检查，我们积极响应市政府的号召，人人动手、上下一心、奋力拼搏，使我们的学校卫生工作又上了一个新的台阶。

我校历来重视校园绿化和卫生工作，在财政拨款并不充裕的情况下，仍然投入相当多的经费。今年通过各种渠道划拨给绿化和卫生工作的正常经费不下20万元。此外，还拨出专款18万元整治教工宿舍下水道，解决了困扰教职工多年的水渠堵塞问题。校领导十分重视校园绿化和卫生工作。市教委召开了“迎国检”动员会后，学校立刻调整了校爱卫会。

各职能部门尽职尽责，是我校“迎国检”取得良好成绩的主要原因。校园科全体同志，在科长王某某的带领下，两个多月的时间除完成日常的校园保洁任务外，还完成了全校的排水沟及沙井的疏浚、反复在校园喷洒杀虫剂，营造了400多平方米的草坪。膳食科员工，在科长的指挥下，消毒防毒，清洁除污，一丝不苟。学生公寓在一个星期内完成了艰巨的搬迁任务。基建办和有关部门配合提前完成投资30万元的地下蓄水池建设任务。

相关部门通力合作，也是这次“迎国检”工作的一大特色。校办公室同志，除了帮助协调各部门的工作外，还把校会议室、校领导的办公室清洁的窗明几净。宣传部把卫生宣传搞得有声有色。学生处不仅把全校的学生动员和组织起来搞卫生，而且实行以系为单位的责任制，解决了绿化卫生的“贵在坚持”的难题。

制定或完善了有些制度，也是这次“迎国检”工作的收获。如自行车的停放规定，不在课室、饭堂、会议室抽烟规定，不准在教室用餐规定等。

从这次“迎国检”，也发现了我校师生的卫生意识还比较薄弱，乱吐乱丢的现象时有发生；奖惩制度没有认真执行；平时除毒灭菌的经费投入不足。这都是进一步搞好我校卫生工作要解决的问题。

××大学爱卫会

一九九九年十一月二日

（二）写作练笔

（1）2010 年 3 月 4 日凌晨 2 时 30 分，蓝天分公司江北百货大楼发生火灾事故。此次火灾事故虽然没有造成人员伤亡，但是造成该大楼二楼的商品被全部烧毁，直接经济损失 350 万元。经过调查，事故引起的原因是二楼某个体裁缝从总闸自接线路，夜间忘记断电导致电线起火。事故发生后，分公司领导马上拨打了火警，市消防队出动了 6 辆消防车，至凌晨 4 点，火才被完全扑灭。事后，分公司经理、副经理多次到现场调查，并对事故进行了认真处理。根据上述材料，请你代蓝天分公司江北百货大楼写一份报告。

（2）2010 年 3 月，××系开展了一系列学雷锋活动，社会反响大，效果好，××学院团总支为了总结表扬他们的工作，要求××系写一份汇报材料，请代写一份报告。

（三）模拟练习

全班同学可以自由组合，依照下列报告正文结构模式，逐一进行讨论研究，模拟练习，写出某报告的内容提纲：

（1）情况 + 问题 + 建议。

（2）情况 + 做法 + 问题（意见）。

（3）情况 + 原因 + 下步做法。

（4）情况 + 原因 + 责任和处理意见。

（5）情况（做法）+ 问题 + 今后意见。

六、归纳总结

（一）报告的适用范围

适用于向上级机关汇报工作，反映情况，答复上级机关的询问。

（二）报告的特点

1. 内容的汇报性

撰写报告的目的是向上级反映情况或汇报工作，使上级机关了解情况，从而为下级单位作出决策和正确的指导。

2. 表达的陈述性

报告要为上级机关提供真实可靠的工作情况、具体做法等，所以在行文时，主要使用陈述的表达方式，而很少使用议论。

（三）报告的种类

1. 汇报工作的报告

此类报告既可以反映工作总体进展情况，也可以对某项工作或某个方面提出看法、建议等。包括综合性和专题性两种。

2. 反映情况的报告

该类报告一般适用于需要上级机关定期掌握情况。如工作出现的重要情况或重要问题，一些带有倾向性的问题等。

3. 答复询问的报告

对于上级机关来函来电需要了解的问题，必须进行答复。

项目五　拟写请示与批复

一、知识目标

通过该模块的学习，将会帮助学生掌握请示与批复的适用范围、特点，以及下级机关向上级主管单位请求事项，上级单位回复下级机关请求事项的对应性。同时了解请示和批复的写作特点与规律。

二、能力目标

通过范文示例分析、实训演练、病文点评等环节帮助学生了解请示与批复的写作程式及写作规范，让学生在充分领会上级机关或领导意图的基础上正确发文，并能根据下级请求的具体内容，正确运用政策法规及职权，及时回复。

三、写作范例

（一）请示

示例1

关于《会计人员职权条例》中“总会计师”
既是行政职务又是技术职称的请示

财政部：

国务院1987年国发〔1987〕××号通知颁发的《会计人员职权条例》规定，会计人员技术职称分为总会计师、会计师、助理会计师、会计员四种；其中“总会计师”既是行政职务，又作为技术职称。在执行中，工厂总会计师按《条例》规定，负责全工厂的财务会计事宜；可是每个工厂，尤其大工厂，授予总会计职称的人有四五人，究竟由哪一位负责全厂的财务会计事宜，执行总会计师的职责与权限呢？我们认为宜将行政职务与技术职称分开。总会计师为行政职务，不再作为技术职称；比照最近国务院颁发的《工程技术干部技术职称暂行规定》，将《条例》第五章规定的会计人员职称中的“总会计师”改为“高级会计师”。

以上认识是否妥当，请指示。

××省财政厅

一九八八年×月×日

示例2

关于给予职工发放过年费的请示

市粮食局：

过去一年里，在市粮食局的正确领导和支持下，经过我库全体职工的共同努力，各项工作都取得了较好的成绩。在企业改革严峻的情况下，我库职工端正态度，正视现实存在的困难，发扬我库的优良传统，支持企业进行改革。工作中，我们发扬“宁流千滴汗，不坏一粒粮”的优良作风，全体职工站烈日、冒酷暑、顶严寒，做好各项粮情检测、管理工作，保证了储备粮的安全。在做好储备粮管理工作的同时，我们按照中储粮广西联络处的粮食轮换计划，顺利地完场了17 880吨国储小麦的轮换任务及2 613吨市级储备粮的接收。为了进一步激发职工的工作积极性，保持高昂的工作热情，在新的一年里更好地工作，同时，也为了让职工愉快、祥和地过好春节，经库领导班子研究，我们拟按基数3 000元给予职工发放2007年过年费，所需资金约16万元，由我库自筹解决。

以上请示妥否，请批示。

广西××国家粮食储备库

二〇〇八年一月十二日

示例3

关于进一步规范使用汉语拼音拼写地名问题的请示

省人民政府：

随着我省社会经济的发展，对外交往越来越频繁，地名作为传递信息的基本载体，使用频率越来越高，不规范使用汉语拼音拼写地名的现象在对外国际交往中已造成不同程度的影响。根据联合国第三届地名标准化会议通过的我国采用汉语拼音方案作为中国地名罗马字母拼写法的国际标准和国务院批转《关于改用汉语拼音方案作为我国人名地名罗马字母拼写法的统一规范的报告》(国发〔1978〕192号)要求，现就进一步规范使用汉语拼音拼写地名的有关问题提出如下意见：

一、标准地名界定范围

(一)省、市、县、区、乡、镇等行政区划名称；村民委员会、自然村、街道办事处、居民委员会等名称。

(二)街、路、巷、胡同、里等名称。

(三)开发区、工业区、居民区、建筑物、楼盘、楼牌、门牌等名称。

(四)山、河、湖、海、海湾、滩涂、岛礁等自然地理实体名称。

(五)具有地名意义的台、站、港、场、铁路、公路、桥梁、涵洞、闸口、水库、渠道、风景区、名胜古迹、纪念地、游览地、体育场、企事业单位等名称。

二、标准地名拼写要求

(一)汉字书写地名，应使用国家确定的规范汉字。

(二)用汉语拼音字母拼写汉语地名，必须按照《中国地名汉语拼音字母拼写规则(汉语地名部分)》的规定拼写。

(三)少数民族语地名汉字译写，按照有关规定执行；其拼写方法按照《少数民族语地名汉语拼音字母音译转写法》执行。

(四)不得使用英文及其他外文拼写地名。

三、标准地名使用范围

(一)对外签订的协议和涉外文件。

(二)机关、部队、社会团体、企事业单位的文件、公告、证件等。

(三)制作各类商标、牌照、广告、印信等。

(四)出版各类报纸杂志、书籍、地图及广播、电影、电视。

(五)路、街、巷、楼、门牌；交通标志牌、公共交通标志牌、景点指示标志。

(六)办理邮政、通信、户籍、有效证件、营业执照、房地产证等有关事宜。

以上意见，如无不妥，请批转各地、各有关部门执行。

××省民政厅
二〇〇八年九月四日

（二）批复

示例 1

国务院关于同意将江苏省南通市列为国家历史文化名城的批复

江苏省人民政府：

你省《关于申报南通市为国家历史文化名城的请示》（苏政发〔2007〕96号）收悉。现批复如下：

一、同意将江苏省南通市列为国家历史文化名城。南通市历史悠久，文化底蕴丰厚，历史遗存丰富，近代城市建设特色突出。

二、你省及南通市人民政府要根据本批复精神，按照《历史文化名城名镇名村保护条例》的要求，正确处理城市建设与历史文化遗产保护的关系，明确保护的原则和重点，编制好历史文化名城保护规划，并纳入城市总体规划，划定历史文化街区、文物保护单位、历史建筑的保护范围及建设控制地带，制定严格的保护措施。在历史文化名城保护规划的指导下，编制好重要保护地段的详细规划。在规划和建设中，要注重体现近代文化特色和地方传统风貌，不得进行任何与历史文化名城环境和风貌不相协调的建设活动。

三、你省和住房城乡建设部、国家文物局要加强对南通市国家历史文化名城规划、保护工作的指导、监督和检查。

国务院

二○○九年一月二日

示例 2

国务院办公厅关于同意山东省承办 2009 年第十一届全国运动会的复函

国家体育总局：

《国家体育总局、财政部关于由山东省承办第十一届全国运动会的请示》（体竞字〔2005〕8 号）收悉。经国务院领导批准，现函复如下：

一、同意山东省承办 2009 年第十一届全国运动会。

二、请你局和山东省人民政府本着实事求是、量力而行、勤俭效能的精神，共同组织好第十一届全国运动会。

三、举办第十一届全国运动会的经费主要由山东省人民政府自筹，中央财政给予一次性定额补助；场馆设施建设所需资金由山东省人民政府自行负担。

国务院办公厅

二○○五年十一月二日

示例3

国务院办公厅对国家工商行政管理局 关于贯彻《食盐加碘消除碘缺乏危害管理条例》有关问题请示的复函

国家工商行政管理局：

你局《关于贯彻〈食盐加碘消除碘缺乏危害管理条例〉有关问题的请示》收悉，经与国务院法制局研究，并报经国务院领导同意，现答复如下：

《食盐加碘消除碘缺乏危害管理条例》（以下简称《条例》）主要是解决保证食盐加碘和消除碘缺乏危害的问题，所以对碘盐市场中的无照经营、牟取暴利、投机倒把等违反工商行政管理法律、法规的行为及对这类行为的监督处罚未作具体规定。依照该《条例》第五条第二款关于“县级以上人民政府有关部门应当按照职责分工，密切配合，共同做好食盐加碘消除碘缺乏危害工作”的规定，工商行政管理部门应当依照有关工商行政管理的法律、法规，包括1990年国务院发布的《盐业管理条例》，对碘盐市场进行监督管理，对在碘盐市场中的违法行为依法进行查处。

国务院办公厅

一九九四年十一月十日

四、技能导引

（一）标题

1. 完全式标题

由发文机关 + 事由 + 文种组成。如《民政部关于增加选举工作干部编制的请示》《国务院关于民政部增加选举工作干部编制的批复》。

2. 省略式标题

由事由 + 文种组成。如《关于增加选举工作干部编制的请示》《关于民政部增加选举工作干部编制的批复》。

注意：（1）“请示”不能写成“申请”“请求”。

（2）“请示”与“报告”不能混用，也不能写成“请示报告”。

（二）主送机关

（1）请示的主送机关只能有一个，而且必须只有一个。

（2）批复的主送机关只写来文请示的机关，不管是请示还是批复如果需要其他单位知道，必须用抄送的方式传达。

（三）正文

1. 请示的正文

一般由三部分构成：请示缘由、请示事项、请示结束语。请示缘由即请示的理由或根据。要开门见山，实事求是，有理有据，条理清楚。请示事项即请求上级机关给予批准、指示或支持帮助的内容。要求事项具体可行、可操作。语气要得体。请示结束语不能省略，常用的有："特此请示，请批复""请指示""妥否，请批复"等。

2. 批复的正文

由批复依据、批复内容、结束语三部分组成。批复依据要在文章开头引叙来文标题或来文的发文字号，也可以简述来文的请示内容，接着写明依据什么进行批复。批复内容即批复事项，内容简单的，可以一气呵成，内容复杂的，可以分条列点完成。批复结束语，一般用"特此批复""此复"。

（四）生效标识

落款写上年月日，然后加盖公章。

五、请示写作实训

（一）病文诊治

关于尽快解决××仓库划交问题的请示报告

关于南山县粮食局所属棉麻公司××仓库划交的问题，我们曾于×月×日以××号文请示×××，至今未见批复。现在谷类物质调拨任务紧急，××不按我们双方协商的意见执行，拒收稻谷于库外，致使全市谷类物质调拨、储存业务中断。

目前汛期临近，××、××、××等沿淮各县因谷物的库存量过多，纷纷来人来电要求迅速调出。为不使国家财产遭受损失，我们特再次请示尽快解决仓库划交问题，以应急需。

二〇〇三年×月×日（印章）

（二）写作练笔

长宁县有个第六中学，这个学校因师资力量较强，教学质量上乘，生源素质好，前些年中考成绩一直很好，升入重点中学的学生数额占该校考生的30%，在把升学率作为衡量学校好坏的重要标准的现实情况下，使得它在长宁县知名度很高。但近些年来，由于缺少资金投入，教学设备陈旧，理化生等实验仪器欠缺，很多实验没有设备，只能在黑板上演练，不能实际操作，严重影响了学生的动手实习实验能力，并直接影响到学生学习理化生等学科的学习兴趣和学习效果，中考成绩下滑，优秀生源和师资流失严重。为改变这种局面，学校早有意增添必需的实验设备，但因资金紧张，财力不足而不能实施。为此，这个学校请求县教委给予支援，划拨专项资金。该校购置教学实验设备需要资金50 000元。

发文字号和成文日期自拟。

六、批复写作实训

请参阅如下例文，注意请批对应原则。

（一）例文

关于建立中国工程院有关问题的请示

国务院：

近年来，我国科学家、工程技术专家和有关人士，曾多次提出建立中国工程院问题。全国政协七届五次会议和中国科学院第六次学部委员大会期间，不少政协委员、学部委员和工程技术专家，又先后提出提案和建议。根据党中央和国务院领导同志的批示精神，我们组成了专家研究小组，经过广泛调查研究，听取各方面人士和有关产业部门的意见，进行反复酝酿和讨论，形成建立工程院的初步方案。现就建立中国工程院的有关问题请示如下。

关于建立中国工程院的必要性（略）

关于组建中国工程院的一些原则（略）

关于名称（略）

关于中国工程院的性质和作用（略）

关于中国工程院的成员的称谓（略）

关于中国工程院与中国科学院（学部）的关系（略）

关于中国工程院院士的标准和条件（略）

关于中国工程院第一批院士的产生及以后的增选制度（略）

关于中国工程院的领导体制及学部设置（略）

关于中国工程院的筹建工作及进度安排（略）

以上请示当否，请批示。

附件：中国工程院筹备领导小组名单（略）

国家科委（盖章）中国科学院（盖章）

一九九三年十一月十二日

关于建立中国工程院有关问题的批复

国家科委：

《关于建立中国工程院有关问题的请示》（××××〔1993〕××号）收悉。经研究，同意建立中国工程院，同意中国工程院筹备领导小组名单。据此，在筹备领导小组领导下开展中国工程院筹备工作。

特此批复

国务院（印章）

一九九三年十一月十五日

（二）写作练笔

请根据下文所给请示内容，代拟一则批复。

关于暂缓调高旅游专项资金在交通建设附加费中分配比例的请示

市人民政府：

今年 4 月 7 日，×× 市委、市政府《关于加快发展旅游业的决定》（× 字〔××〕8 号），同意建立旅游建设发展专项资金，其部分资金来源于交通建设附加费的分配，并将此分配比列从原来的 5% 调高到 10%。对此，我委认为该措施无疑有利于筹集资金，促进旅游业发展。但当初决定征收旅游业交通建设附加费的目的，主要是筹集地铁资金，现要提高旅游专项资金往交通建设附加费中的分配比例，必然减少地铁资金的来源。地铁工程建设年度投资高达 30 亿元，筹资任务十分艰巨，而今年地铁资金缺口更大，需开拓更多的资金来源。因此，任何减少筹集地铁资金的做法都会导致工期拖长和投资增大，不利于工程建设。

鉴此，我委建议在地铁建设期内，暂缓调高旅游专项资金在交通建设附加费中的分配比例，仍执行旅游专项资金在交通建设附加费中占 5% 的分配比例不变。

专此请示，请批复。

××市计委

××年×月×日

七、归纳总结

（一）关于请示

1. 请示的含义及适用范围

请示是下级机关向上级机关请求指示或批准的公文。它一般适用于以下几种情况：

①属于超出本机关的职权范围的须经请示批准才能办理的。

②不能准确了解国家的有关方针政策或上级的有关政策及规定，须经上级机关指示或者需重新审定的。

③工作中出现了新情况、新问题，必须处理却又无章可循，无法可依，须经上级批示的。

④遇到本机关职权范围内无力克服的困难，须经上级支持和帮助的。

⑤凡涉及普遍性的、全局性的而本机关无力独立解决的工作困难或问题，需请示上级机关得到协调与帮助的。

2. 请示的特点

（1）单一性。一份请示，只能请示批准一项事情或解决一个问题。

（2）请求性。这是请示最突出的特点。“求示”“求批”“求转”都在于反映困难，陈述问题，提出请求等。

（3）时效性。请示要求上级单位要及时批复回文，给予明确回复，否则会贻误工作。

3. 请示的种类

（1）求示型。求示型是下级机关对政策、方针等在认识上存在不理解或不明确，以及对新问题新情况不知如何处理的问题。

（2）求批型。求批型是下级机关由于自己的机关权限有限，无权自己办理或决定的事项。

（3）求转型。求转型是请求上级机关批转的请示。

4. 请示与报告的区别

请示与报告的区别，如表 2－1 所示。

表 2－1　请示与报告的区别

区　别	报　告	请　示
性质不同	陈述性公文	呈批性公文
行文目的不同	在于汇报工作，反映情况，提出意见或建议，回复上级机关询问	为解决某一问题，请示某一问题，请示上级批准或指示。
行文时间不同	工作进行中或结束后	必须是事前行文，不得先斩后奏
对主送机关要求不同	旨在为上级提供信息，也允许多头主送	向上级请示批示或批准，只能写一个主送机关
事项的多少不同	可以是一件事，如专题报告，或多件事，如综合报告	必须遵循“一文一事”的原则
答复的形式不同	不要求上级回复	要求上级及时批复回文，给予明确回复

（二）关于批复

1. 批复的适用范围

批复适用于答复下级机关的请示事项。

2. 批复的特点

（1）行文的被动性。批复是用来答复下级请求事项的，没有请示，就没有批复。下级有多少份请示呈报上来，上级就有多少份批复回转下去。批复不能主动行文，是公文中唯一的被动行文的文种。下级机关请示什么事项，上级机关就回复什么事项。虽然报告也可以是被动性的，不过，报告只有在答复上级机关询问时才是被动的。

（2）内容的针对性。批复的针对性极强，下级机关请示什么事项或问题，上级机关的批复就指向这一事项或问题，绝不能答非所问。请示的内容是一文一事，批复也是一文一批，答复的内容也很集中。对于请示的事项，必须给予明确的态度，或同意、或不同意，或批准、或不批准，不能模棱两可，否则就会让下级机关无所适从，影响机关的办事效率。

（3）批示的依据性。对于拟写批复的机关而言，首先要认真研究请示事项是否符合政策、法令等，同时向下级机关不管是发出指示还是表明态度，都必须有政策依据，不能随意批复。对于发出请示的下级机关而言，批复一旦到达，就是行动的依据，不能违背，而且必须执行。

3. 批复的种类

（1）批复类。一类是请求批示类的批复；另一类是请求批准类的批复。

（2）函复类。批复中有几类是用“函复”来行文的。一是上级办公部门依据领导指示对下级单位进行回复；二是上级的业务部门对下级单位的请求事项进行回复；三是上级领导机关转来的不相隶属机关的请示文件进行回复。

项目六　拟写函

一、知识目标

通过对该模块的学习，将会帮助学生了解“函”在公务活动中，作为平级及非隶属机关之间商洽工作、询问与答复问题、请求审批等事项一个特殊文种的适用情况，使用条件，特点、写法等相关知识。

二、能力目标

通过对“函”的范文评析、写作程式与规范、病文诊治、分步实训等方式，帮助学生学会撰写出格式规范、符合文种特点的“发函”与“复函”，从而发挥出“函件”在公务文书中短小精悍的优势。

三、写作范例

示例 1

关于商洽委托代培涉外秘书人员的函

××大学文学院：

本集团公司新近上岗的秘书人员缺乏专门的涉外秘书知识，业务素质亟待提高。据报载，贵院将于今年 9 月开办涉外秘书培训班，系统讲授涉外秘书业务、公关礼仪、实用文书写作等课程。这个培训项目为我集团公司新上岗的涉外秘书人员提供了一个难得的在职进修机会。为能尽快提高本集团公司涉外秘书人员的从业素质，我们拟选派 8 名在岗秘书人员随该班进修学习，委托贵院代培。有关代培费用及其他相关经费，将按时如数拨付。

如蒙慨允，恳请函复为盼。

××集团公司

二〇〇五年七月二十日

示例 2

国务院办公厅关于同意成立广州 2010 年亚洲残疾人运动会组委会的复函

广东省人民政府、体育总局、中国残疾人联合会：

你们报来的《关于成立广州 2010 年亚洲残疾人运动会组织委员会的请示》（粤府〔2009〕75 号）收悉。经国务院领导同志批准，现函复如下：

一、同意成立广州 2010 年亚洲残疾人运动会组织委员会（以下简称组委会）。组委会名誉主席由全国政协副主席、中国残联名誉主席邓朴方担任，组委会主席由体育总局局长刘鹏担任，执行主席由广东省省长黄华华、中国残联理事长王新宪担任。

二、组委会内设机构由组委会根据工作需要自行确定。

国务院办公厅

二〇〇九年八月二十一日

示例 3

关于请求批准在官汕路宁江桥头建办公营业大楼的函

兴宁县城乡建设委员会：

我公司经市计委〔1987〕83 号文件批准，兴建一幢办公营业大楼。该楼由梅州市设计室设计，兴宁城建工程队施工，第一期工程总造价 48 万元，资金来源属于自筹。该楼拟建于兴宁官汕路宁江桥头北边，建筑面积 4 086 平方米，占地面积 6 000 平方米。楼址：东至骆屋队水田，西至宁江东堤，南至官汕路，北至本公司家属宿舍。建筑物高八层，框架结构，坐北向南。请准予作永久性建筑兴建。

附件：1. 梅州市计委〔1987〕83 号批文

2. 办公营业大楼设计施工图纸

梅州市化工原料公司（公章）

一九八七年十月七日

示例4

××省人民政府关于××市建立中国森林博览城的函

国家林业局：

××市是国家园林城市，地处中北亚热带过渡地区，自然条件优越，森林资源丰富，全市共有300多种森林植被，其中地带性典型植被是以考木、米蓿、木荷为优势的常绿阔叶林和针阔混交林。

近年来，××市高度重视林业生态和现代林业建设，在狠抓生态工业林、沿海防护林等林业重点的基础上，积极实施“森林进城、园林下乡”“千村绿化”等绿化工程，目前全市森林覆盖率达50.1%，城市绿化覆盖率达36.9%；该市大力实施林业精品名牌战略，积极推进林业产业化，着力构建现代林业产业体系，××年全市林业产值超×亿元。同时，××市是我国东南沿海重要的港口城市，经济发达，交通便利，历史文化底蕴深厚。我们认为，××市为建设中国森林博览城已做了大量前期筹备工作，条件基本具备；建设中国森林博览城，对全省乃至长三角地区建设生态文明、发展现代林业必将产生积极的推动作用。现商请贵局同意在××市建立中国××森林博览城，请予以大力支持。

附件：××市人民政府关于要求报送同意建设中国森林博览城的请示

××省人民政府

××年×月×日

示例5

国务院办公厅关于征求《国家行政机关公文处理办法（草案）》意见的函

各省、市、区人民政府，国务院各部门办公厅：

现将我们草拟的《国家行政机关公文处理办法（草案）》送给你们，请组织有关同志讨论修改，并将修改意见于十一月底前告诉我们。

国务院办公厅

一九九九年×月×日

四、技能导引

（一）标题

函的标题一般由发文机关名称、发文事由、文种组成。完全式标题写法，如《××省人民政府关于××市建立中国森林博览城的函》《国务院办公厅关于羊毛产销和质量等问题的函》等。也可以采用省略发文机关名称的写法，即只由发文事由、文种组成。如《关于商洽委托代培涉外秘书人员的函》《关于请求批准×

×市节约能源中心编制的函》。复函的标题常在文种中加以体现。如《国务院办公厅关于同意山东省承办2009年第十一届全国运动会的复函》。

（二）发文字号

公函必须有发文字号，也是由机关代字、年号、顺序号三部分组成。在发文字号中必须有“函”字。如国务院办公厅2000年第10号发表第××号函件就应写成：“国办函〔2000〕××号”。

（三）主送机关

函的收文对象一般是明确、单一的，大多数函的主送机关只有一个。而有的函内容涉及部门较多，也会出现多个主送机关的情况，如《国务院办公厅关于羊毛产销和质量等问题的函》（国办函〔1993〕2号）的主送机关，就有七个：“国家计委、经贸办、农业部、商业部、经贸部、纺织部、技术监督局”。

（四）函的正文

1. 发函缘由

函的开头部分，主要用来写明发函的根据、目的、缘由等，具体选择哪种依情况而定。如果是复函，则先引用对方来函的标题、发文字号，也可以同时简单概述来文内容，然后再交代根据等，然后用过渡语，如“现将有关情况说明如下”“现就有关问题函复如下”等。

2. 具体事项

作为函的主体部分，要根据需要就有关某项工作写明商洽的内容，或就某事件提出询问事项或作出答复，或对有关事项提请批准等主要内容。

3. 结尾部分

主要是向对方提出希望或请求，或请求支持和帮助，或希望给予合作，或请求对方提供情况，或请求对方给予批准等。不同类型的函，结尾用语不同。如“此函”“特此函达”“特此函询”；或“请即复函”“请研究函复”“特此函复”等惯用结语。

（五）落款

函的写作注意事项有以下几个方面。

1. 文种正确

向平行和不相隶属机关行文请求或回复需要批准的事项，应该使用“函”，而不用“请示”或“批复”。有的时候误认为用“请示”比用“函”更能向对方表示尊重，以便所请求的事项容易得到批准，这种贬低“函”的公文效用的做法是不对的。同时也要防止该用“复函”时用“批复”的现象发生。

2. 一事一函

避免一函中夹杂需要几个部门办理的事情或出现一文多事现象，这样做不仅行文不规范，而且常由于辗转传递而延误时间，欲速不达。

3. 内容简洁

写函要开门见山，简短明快，直陈事项，并要主动把问题直接地和自己的处置意见告诉对方，不兜圈子，不绕弯子，不讲套话、空话，也不要有寒暄用语。不要借题发挥，大发议论，也不要抒发感情，以免产生误解。

4. 用语得体

函的语言讲究规范、明了。不能用指示、命令式语言，也不用普通信件中的“不胜感激”“永将图报”“此致”“敬礼”一类谦词，但行文语气要注意礼貌和尊重对方。

5. 引文规范

复函中引述来函标题和发文字号的正确方法是先引标题，后注发文字号，发文字号用圆括号括起，如“你×《关于××的函》（××〔199×〕××号）收悉”。

五、函的写作实训

（一）病文诊治

关于清缴各类机密文件的函

各委、办、局：

根据省政府办公厅《关于××》（×办函〔2006〕5号）精神，为了加强保密工作，严防文件遗失，保证文件安全，××决定对2005年度中央、省等上级各类机密文件进行彻底清缴。望各单位接到此通知后，立即组织人员清理，并将清理出的文件类出清单，务于3月15日前交办公室文档室，以便尽快立卷归档。

（××市人民政府办公室印）

二〇〇六年二月三日

（二）请参阅如下例文，注意去函与复函的针对性，拟写一份复函

发函：

农业部关于请答复农村村民建住宅占用耕地收取耕地开垦费有关问题的函

国务院法制办：

我部在办理国务院领导交办的农民负担信访问题过程中，有关部门对耕地开垦费向谁收取存在不同看法。具体情况如下：

四川省合江县农民反映，该县九支镇国土所2001年向建房占用耕地的农村

村民个人，每平方米收取耕地开垦费15元。对农村村民建住宅占用耕地的，耕地开垦费如何收取、向谁收取，四川省没有规定。为此，四川省国土资源厅向国土资源部作了《关于〈土地管理法〉第三十一条占用耕地的单位是否包括个人的紧急请示》，国土资源部办公厅2001年7月3日以国土资厅函〔2001〕165号作出答复："《土地管理法》规定，农村村民建住宅，应当符合土地利用总体规划，并尽量使用原有的宅基地和村内空闲地。确实需要占用耕地的，应当执行《土地管理法》占用农用地和耕地的有关规定，履行补充耕地的义务。"根据这一答复，合江县规定，农民建房确需占用耕地的，每平方米先预交耕地开垦费15元，待农民将原宅基地还耕或开垦相同面积的耕地后，全额退还所收取的耕地开垦费。

对这个问题，国务院价格主管部门则认为，耕地开垦费应向农村集体经济组织收取，不应向村民个人收取。

为了尽快落实领导交办的信访事项，也便于地方有所遵循，按照国家法律法规规定，农村村民建住宅占用耕地，耕地开垦费是向农村集体经济组织收取，还是向村民个人收取，请研究后给予回复。

农业部（印章）

二〇〇三年五月八日

复函：

国务院法制办公室对《关于请答复农村村民建住宅占用耕地收取耕地开垦费有关问题的函》的复函

农业部：

你部《关于请答复农村村民建住宅占用耕地收取耕地开垦费有关问题的函》（农经函〔2003〕2号）收悉。经研究，提出一下意见，供参考：根据《中华人民共和国土地管理法实施条例》第十六条关于"在土地利用总体规划确定的城市和村庄、集镇建设用地范围内，为实施城市规划和村庄、集镇规划占用耕地，以及在土地利用总体规划确定的城市建设用地范围外的能源、交通、水利、矿山、军事设施等建设项目占用耕地的，分别由市、县人民政府、农村集体经济组织和建设单位依照《土地管理法》第三十一条的规定负责开垦耕地；没有条件开垦或者开垦的耕地不符合要求的，应当按照省、自治区、直辖市的规定缴纳耕地开垦费"的规定，市、县人民政府，农村集体经济组织和建设单位是负责开垦耕地的义务人，耕地开垦费不宜向农民个人收取。

特此复函。

国务院法制办（印章）

二〇〇三年五月十八日

练习

发函：

关于迎接上海赴滇支教教师团的函

云南省人民政府办公厅：

为解决云南省部分山区中学教师师资缺乏、师资力量薄弱的困难，经研究决定，现派方芳等 50 名中小学教师组成的教师团前往义务支教。该教师团将于 3 月 20 日起程，3 月 21 日下午 2 时到达云南机场，请到时派人迎接，并安排食宿及工作事宜。

请予函复。

附件：上海赴滇支教教师团人员名单（略）

上海市人民政府办公厅（印章）

二〇〇二年三月十日

（三）写作练笔

根据所给材料，撰写一份函。要求：格式完整（画出完整格式），行文规范，文种正确。

请你依据所给材料，代宏远集团公司给滨西大学文学院写一份委托代培涉外文秘人员的商洽函。

滨西大学文学院决定利用暑期开办一个涉外文秘人员培训班，主要面向各单位的在岗在职人员，准备系统开设一些涉外文秘业务、公关礼仪、实用文书写作、速记等与文秘人员工作相关的课程。为此，在报纸上刊发了广告。宏远集团公司得知这个消息后很高兴。因为该公司今年初新招收的一些文秘人员在工作中的表现不尽如人意，部分人员表现出了缺乏专门的涉外秘书知识、实用文书写作能力差、业务素质不高等现象。该公司认为这个培训项目为他们提供了一个难得的在职进修的机会。

为了提高相关人员的从业素质，他们决定选派 5 名在岗的文秘人员报名参加这个培训班进修学习，委托滨西大学文学院代培。用于培训这些人员发生的相关费用宏远集团将如数拨付给滨西大学。

六、归纳总结

（一）函的适用范围及使用条件

（1）函适用于不相隶属机关之间商洽工作，询问和答复问题，请求批准和答复审批事项。

（2）函的使用条件：

①在公文往来中使用机关必须是平级或不相隶属的机关，此文种都能够代替本单位的意愿，传达本机关的决策。

②业务主管部门可以用于答复不相隶属的机关的请求或审批事项。

③机关单位对个人的事务联系，如回复群众来信等。

（二）函的种类

（1）从函的总体特点上，可以分为公函和便函两种。

①公函。要求使用公文用纸，用于机关重要的事项，适用专用的函件格式，有规范的发文机关标识、发文字号、公文生效标识等要素。

②便函。大多用于事务性文书或日用类文书。一般没有完整的格式要求，可以用机关便函专用纸，但不用标识发文机关标识、发文字号，机关印章可以加盖，也可以不加盖。行文单一，使用方便灵活。

（2）从函的发出方向上，可分为发函和复函两种。其中发函包括：商洽函、询问函、请求函；复函包括：批准函、答复函。

（3）从函的具体作用看，可分为商洽函、问答函、请批函、告知函。

①商洽函。用于不相隶属机关之间商洽工作。

②问答函。用于不相隶属机关之间询问与答复问题。

③请批函。用于不相隶属机关之间请求批准和答复审批事项。

（三）函的特点

1. 灵活性

函作为一种平行文，广泛地应用于不相隶属与平行机关之间，不受机关等级限制，在公务活动中起到了其他文种做不到的相互联系、沟通与桥梁的作用，可以传达其他文种不便表达的信息。

2. 实用性

函遵循的是一文一函的原则。函不受内容繁简、字数多少的限制，短小精悍，实用性强。

3. 谦敬性

函的语言不同于其他文种。语言及措辞要体现出对对方的尊重、礼貌、友善。观点要明确，意见要具体，方便对方理解与答复。

项目七　拟写意见

一、知识目标

通过该模块的学习，将会帮助学生掌握意见的适用范围、文种特点、种类划分等相关知识。

二、能力目标

通过范文示例分析、实训演练、病文点评等环节帮助学生了解不同行文方向的意见的写作程式、写作规范及语言使用等，让学生在充分了解各种意见写作特点及行文目的的基础上写出规范的意见。

三、写作范例

示例 1

国务院关于进一步做好利用外资工作的若干意见

各省、自治区、直辖市人民政府，国务院各部委、各直属机构：

利用外资是我国对外开放基本国策的重要内容。改革开放以来，我国积极吸引外商投资，促进了产业升级和技术进步，外商投资企业已成为国民经济的重要组成部分。目前，我国利用外资的优势依然明显。为提高利用外资质量和水平，更好地发挥利用外资在推动科技创新、产业升级、区域协调发展等方面的积极作用，现提出如下意见：

一、优化利用外资结构

（一）根据我国经济发展需要，结合国家产业调整和振兴规划要求，修订《外商投资产业指导目录》，扩大开放领域，鼓励外资投向高端制造业、高新技术产业、现代服务业、新能源和节能环保产业。严格限制“两高一资”和低水平、过剩产能扩张类项目。

（二）国家产业调整和振兴规划中的政策措施同等适用于符合条件的外商投资企业。

（三）对用地集约的国家鼓励类外商投资项目优先供应土地，在确定土地出让底价时可按不低于所在地土地等别相对应《全国工业用地出让最低价标准》的 70% 执行。

（四）鼓励外商投资高新技术企业发展，改进并完善高新技术企业认定工作。

（五）鼓励中外企业加强研发合作，支持符合条件的外商投资企业与内资企业、研究机构合作申请国家科技开发项目、创新能力建设项目等，申请设立国家级技术中心认定。

（六）鼓励跨国公司在华设立地区总部、研发中心、采购中心、财务管理中心、结算中心以及成本和利润核算中心等功能性机构。在 2010 年 12 月 31 日以前，对符合规定条件的外资研发中心确需进口的科技开发用品免征进口关税和进口环节增值税、消费税。

（七）落实和完善支持政策，鼓励外商投资服务外包产业，引入先进技术和管理经验，提高我国服务外包国际竞争力。

二、引导外资向中西部地区转移和增加投资

（一）根据《外商投资产业指导目录》修订情况，补充修订《中西部地区外商投资优势产业目录》，增加劳动密集型项目条目，鼓励外商在中西部地区发展符合环保要求的劳动密集型产业。

（二）对符合条件的西部地区内外资企业继续实行企业所得税优惠政策，保持西部地区吸收外商投资好的发展势头。

（三）对东部地区外商投资企业向中西部地区转移，要加大政策开放和技术资金配套支持力度，同时完善行政服务，在办理工商、税务、外汇、社会保险等手续时提供便利。鼓励和引导外资银行到中西部地区设立机构和开办业务。

（四）鼓励东部地区与中西部地区以市场为导向，通过委托管理、投资合作等多种方式，按照优势互补、产业联动、利益共享的原则共建开发区。

三、促进利用外资方式多样化

（一）鼓励外资以参股、并购等方式参与国内企业改组改造和兼并重组。支持A股上市公司引入境内外战略投资者。规范外资参与境内证券投资和企业并购。依法实施反垄断审查，并加快建立外资并购安全审查制度。

（二）利用好境外资本市场，继续支持符合条件的企业根据国家发展战略及自身发展需要到境外上市，充分利用两个市场、两种资源，不断提高竞争力。

（三）加快推进利用外资设立中小企业担保公司试点工作。鼓励外商投资设立创业投资企业，积极利用私募股权投资基金，完善退出机制。

（四）支持符合条件的外商投资企业境内公开发行股票、发行企业债和中期票据，拓宽融资渠道，引导金融机构继续加大对外商投资企业的信贷支持。稳步扩大在境内发行人民币债券的境外主体范围。

四、深化外商投资管理体制改革

（一）《外商投资产业指导目录》中总投资（包括增资）3亿美元以下的鼓励类、允许类项目，除《政府核准的投资项目目录》规定需由国务院有关部门核准之外，由地方政府有关部门核准。除法律法规明确规定由国务院有关部门审批外，在加强监管的前提下，国务院有关部门可将本部门负责的审批事项下放地方政府审批，服务业领域外商投资企业的设立（金融、电信服务除外）由地方政府按照有关规定进行审批。

（二）调整审批内容，简化审批程序，最大限度缩小审批、核准范围，增强审批透明度。全面清理涉及外商投资的审批事项，缩短审批时间。改进审批方式，在试点并总结经验的基础上，逐步在全国推行外商投资企业合同、章程格式化审批，大力推行在线行政许可，规范行政行为。

五、营造良好的投资环境

（一）规范和促进开发区发展，发挥开发区在体制创新、科技引领、产业集聚、土地集约方面的载体和平台作用。支持符合条件的省级开发区升级，支持具备条件的国家级、省级开发区扩区和调整区位，制定加快边境经济合作区建设的支持政策措施。

（二）进一步完善外商投资企业外汇管理，简化外商投资企业外汇资本金结汇手续。对依法经营、资金紧张暂时无法按时出资的外商投资企业，允许延长出资期限。

（三）加强投资促进，针对重点国家和地区、重点行业加大引资推介力度，广泛宣传我国利用外资政策。积极参与多双边投资合作，把“引进来”和“走出去”相结合，推动跨国投资政策环境不断改善。

示例 2

国务院批转电力系统抗灾能力建设的若干意见的通知

各省、自治区、直辖市人民政府，国务院各部委、各直属机构：

国务院同意发展改革委、电监会《关于加强电力系统抗灾能力建设的若干意见》，现转发给你们，请认真贯彻执行。

电力工业是国民经济的重要基础产业。在今年我国南方地区大范围低温雨雪冰冻和汶川特大地震灾害中，电力设施大面积损毁，给经济社会发展和人民群众生活造成严重影响。为保障国家能源安全和国民经济正常运行，必须采取有效措施，加强电力系统抗灾能力建设。国家电力主管部门要会同有关部门抓紧研究制定配套措施，协调推动电力系统抗灾能力建设工作。电力监管机构要严格执法，加大电力安全监管力度，督促电力企业加强安全管理，确保电力正常供应。地方各级人民政府和电力企业要高度重视这项工作，科学制定工作计划和方案，认真抓好组织实施。

附件：关于加强电力系统抗灾能力建设的若干意见

国务院

二〇〇八年六月二十五日

关于加强电力系统抗灾能力建设的若干意见

为提高电力系统抵御自然灾害能力，最大限度地减少自然灾害造成的损失，维护正常的生产和生活秩序，保障国家能源安全和国民经济正常运行，现提出以下意见：

一、加强电力建设规划工作，优化电源和电网布局

（一）电力建设要坚持统一规划的原则，统筹考虑水源、煤炭、运输、土地、环境以及电力需求等各种因素，处理好电源与电网、输电与配电、城市与农村、电力内发与外供、一次系统与二次系统的关系，合理布局电源，科学规划电网。

（二）电力规划要充分考虑自然灾害的影响，在低温雨雪冰冻、地震、洪水、台风等自然灾害易发地区建设电力工程，要充分论证、慎重决策。要根据电力资源和需求的分布情况，优化电源电网结构布局，合理确定输电范围，实施电网分层分区运行和无功就近平衡。要科学规划发电装机规模，适度配置备用容量，坚持电网、电源协调发展。

（三）电源建设要与区域电力需求相适应，分散布局，就近供电，分级接入电网。鼓励以清洁高效为前提，因地制宜、有序开发建设小型水力、风力、太阳能、生物质能等电站，适当加强分布式电站规划建设，提高就地供电能力。结合西部地区水电开发和负荷增长，积极推进“西电东送”，根据煤炭、水资源分布情况，合理实施煤电外送。进一步优化火电、水电、核电等电源构成比例，加快核电和可再生能源发电建设，缓解煤炭生产和运输压力。

（四）受端电网和重要负荷中心要多通道、多方向输入电力，合理控制单一通道送电容量，要建设一定容量的支撑电源，形成内发外供、布局合理的电源格局。重要负荷中心电网要适当规划配置应对大面积停电的应急保安电源，具备特殊情况下“孤网运行”和“黑启动”能力。充分发挥热电联产机组对受端电网的支撑作用，鼓励在热负荷条件好的地区建设背压型机组或大型燃煤抽凝式热电联产机组，严禁建设凝汽式小火电机组。

（五）电力设施选址要尽量避开自然灾害易发区和设施维护困难地区。电网输电线路要尽可能避免跨越大江大河、湖泊、海域和重要运输通道，确实无法避开的要采取相应防范措施。同一方向的重要输电通道要尽可能分散走廊，减少同一自然灾害易发区内重要输电通道的数量。

（六）加强区域、省内主干网架和重要输电通道建设，提高相互支援能力。位于覆冰灾害较重地区的输电线路，要具备在覆冰期大负荷送电的能力。位于洪水灾害易发地区的输电线路，要对杆塔基础采取防护加固措施。必须穿越地震带等地质环境不安全地区的输电线路，要对杆塔及其基础采取抗震防护措施。

（七）加强电力规划管理，促进输电网与配电网协调发展。国家电力主管部门负责全国电力规划工作，组织编制330千伏以上和重点地区电网发展规划；省级电力主管部门根据国家电力规划，组织编制220千伏以下电网规划并报国家电力主管部门备案。

（八）地方各级人民政府在制定当地国民经济发展规划、城乡总体规划和土地利用总体规划时，要为电网建设预留合适的输电通道和变电站站址，统一规划城市管线走廊，协调解决电网建设中的问题。

二、调整电网建设标准，推进电力抗灾技术创新

（一）有关部门要加强组织协调，积极推进电力抗灾技术创新，及时分析总结各种自然灾害对电力系统的影响，兼顾安全性和经济性，修订和完善适合我国国情的电力建设标准和规范。

（二）科学确定电网设施设防标准。对骨干电源送出线路、骨干网架及变电站、重要用户配电线路等重要电力设施，要在充分论证的基础上，适当提高设防标准。对跨越主干铁路、高等级公路、河流航道、其他输电线路等重要设施的局部线路，以及位于自然灾害易发区、气候条件恶劣地区和设施维护困难地区的局部线路，要适当提高设防标准。结合城市建设和经济发展，鼓励城市配电网主干线路采用入地电缆。

（三）气象、地震、环保、国土和水利等部门要将与电网安全相关的数据纳入日常监测范围，及时调整自然灾害判定标准和划分自然灾害易发区，加强监测预报，提高灾害预测和预警能力。电网企业要会同气象等部门在自然灾害易发区的输电走廊设立观测点，统一观测标准，积累并共享相关资料。

（四）电网企业、发电企业、电力施工企业和设备制造企业要高度重视工程建设质量管理，认真执行国家质量管理的有关规定，健全安全保障体系。有关部门要加强电力施工质量监管，确保材料、设备、工程质量和施工安全。

（五）发展改革、科技、财政、金融等有关部门要研究制定相应政策，鼓励企业和科研机构加大电力抗灾、救灾的科研投入，加快电力抗灾新技术、新产品的开发和推广应用。

（六）鼓励加快抵御自然灾害技术的研究，加强新型防冰雪、防污闪涂料和新型导地线、绝缘材料等新技术和新产品的研究开发与推广应用。进一步优化杆塔、金具等电网设施设计，合理匹配元器件强度，提高电网设施防强风、防冰冻、抗震减振等抗灾能力。

（七）鼓励研究和推广输电设施在线监测、实时预警、故障测距和应急保护等技术，逐步推广应用破冰、融冰等除冰技术和专用工具，推广应用杆塔高效抢修技术和工具，提高电网设施的安全监测和应急抢修能力。

三、完善电力应急体系，做好灾害防范应对

（一）按照统一指挥、分工负责、预防为主、保证重点的原则，建立政府领导、部门协作、电力监管机构监管、企业为主、用户积极配合的电力应急预警系统和电力抗灾体系，做好灾害防范、应急救助和灾后恢复重建工作。

（二）国家电力监管机构是全国电力安全的监管机构，负责组织开展电力系统应急、灾害事故调查处理、信息发布等工作。地方各级人民政府是本行政区域电力应急指挥机构，负责协调指挥各有关部门、电力企业及相关单位，制定防灾预案，开展抢险救灾。电力企业是电力系统抢险救灾的责任主体，负责执行抢险救灾任务，做好灾后重建工作。

（三）地方各级人民政府负责制定完善本地区防灾预案，研究确定当地重要用户范围和应对自然灾害的供电序位。要压缩高耗能、高排放和产能过剩行业用电，优先保证医院、矿山、学校、广播电视、通信、铁路、交通枢纽、供水供气供热、金融机构等重要用户和居民生活电力供应。

（四）电力企业要根据本地区灾害特点，建立健全电力抗灾预警系统，形成与气象、防汛、地质灾害预防等有关部门的信息沟通和应急联动机制；要充分发挥电力设计、施工队伍在电力应急抢险中的作用，加强抢险救灾物资储备和应急抢险能力建设。

（五）电网企业要针对灾害可能造成的电网大面积停电、电网解列、“孤网运行”等情况，制定和完善电网“黑启动”等应急处置预案。在灾害性天气多发季节，电网应急保安电源要做好应急启动和“孤网运行”的准备。

（六）发电企业在灾害性天气多发季节和法定长假到来之前，要提前做好燃料储备、设备维护等工作。燃煤电厂存煤要达到设计要求，调峰调频水电厂水库蓄水要满足应急需求。燃料生产、销售、运输部门要积极支持和配合发电企业做好燃料储备工作。

（七）电力施工企业要配备应急抢修的必要机具，加强施工人员培训，提高安全防护和应急抢修能力。

（八）医院、矿山、广播电视、通信、交通枢纽、供水供气供热、金融机构等重要用户，应自备应急保安电源，妥善管理和保养相关设备，储备必要燃料，保障应急需要。

示例3

××省国土资源厅办公室关于500 kV输变电线路工程拆迁安置用地的意见

省政府办公厅：

你厅转来的《省政府领导批示办理通知处理单》及省发改委《关于500 kV输变电线路工程拆迁安置用地等问题的函》收悉。对500 kV输变电线路工程拆迁安置用地农转用问题，我厅领导十分重视，专门组织有关处室进行了认真研究，现提出意见如下：

1. 按照国家核准项目管理有关规定“500 kV输变电工程项目需国家核准”，目前与我省电源配套急需建设的500 kV送出输变电工程尚未经国家发改委核准。按照《土地管理法》规定“国家批准的项目，涉及农用地转用的，用地由国务院批准”。500 kV输变电工程项目需经国家核准后，用地才能上报国家审批。

2. 考虑到我省急需建设的500 kV送出输变电工程需要，又不违背国家法律法规，而且500 kV输变电线路下的土地除复垦农用外几乎无利用价值，我厅与省电力公司经过多次协商认为采取建设用地复垦办法解决拆迁安置为妥，并主动提出各地如对建设用地复垦周转指标政策操作不熟悉，我厅可以召开相关地市的协调会进行协调。如将500 kV输变电工程的变电站、线路和拆迁安置分拆开来，由省里审批用地，将明显违反《土地管理法》。

3. 我省建设用地复垦置换的政策是：建设用地复垦项目立项后即可向我厅申请按规划复垦耕地面积的 80% 预安排建设占用耕地指标用于安置拆迁，复垦验收后按实际复垦数量核拨。

××省国土资源厅办公室

二○一○年十二月十四

四、技能导引

（一）标题

意见的标题一般由主送机关、事由、文种三部分组成，也可省略发文机关名称。

（二）主送机关

意见的主送机关：上行文、平行文一般都有主送机关，下行意见常常省略主送机关。

（三）正文

正文一般由三个部分组成，即开头、主体和结尾用语。

（1）意见的开头，即概述部分。上行的意见大体包括提出意见的背景、目的、依据、意义等。撰写时要简明扼要地予以表述。

（2）意见的主体，即分述部分，具体意见通常以条款形式提出，详实地陈述所提出的见解与处理办法，包括开展某项工作的目标和任务、原则与政策、要求与措施、办法等。

（3）意见的结尾用语，上行文意见的结尾经常使用“以上意见，请审阅”“以上意见如无不妥，请批转 ×× 执行”等。平行文意见一般使用“以上意见，供参考”等。下行文意见一般使用“参照执行”或“按照执行”等。

（四）生效标识

注意：

（1）意见要依据不同的行文方向来选择格式。上行意见依照请示的格式行文；平行意见依照信函格式；下行意见依照下行的文件格式。

（2）下行的带有指示性的意见的语气要注意严肃、平和、决断，不能使用过分明显的命令性词语，以体现对工作的指导性。

（3）要求上级批转或转发的上行的待批意见尤其要注意表达的语气，这种意见虽然是写给上级的，但目的在于经上级批转或转发后交有关部门执行，因此仍应用下行文的语气写作，而不能作一般上行文处理。

（4）供平行或不相隶属机关参考的带有建议性的意见应根据本单位的职能，注意用语准确，合乎身份，表现出平等协商、互相理解、支持的作风。

（5）意见和请示、报告、函、通知等文种有着密切的联系，因此要注意把握好它们之间的区别。

五、意见的写作实训

（一）病文诊治

××警官学院文件

××警官学院关于加强重点学科建设的意见

（2010 年 1 月 6 日）

各系（部）、机关各处（室）：

2010 是我校争取增加硕士学位授予点的一年。加强重点学科建设是今年的龙头工作。它对申报新的硕士点，实现“质量立校，科研兴校，人才强校”的发展战略具有特别重要的意义。现就如何加强重点学科建设提出以下意见：

一、凝练学科方向，确定好重点学科建设的目标和任务。各系（部）要按照“做强特色学科，做优传统学科，培育新兴学科”的要求，尽早确定新增申报硕士点的重点学科及研究方向。

二、汇集学科队伍，为重点学科建设提供人才支持。

三、提升学科水平，为重点学科建设提供成果保障。

四、构建学科基地，为重点学科建设提供资金保障。

五、做好现有硕士点的教学工作，为新的重点学科建设提供经验借鉴。

（××司法厅印）

（二）写作练笔

最近一段时间以来，市场上不断出现“毒奶粉”“毒米”“毒面”“毒粉丝”等现象，请你认真调研后，思考并拿出一套具有可行性、可操作性的处理办法，从而杜绝此类事件的发生。请你用公文的方式行文，向一个能受理你的建议的机关发出“意见”。

六、归纳总结

（一）意见的适用范围

意见适用于对重要问题提出见解和处理办法。

（二）意见的特点

1. 指导性

作为下行文的意见，一般都代表该级领导机关领导意图，用以表明对某项工作的看法、主张、建议，阐明工作的指导原则和工作方法，提出做好该项工作的要求。因此，上级机关制发的意见，对下级机关的工作具有指导作用。但这种指导，又有一定的弹性和灵活性。或者说，它更偏重于原则指导，不是硬性规定。如果不用意见，改用指示、通知或者决定等文种，显然不是那么妥当。同时，发文机关应当明确下级机关是否照此执行或参照执行；文中对贯彻执行有明确要求的，下级机关应遵照执行；无明确要求的，下级机关可参照执行。

2. 建议性

这种情况大多是指上行的“意见”。上行的“意见”，通常分为两种情况，一种是提出的意见需要上级批转或转发；另一种是下级单位和部门认为上级或其他部门处理某些超越了自己职权范围的问题，常常要用“意见”行文。而这个“意见”，对上级批准和认可以及其他部门的工作可起到建议或参考的作用，上级机关一般应按照请示性公文的程序和要求办理，并对下级机关的意见作出处理或给予答复。“意见”作为平行文时，提出的意见供对方参考。

3. 灵活性

意见的行文方向比较灵活，既可用于上行文，也可用于平行文或下行文。上行时，比报告请示更能充分具体地陈述己见；平行时，可以充分展示自己的见解建议；下行时，可语重心长地说出指示性意见，让下级容易理解、接受。意见文种的使用不受限制，中央机关、地方党政机关、企事业单位等都可以使用，尤其近年来，发文的频率比较高。

（三）意见的种类

意见按其行文方向不同，一般可分为要求下级贯彻执行的下行意见；对重要问题向上级提出见解或要求上级批转或转发的上行意见；供平行或不相隶属机关参考的带有建议性的平行意见三类。

1. 下行意见

通常是上级领导机关或有关主管部门对开展某项工作提出的基本思想、原则、要求的阐述和说明。一般来说，高层领导机关多用“意见”对工作进行原则性的指导。

2. 上行意见

可以是业务主管部门提出，请求上级领导机关批准转发或印发，实际上是业务主管部门为上级领导起草的实施计划。这是上级领导机关或主管部门对开展某项工作作出的部署、安排；也可以是对重要问题向上级机关提出见解，供领导决策参考。

3. 平行意见

平行意见是供平行或不相隶属机关参考的建议性意见。一般用于向有关部门提出改进或推动某项工作的设想和建议。一般由职能部门提出，主要用于向相关部门献计献策，反映本部门、本单位的想法。

项目八　拟写会议纪要

一、知识目标

通过该模块的学习，将会帮助学生认识会议纪要的适用范围、结构组成、格式、特点、种类、写作要求，及与会议记录的区别。

二、能力目标

通过范文阅读，评析、了解各种会议纪要的适用情境、写作特点和规范，通过病文诊治、思考实训、分布训练，熟悉会议纪要的写作程式，能够根据所提供的材料，撰写出格式正确、内容完整、层次清晰、语言简明的会议纪要，以完成顺利传达信息的目的。

三、写作范例

示例 1

全国文物拍卖管理工作座谈会会议纪要

2011 年 1 月 11 日，国家文物局召开全国文物拍卖管理工作座谈会。来自全国 24 个省、自治区、直辖市文物行政部门的负责同志，以及商务部、海关总署、国家工商行政管理总局、北京市工商局有关同志参加了会议。国家文物局副局长宋新潮出席会议并作了重要讲话。

会议认为，在党中央、国务院加快振兴文化产业和推动文化大发展大繁荣的大背景下，近年来文物艺术品拍卖市场取得长足发展，市场规模不断扩大，拍卖经营活动日趋规范与活跃。同时，我国的文物艺术品拍卖市场在发展规模、发展方式、自身定位以及社会责任、法律意识等方面也存在诸多不足和亟待完善的方面，这其中有企业自身的问题，有社会经济整体环境的问题，也有相关法律法规不健全、政府主管部门管理服务不到位的问题，需要各有关部门认真面对和加以解决。

与会代表充分肯定了文物艺术品拍卖市场在吸引海外中国文物回流、满足人民群众多层次的文化需求、推动文化产业的发展振兴、提升我国的文化软实力、促进文化大发展大繁荣等方面发挥的积极作用，对当前文物拍卖管理工作中存在的文物拍卖标的备案复核程序、文物拍卖标的审核范围和重点、文物拍卖专业人员资格认定等问题进行了深入的分析，提出了明确的解决思路和措施。

经过会议认真讨论，会议确定了以下事项：

一、认真执行《关于加强文物拍卖标的审核工作的通知》及《关于加强文物拍卖标的审核备案工作的通知》规定的文物拍卖标的审核和备案制度。各省级文物行政部门必须在拍卖公告发布 15 日之前向国家文物局报送拍卖会拍卖标的资料及省级文物部门审核意见；拍卖会结束 30 个工作日内向国家文物局报送拍卖会成交记录。

二、严格确定文物拍卖标的审核重点。会议重申以下文物不得作为拍卖标的或应严格审核：①出土（水）文物；②以出土（水）文物名义宣传的复仿制品；③国有不可移动文物的附属构件；④国有文物购销经营单位收藏的珍贵文物；⑤损害国家利益或有可能产生不良社会影响的物品；⑥被盗窃、盗掘、走私的文物或明确属于历史上被非法掠夺的中国流失文物；⑦涉嫌危害国家安全和损害民族利益的物品；⑧涉嫌丑化国家形象及政治人物的非主流艺术品；⑨带有黄色暴力等内容的物品等。

三、认真研究治理文物拍卖企业“知假拍假”问题。会议认为，文物部门要认真反思以往拍卖标的审核“管真不管假”的不正确认识和做法，要进一步认识拍卖标的审核工作对文物艺术品拍卖市场健康有序发展的积极作用。通过拍卖标的审核工作从制度上完善文物艺术品拍卖市场的各项规范。同时，应对拍卖企业宣传及拍卖图录印刷加强管理，制定相关规范标准。

四、加强对文物网络交易活动监管，对现有涉及文物经营的网站进行评估，制定相关规范政策，逐步建立网络文物经营准入和网络交易文物审核的制度。

五、加强文物拍卖管理队伍建设和文物拍卖专业人员培养。针对省级文物行政部门管理机构薄弱和人员缺乏的现状，各地文物部门要高度重视，切实加强机构和人员建设；进一步加强文物拍卖专业人员培养工作，扩大培训考核的范围，增加考核科目；不断完善文物拍卖专业人员资格管理制度，稳步扩大文物拍卖专业人员聘用试点范围。

示例 2

市政府工作会议纪要

〔2009〕4 号

东莞市人民政府办公室　　　　　　　　　　二〇〇九年一月十五日

2009 年 1 月 12 日上午，市政府副秘书长郭惠良在中堂镇东泊城酒店二楼会议室主持召开了第 72 次市外商联络小组协调会。市外经贸局、市府台湾事务局、市经贸局、市国土资源局、市城建规划局、市物价局、市国税局、市外汇管理局、东莞供电局、南城街道办事处、中堂镇政府、麻涌镇政府、望牛墩镇政府、洪梅镇政府、道滘镇政府等单位领导以及市外商协会、台商协会、香港工业总会

珠三角工业协会等负责同志参加了会议。会议主要研究了当前外商企业在生产运作中遇到的问题，通报了第69次协调会关于退还电费保证金问题的进展，同时宣讲了近期国家出台的利好政策。现纪要如下：

一、对外商企业反映的具体问题的协调处理

（一）关于办理历史遗留工业用地手续问题

1. 关于集体建设用地使用权流转问题。会议指出，部分外商提及的“可流转集体土地使用权”是指集体建设用地使用权流转。根据省有关规定，外商企业可以采取集体建设用地使用权流转方式完善用地手续；按照集体建设用地使用权与国有建设用地使用权“同权、同价”的原则，在使用年限内，集体建设用地使用权可以作为企业固定资产；可以按剩余使用年限折旧、升值或贬值；可以依法自由转让（流转）。集体建设用地流转后，企业可依法办理土地使用证和房产证；土地使用证、房产证记载的权利人一致，权属清晰无争议的，可向房屋管理部门申请办理抵押登记；若流转的土地上没有建筑物或建筑物没有依法办理房产证的，则不能就土地使用权单独办理抵押登记。

2. 关于降低“65元/平方米”的过户手续费问题。会议指出，部分企业提及的“在办理集体土地使用权证转为国有土地证手续时，市政府要收取65元/平方米的过户手续费”，这是政策误解，企业提及的65元/平方米的费用，实质是土地出让金。根据现行国土管理制度，土地按所有权性质分为集体所有、国家所有。集体土地要转为国有土地，必须办理征地手续。集体土地使用证转为国有土地使用证，在法律上实质是将企业正在使用的已批集体建设用地征为国有，然后由政府重新出让给企业。土地出让金，就是政府出让土地时所征收法定地价收益。我市现行土地出让金标准为：大城区、松山湖和主干公路两旁150米范围内的商住用地105元/平方米，工业用地75元/平方米，其他用地为60元/平方米；其他镇和主干公路两旁150米范围以外的商住用地85元/平方米，工业用地为65元/平方米，其他用地50元/平方米。

3. 关于办理相关规划手续问题。会议指出，目前我市正在草拟《东莞市已建房屋房地产手续补办实施方案》，内容包括了国土、规划、建设、房管等一系列手续办理的政策以及办事流程。方案实行后，我市城建规划部门将按照有关要求办理外商企业的规划手续。

（二）关于取消电力附加费问题

会议指出，2008年初，为应对雨雪冰冻灾害对我省电力供应的影响，提高全省电力机组发电积极性，保障我省灾后恢复电力供应，省政府决定从2008年3月1日起对广州、珠海、佛山、惠州、东莞、中山市所有大工业用户按每千瓦时0.045元标准临时收取燃气、燃油加工费。目前，冰灾影响已过，我市电力供应也已恢复正常，取消燃气、燃油加工费有必要，但权限在省政府，我市无权决定。我市将通过各种途径积极向上级有关部门反映外商的意见，以期达到取消燃气、燃油加工费或降低收取标准的目的。

（三）关于企业反映收取三资企业场地使用费问题

会议指出，为减轻企业负担，市政府决定从 2008 年 8 月 1 日取消三资企业场地使用费和“三来一补”综合费用结汇手续费，以及从 2008 年 11 月 1 日起对生产性企业减半征收堤围防护费一年，取消的这部分收费都是市级的行政收费。市台商协会南城分会反映的南城外经办对外资企业收费情况，南城外经办此前按照外资企业产值 1‰收取企业管理费，没有以企业承包款名义收取场地使用费。为进一步减轻企业负担，南城街道决定从 2009 年 1 月 1 日起取消该项收费。除此之外，我市部分镇（街道）将陆续作出减免企业收费的决定。

二、关于退还电费保证金问题的进展

会议指出，第 69 次协调会议要求东莞供电局积极退还企业电费保证金。为此东莞供电局十分重视，对第 69 次协调会议提出的四种退费情况进行了认真研究，确定以下退费原则：

（一）企业能够提供电费保证金收据原件的，电费保证金退还交费企业。

（二）企业遗失电费保证金收据原件，经核实该企业在供电部门电费保证金台账（清单）上有收费记录且未办理退费的，电费保证金退还交费企业。

（三）经核实企业确实交纳了电费保证金，但申请退保的企业与交费企业名称不一致，经工商部门证明属名称变更，企业主体不变的，电费保证金退还该企业。

（四）企业主体已变，如果新企业能够提供其与原企业转让电费保证金回收权的证明，电费保证金退给该企业；该企业不能提供上述证明的，电费保证金应退给原交费企业，如果原企业已注销，则电费保证金应退还原企业的股东或投资人。

（五）电费保证金的交费人已经不存在，又没有继承人的，或者无法确定交费人的，按照相关法律规定，依法定程序上交国库。

三、关于下阶段有关工作问题

为不断完善协调会各项工作，会议要求，市外商协会、台商协会要多提宝贵意见和建议；我市各有关部门要高度重视，要充分利用好这个平台加强与企业现场的沟通和交流，实实在在地为企业解决问题。

参加会议主要人员：郭惠良，方见波（市外经贸局），胡国勇（市府台湾事务局），叶绍焜、苏树林（市国土资源局），卢沛超（市物价局），陈志超（市物价局），傅平辉（市国税局），郑文志（市经贸局），赵颖（市外汇管理局），吕斌（东莞供电局），黎建波（中堂镇政府），黎德庆（麻涌镇政府），李志雄（望牛墩镇政府），王晖（洪梅镇政府），吴银玩（道滘镇政府），陈健光（南城街道办事处），朱国基、陈益林、董长江、何港生、周小华、张汉泉（市外商协会），徐沆、赵维南、郑启文、李亨玉、黄义定、康仁杰（市台商协会），张润冰、曾理（香港工业总会珠三角工业协会）。

主题词：经济管理　投资　制度　会议纪要

分送：市委常委、副市长，市政府秘书长、副秘书长，各镇人民政府（街道办事处），与会单位，市直有关单位，市外商协会、台商协会。

示例3

2009年度高等教育研究学术报告会会议纪要

时　　间：3月20—22日

地　　点：教育部国家教育行政学院

参会人员：杨　光　教育部社科司司长

冯　刚　教育部高校社科发展研究中心主任

叶之红　中国高等教育协会副秘书长

高晓杰　中国高等教育协会学术部

邬大光　厦门大学副校长

参会单位：中国高等教育协会、北京语言大学、中央民族大学、北京联合大学、中央美术学院、北京工商大学、中央北京市委党校、首都师范大学、长春工业大学、武汉工业大学、国防科学技术大学、内蒙古教育厅教科所等近140所高校或科研院所的160名代表参会。

一、会议内容

教育部有关部门领导、中央教科所、全国教育科学规划领导小组有关领导、中国高等教育学会有关领导与会作专题报告及课题申请咨询。

会议主题一：叶之红　中国高等教育协会调研组副秘书长做专题报告

通报2009年度教育部教育工作重点，介绍《国家中长期教育改革和发展规划纲要》调研工作的基本思路，公布了中国高等教育跨越发展经验纪实研究主要选题，并且对调研成果进行了初步分析。主要针对高等教育面临的主要挑战等十个专题进行了调研，就中国高等教育管理体制，行业院校发展状况，师资队伍建设，教学及管理质量评估认证等方面，公布了十个中国高等教育跨越发展经验纪实研究选题方向。

会议主题二：杨光　教育部社科司司长讲话

社会科学司2009年工作的基本思路：

1. 认真贯彻落实会议精神，加强和改进高校思想政治理论课建设

2. 以提高质量为重点推进高校哲学社会科学新的繁荣发展

3. 以深化体制改革为重点推进高校出版和教育电视工作

4. 合理规划，积极实施，不断推进队伍建设

5. 加强作风建设，提高工作质量和效率

会议主题三：冯刚　教育部高校社科发展研究中心主任讲话

科学发展观学习、把握的四个纬度：哲学纬度、历史的纬度、价值纬度、实践的角度；肯定了高等教育近十年跨越式发展，但是中间出现了很多的问题和矛盾，这就对高等教育提出了新的复合型要求：

1. 高校战略规划落实科学发展观，需要科学的导向，正确的价值取向，优质的资源配置，良好的形象和争取多方的支持。

以斯坦福大学为例，快速发展到现在，制定的二十年战略规划：提示一定要体现学校自身的特色和地方特色。

2. 高校要协调发展，关注学生发展的主体；关注学生发展的全面；关注学生发展的和谐，坚持以人为本，但不是简单的迎合学生。

3. 高校文化建设，提高高校的核心竞争力。

4. 公布高等教育司 2009 年工作要点：深入开展学习实践科学发展观活动，以科学发展观为指导，以提高人才培养质量为核心，以大学生的能力培养为重点，以“高等学校本科教学质量与教学改革工程”“国家示范性高等职业院校建设计划”和“马克思主义理论研究和建设工程”为抓手，充分发挥教育战线专家的指导和智囊作用，加强干部队伍建设，深化教学改革，强化教学管理。

会议主题四：通过部分统计数据和部分改革措施看我国高等教育质量，提出了现代教育工作者对目前高等教育工作的反思和共识

邬大光　厦门大学副校长做专题报告——对我国高等教育质量的若干分析

造成高等教育的活动发生变化的原因：一是规模扩张；二是财政不足。

目前高等教育面临学生的兴趣得不到满足、教学职能弱化、教学资源紧张、就业压力增大的问题。从管理的角度来说，实现教学资源共享；从学生的角度来说，给学生更大的自主学习空间；全校的资源共享；跨院的资源共享；院内的资源共享；建立课程平台，实行分类教学等。讨论素质教育在何种层面上展开，学生兴趣在多大程度上满足，教学资源在何种程度上共享等问题，并提出了目标：让高等教育研究顶天立地。

二、会议推荐高教研究新出版教科书

《改革开放三十年中国高等教育研究》由中国高等教育学会组织高等教育研究领域 18 位著名专家学者编撰，教育科学出版社出版。

《改革开放三十年中国高等教育改革亲历者口述纪实》由中国高等教育学会组编，邀请 20 位亲历我国高等教育改革决策及发展历程的老同志，比较系统地讲述了 30 年来高等教育改革波澜壮阔的辉煌经历，生动地提示了历史光阴变换之间我国高等教育领域发生的深刻变化，教育科学出版社出版。

三、发布“中国高等教育学会关于申请福特基金资助的说明函”

拟提出的研究课题：

1. 高等教育质量评价和认证活动的元认证机制研究

2. 高等院校管理领域质量标准及评价体系研究

3. 高等院校管理领域状态数据库建设研究

未来研究成果用于对高等院校管理领域管理水平进行排行，进行高等院校管理领域状态数据网络发布，编制高等院校管理领域状态数据年度分析报告。

四、技能导引

（一）标题

会议纪要的标题有单标题和双标题两种形式。

1. 单标题

（1）完全式标题。即由“发文机关 + 事由 + 文种”三部分构成，此类写法多为例会会议纪要常用的标题形式。如《全国高校校报协会 2008 年常务理事会议纪要》《湖南省办公厅、国税局、地税局第三次联席会议纪要》《教育部艺术教育委员会第五届委员会会议纪要》《哈尔滨工业大学关于校庆工作会议纪要》。

（2）省略式标题。即由“事由 + 文种”两部分构成，这种用法较为普遍。如《第十二届全国现代数学和力学学术会议纪要》《2007 年全国仲裁年会会议纪要》《西南六省区市经济协调会第二十次会议纪要》。

单标题中的“发文机关”，一般是举办会议的机关。若干个机关联合召开，就用行政区域名称，如《无锡市劳动争议案件研讨会议纪要》。

单标题中的事由，主要是三种写法：一是引用会议名称，因为会议纪要是以会议的名义发出的，而不是以领导机关的名义发出的，所以会议纪要的标题多是以“会议名称 + 文种”两个要素构成，如《第二次全国对外汉语教学工作会议纪要》《全国东西扶贫协作工作会议纪要》《黑龙江省拍卖行业协会拍卖师专业委员会成立大会会议纪要》；二是概括会议议题或内容，如《关于 2010 年政府工作目标任务分解方案等问题的会议纪要》《关于治理客运票价上涨有关问题的会议纪要》《关于信访工作有关问题的会议纪要》，由于需要概括，故常用“关于……”句式；三是与会人性质，如《黑龙江省上甘岭林业局 2010 年第一次局长办公会议纪要》《2010 年度上海大学第九次校长办公会议纪要》《全国人事局长会议纪要》，这种事由可能与会议名称性质相同，也可能不完全相同。

如果事由中已有“会议”二字，文种只写“纪要”二字。

2. 双标题

类似于新闻式标题，由“正标题 + 副标题”构成，正标题阐释会议主旨、概括会议议题、反映会议精神，副标题标示会议名称和文种。如《继续解放思想，坚持改革创新，努力开创教育事业科学发展新局面——教育部 2010 年度工作会议纪要》《功德日增凝聚力，灵根长发万年枝——“增强中华民族凝聚力座谈会”纪要》《抓住机遇，扩大开放——沿长江五市对外开放研讨会纪要》。

（二）成文日期

会议纪要的成文日期，以会议通过日期或领导人签发日期为准，通常写在标题之下，位置居中，并用括号括起，也可以写在正文的右下方、主办单位的下面。

（三）正文

会议纪要的正文，一般由开头（导言）、主体和结尾（可有可无）三部分组成，具体写法依照会议内容和类型而定。

1. 开头（导言）

开头部分，一般是用简要的语言概括介绍会议基本情况，包括会议召开的形势和背景、目的和依据、会议名称、会期会址、规模形式、主办单位、主持人、参会人员、会议议程、主要议题、活动成果、会议评价、会议产生的意义和作用等。在表达方式上，以上要素可以采用“分条列项式”和“概述式”两种。“分条列项式”多见于办公会议纪要。“概述式”在扼要交代各项情况后，常以“会议纪要如下”“会议确定了如下事项”“现将会议讨论的主要问题综述如下”等句式作为过渡，转入主体部分。无论采用哪种方式，这部分都应把握好详略，不宜过长；有的还可省略这部分。

2. 主体

主体，是会议纪要的核心部分，主要反映会议情况和会议结果，要注意紧紧围绕中心议题，具体写出会议研究的问题、讨论的意见、决定的事项、提出的要求、部署的任务、采取的措施等。这部分是对会议精神和议定事项的系统阐述和集中反映，也是要求与会单位或有关方面贯彻落实会议精神的法定依据。在综述会议总体情况、说明会议精神、交代会议共识、宣告会议决议时，通常采用“与会代表一致认为”“与会代表就……问题进行了讨论（分析、研究），认为”“会议传达”“会议讨论”“会议听取”“会议介绍”“会议通过”“会议指出”“会议强调”“会议决定”“会议商定”“会议明确”“会议同意”“××同志指出”“××同志强调”“××同志强调指出”等程式化的语句。以这些惯用语作为段落的开头语，可以体现内容的层次感。

由于会议纪要的种类不同，主体部分的写法也有差异。以表达方式来组织材料，常见的写法有四种。

（1）条款式。将会议讨论和研究决定的事项分为若干条款逐一叙述。这种写法简明扼要，内容分成几个方面，以序号或标题为层次。这种方式主要用于写办公会议纪要、工作会议纪要。

（2）概述式。针对研究问题比较集中、讨论意见比较一致的会议，撰写会议纪要时，可以将讨论的内容、发言的情况综合在一起，概括成几个方面或层次叙述出来。主要的、重要的内容放在前面且尽量详写，次要的、一般的放在后面略写。这种方式主要用于写日常行政会议纪要、小型会议纪要、批转的会议纪要。

（3）归纳式。针对规模较大、内容较杂、讨论问题较多的会议，如某一部门业务工作的全面安排和部署。撰写会议纪要时，要条理清晰，突出会议中心和主旨，可以根据表达内容的需要，按研讨的问题、议定的事项等内在逻辑顺序进行分类整理，归纳为几个部分，每个部分写一个方面的内容，分别用序号加小标题的形式加以表述，如对过去工作的评价、对当前形势的分析、对未来工作的要求、为实现这一要求所采取的措施等。这种方式主要用于写较复杂的工作会议纪要、经验交流会议纪要。

（4）摘要式。针对研讨问题比较单一的学术会、讨论会，撰写会议纪要时，可按会议上发言的顺序，摘录每个发言人的主要意见，以如实反映会议讨论情况、会议结论的产生过程及每个人的不同看法。有些例会研究的问题比较多、比较具体，可按议题顺序逐项整理。通常在记录发言人首次发言时，在其姓名后用括号注明发言人所在单位和职务。这种方式主要用于写较重要的学术研讨会议纪要、座谈会议纪要。办公会议纪要不宜采用此法。

总之，主体部分无论采用何种写法，都必须忠实于会议精神，准确反映会议情况，合理提炼会议内容，层次清晰地突出会议的中心和要点。

3. 结尾

结尾即会议纪要的结束语，比较简短，可以是强调意义、提出要求和希望、发出号召，要求有关单位认真贯彻会议精神，努力完成会议议定的各项任务，常用“会议要求”“与会代表希望”“会议呼吁”“会议号召”等引起结尾性段落；可以是对会议作出简要的评价；也可以是对会议的情况作一些补充说明；还可以在不影响全文结构完整的前提下，在写完主体部分后可自然结束全文，不写专门的结尾部分。

五、会议纪要写作实训

（一）病文诊治

2010 年度 ×× 大学第八次校长办公会议纪要

2010 年度 ×× 大学第八次校长办公会议于 12 月 27 日（星期一）上午 8 点在校本部行政楼 803 会议室召开。会议由常务副校长 ×× 同志主持。

一、2011 年校领导出访计划与对外合作重点

副校长 ×× 同志汇报了目前我校国际交流与合作的基本情况和 2011 年学校领

导出访计划。

会议讨论认为，大力开展国际合作是实施学校国际化发展战略的重要组成部分，要努力创造条件，使学校的广大学生、教师和干部获得更多的国际交流与合作的机会。

二、2011 年学校食堂伙食价格及补贴问题

后勤集团总经理 ×× 同志汇报了 2010 年 9 月至 2011 年 1 月学校食堂伙食补贴方案。

今年伊始，尤其是下半年以来物价指数节节攀高，副食品价格上涨了百分之二十五，导致公益性学生食堂无法维持正常的收支平衡。为此，国家及市政府出台了相应的平抑物价的具体措施与政策，市教委亦相当重视大学的餐饮工作，决定给予大学食堂一定的价格补贴，为用好此项补贴，维护食堂出售价格的基本稳定，让学生充分享受政府和学校的关怀，后勤集团作了专题的研究，分析了具体情况，提出补贴使用原则和方案。

会议决定，原则同意本次学校食堂伙食补贴方案。为使政府和学校对学生食堂的优惠政策真正落实到学生身上，由校长助理唐维克同志牵头，后勤集团和财务处配合，尽快确定并实施校外人员搭伙费的上调方案。

三、系一级师资队伍建设情况

人事处副处长 ×× 同志汇报了系一级师资队伍规划的基本情况。

学校自 2009 年 9 月启动了系一级师资队伍的规划工作，在英语、化学、自动化三个系试点工作的基础上，全校各系按要求都初步拟定了规划。学科办和人事处对各系的规划进行了梳理总结，提出了存在的问题和进一步做好规划的要求。

会议讨论认为，做好系一级师资队伍建设，要明确校、院、系规划之间的关系，明确在不同层面上的定位。要弄清各系目前的优势研究方向，其在国内外同行中的地位和研究方向在整个学科中的影响，据此确定今后的发展方向、发展战略和相应措施。要建立平台，促进系主任之间的交流。

会议决定，由人事处继续负责，在总结前期工作的基础上，进一步做好系一级师资队伍的规划工作。

四、研究生培养机制改革方案

副校长 ×× 同志汇报了硕士研究生培养机制改革方案。

会议讨论认为，研究生培养机制改革的指导思想是适应建设创新型国家的战略和本校建设成国际知名、国内一流的综合性研究型大学的要求，建立以科学研究为主导的导师负责制和资助机制，合理配置教育资源，构建研究生教育质量的长效保障机制，提高研究生培养质量。

改革的主要内容包括：以科研项目为导向，合理配置博士生招生名额，扩大导师在博士研究生招生过程中的自主权，研究生奖助体系改革和博士生导师承担培养费等。

会议决定，2011 年 1 月起，实行新的研究生培养机制改革方案。由 ×× 副校长继续负责，召开硕士生导师和学生干部座谈会，进一步征求对硕士研究生培养机制改革方案的意见，并根据改革方案修订委培和定向硕士研究生的协议书。

（二）写作练笔

（1）请自选本学期召开的一次主题班会，撰写一份会议纪要。

（2）请将下面这份《城厢区农业局专题学习会议记录》改写为一份会议纪要。

<table>
<tr><td>会议时间</td><td>2010. 01. 20</td><td>会议地点</td><td>农业局事业楼九层会议室</td><td>主持人</td><td>林文彪</td></tr>
<tr><td>会议内容</td><td colspan="3">组织学习《关于 2010 年元旦春节期间切实加强廉洁自律和厉行节约工作的通知》（莆城委反腐办〔2009〕15 号）</td><td>记录人</td><td>孙志勇</td></tr>
<tr><td>参加对象</td><td colspan="5">全体干部职工</td></tr>
<tr><td colspan="6">会议要点：
一、局办公室主任许晨昕传达学习了区委反腐败协调小组办公室转发中共福建省委反腐败协调小组办公室《关于 2010 年元旦春节期间切实加强廉洁自律和厉行节约工作的通知》等文件内容。
1. 严格要求，切实遵守廉洁自律规定；
2. 严格教育，进一步增强廉洁自律意识；
3. 严格管理，坚决反对奢侈浪费行为；
4. 严格监督，严查违纪违法行为；
5. 改进作风，关心群众生产生活。
二、林文彪副局长（主持工作）结合我局实际就如何贯彻区委《通知》（莆城委反腐办〔2009〕15 号）精神，强调四点工作意见：
一要高度重视，加强领导，落实责任。局属各部门负责人要切实负起抓反腐倡廉建设的第一责任人的责任，加强督促检查，认真抓好工作落实，局股级以上的领导干部要签订《廉洁自律承诺书》，保证做到杜绝“小贪小腐”，坚决做到“七个严禁”。
二要切实加强廉洁从政学习教育，筑牢拒腐防变的思想道德防线。通过组织全体党员干部开展加强廉政纪律规定的学习教育活动，结合局开展的廉政文化进机关建设，不断创新形式、深化内涵、拓展领域，努力营造崇尚廉洁、以贪为耻的良好氛围。
三要充分发挥党员领导干部先锋模范作用，以身作则，做好廉洁自律表率。全体党员干部要牢固树立宗旨意识，时刻把群众的安危冷暖挂在心上，改进工作作风，切实抓好关系群众生产生活的各项工作。
四要加强监督检查，严肃查处各种违规违纪行为。局纪检组和反腐倡廉领导小组要认真落实区委反腐倡廉工作精神，坚决纠正各种铺张浪费、奢靡享乐、挥霍公款等行为，对有令不行、有禁不止、顶风违纪的要严肃查处，对情节严重、造成恶劣影响的要坚决追究有关当事人的责任。</td></tr>
</table>

（摘自：城厢预防腐败网）

六、归纳总结

（一）会议纪要的适用范围

“纪”有“记录、记载”之意，“要”有“要点，纲要”之意。“纪要”即“记述要点的文字”，今多用为会议文件名，也就是常见“会议纪要”。

《办法》规定：“会议纪要，适用于记载和传达会议情况和议定事项。”

并不是所有会议结束后，都有会议纪要生成。一般来说，会议比较重要或受较多人关注，会议的主要情况和议定事项是知照性的，需要向与会以外的组织、单位、人员传达或贯彻执行时，可以依据会议宗旨，参照会议记录、会议材料在内的会议文件和其他有关材料，对会议的主要内容及议定事项进行分析归纳、提炼综合而整理形成会议纪要，以此形式公布。

会议纪要是在党政机关、人民团体、企事业单位等公务活动中产生的，通过记载会议基本情况、主要成果、议定事项，概括性地反映会议的基本精神，发挥着统一认识、沟通情况、交流经验、指导工作的作用。它使用灵活、广泛，既可上呈，类似会议情况报告，向上级反映会议的基本情况，汇报工作；又可下发，类似通知，向下级机关传达会议精神，要求贯彻落实会议决定的事项；还可被批转或转发给不相隶属机关，通报会议情况，以得到支持和配合。此外，还可在报刊等新闻媒体上（或加“编者按”）发布。但是，会议纪要主要还是下行，用于指导下级机关单位执行会议议决事项。

（二）会议纪要的格式

1. 文件格式

由本机关和本机关下属机关参加的重要会议，需要下级机关贯彻执行会议决议、会议精神，使用文件格式下发会议纪要。使用下行文的文件格式，在文件标题中显示会议纪要文种。

2. 信函格式

由本机关、平级机关或不相隶属机关参加的重要会议，需要给平级机关和不相隶属机关发会议纪要，使用信函格式，在文件标题中显示会议纪要文种。

3. 会议纪要格式

由于会议纪要发文方式的多样化，《中华人民共和国国家标准国家行政机关公文格式》（以下简称《格式》）在文件式格式、信函式格式、命令式格式之外，还规定了会议纪要格式。《格式》的条文释义指出：“国家行政机关的办公会议是本机关决策的最高机构，会议议定的事项都是本机关的决策事项，并以固定形式的会议纪要印发，有鉴于此，本标准对此类会议纪要格式做了统一规定”。也就是说，《格式》中规定的会议纪要格式，主要是针对国家行政机关的办公会议纪要而言。

（1）会议纪要标识由“××会议纪要”组成，如《省政府工作会议纪要》，位置同“文件式”发文机关标识方法一样，即上边缘距版心上边缘 25 mm，用红色小标宋体，字号由发文机关酌定，但一般应小于 22 mm × 15 mm。

（2）发文字号在会议纪要标识下空两行，用三号仿宋体字，居中标识。办公会议纪要对发文字号一般不做必须要求，但在办公例会的会议纪要中一般要有发文字号，如“第××期”“第××次”。

（3）发文机关和成文日期在发文字号下空一行，用三号仿宋体字标识。发文机关居左空一字，成文日期居右空一字。发文机关和成文日期之下 4 mm 处印一条与版心等宽的红色反线。

（4）会议纪要标题在红色反线下空两行，用二号小标宋体字，可分一行或多行居中标识。

（5）正文在标题下空一行，用三号仿宋体字标识。

（6）会议纪要可以不加盖印章，这在行政公文中是唯一的。受文单位放在公文末尾。会议纪要一般不列专门的主送单位，而是分送所有有关单位，抄送上级主管部门。

（7）其他要素从《格式》相关要素说明。

（三）会议纪要的特点

1. 纪实性

纪实性是会议纪要的本质特征。会议纪要是根据会议宗旨、议程、决议、记录等材料整理而成的公文，是对会议基本情况的客观、扼要地记载，要忠实地反映会议的内容，准确地反映会议成果，真实地反映会议精神。会议纪要的撰写者，不能断章取义，不能随意删减会议内容，要全面地概括会议的要点，不能主观臆断、随性发挥，不能变更会议的议定事项，不能改动会议上达成的共识和形成的决定，更不能在会议纪要中妄加评议，要保持和会议的实际情况的一致。会议纪要的纪实性特点也决定了它的凭证、备查作用。

2. 纪要性

会议纪要不是把会议涉及的所有问题一一记录下来，它是对会议中各种材料、与会人员的发言及会议简报等进行综合分析和概括选择，精其髓，摘其要，以极为简洁精练的文字提纲挈领地把会议的内容和结论表述出来。会议纪要重点说明会议的主要参加者、基本议程、代表性观点、重要情况、决策意见、主要精神，不能将与这些内容无关的内容写进去，切忌记流水账叙述会议的一般过程，切忌事无巨细列举议而未决的事项，防止主次不分，甚至主次颠倒的情况，以免会议纪要的效力受到影响。

3. 指导性

会议纪要是为了当前实际工作中的存在的亟须解决的重大或特殊问题而制发的，它是与会者共同讨论研究的结果，是集体意志的体现，它所传达的会议精神和决定事项，是与会单位和相关部门进一步开展工作的依据。因而，会议纪要一经下发，便具有了导向性和约束力，要求有关单位和人员遵照执行，起着类似指示、决定、决议等指挥性公文的作用。

4. 并行性

并行性是会议纪要在行文上的特性，因为会议纪要一般多是复体行文。若要报送给上级机关，必须以“报告”为载体；若要下发给下级机关，则必须以“通知”为载体。这类似于发布令、被发布法规、批转性通知和被批转公文的情况，但会议纪要在行文中不是附件，而是与报告或者通知合二为一，作为一份公文使用。

（四）会议纪要的种类

按照不同的分类标准，会议纪要有不同的分类。

1. 按会议的内容和性质分类

按照会议的内容和性质，会议纪要大致可分为办公会议纪要、专题会议纪要、座谈会议纪要。

（1）办公会议纪要。这是指记述各级党政机关、企事业单位和社会团体的领导机关以办公会议的形式，对本单位或本部门重要的、综合性的工作进行讨论、研究、议决等事项的会议纪要。办公会议是机关决策的最高机构，会议的目的是做出决策，产生体现领导集体意志和决议的会议结果，因此这类会议纪要主要用来反映领导机关开会研究问题、部署工作的情况，其作用是为机关、单位工作的开展提供具体的指导和依据。如《安徽农业大学校长办公会议纪要》《国家文物局、财政部现场办公会议纪要》。

（2）专题会议纪要。这是指专门为某一项或某方面工作召开的会议所写的会议纪要。它主要集中反映会议研究讨论的问题，总结和传达会议提出的意见、建议、措施、方法等，其特点是议题专一集中。如《都江堰灾后重建安居房二期工程专题会议纪要》《安全稳定相关工作专题会议纪要》《福建省工商联机关精神文明建设专题会议纪要》。

（3）座谈会议纪要。这是指因解决某个问题而专门召集有关单位或有代表性人员参加的座谈会所形成的会议纪要。会议的目的是为了了解情况、收集意见、商讨对策、达成共识、提出解决问题的方法等。这类会议纪要在写作上，常按发言的顺序对会议发言者的发言内容进行归纳、整理，概括出发言的要点。如《学生座谈会议纪要》《全国文物拍卖管理工作座谈会会议纪要》《广东省高院关于审理毒品犯罪案件工作座谈会会议纪要》。

2. 按会议的作用和目的分类

按照会议的作用和目的，会议纪要大致可分为决议型会议纪要、协议型会议纪要、研讨型会议纪要。

（1）决议型会议纪要。这是指主要记载和反映会议形成的决定、决议或者议定事项的会议纪要。决议性会议上确定的工作重点、工作步骤、工作方法和措施都属结论性意见，要求与会单位共同遵守或执行，因此这类会议纪要是传达和部署工作的重要依据，对今后工作具有直接的指导作用，常用于办公会议。它的内容类似于指示和安排工作的通知，区别在于发出的指导性意见不是由领导机关作出的，而是由会议讨论决定的。

（2）协议型会议纪要。这是指主要记载双边或多边会议有关内容及其达成的协议的会议纪要。协议性会议是与会代表共同协商有关问题的会议，因此这类会议纪要是会后执行的依据，对协议各方今后的工作具有共同约束作用，常用于领导机关主持召开的多部门协调会或不同单位共同召开的联席办公会。

（3）研讨型会议纪要。这是指主要记载和反映专业会议、经验交流会议或学术性会议的研讨情况的会议纪要。研讨型会议上各界代表各抒己见，不形成决议和统一意见，旨在阐明各方的主要观点、情况等。因此这类会议纪要并不是以记述会议共识和议定事项为主要内容，而是以介绍各种不同的意见和争鸣情况为主。研讨型会议纪要主要用于职能部门和学术研究机构召开的专业会议或学术研讨会议。

（五）会议纪要的写作要求

1. 熟悉材料，全面掌握

会议纪要是对会议全部材料的概括、综合和提炼，因此写作会议纪要之前，首先要弄清会议的宗旨和指导思想、任务、内容，熟悉会议议程，了解会议的全过程，全面掌握会议的有关材料，认真做好会议记录，尽可能阅读所有到手的有关文件，以便对材料分类筛选，正确取舍，合理删减。

2. 明确主旨，突出中心

一次工作会议，往往会涉及较多的问题，但会议纪要突出的是一个“要”字。在撰写会议纪要时，必须在分析、综合上下工夫，认真分析研究与会者的发言，围绕会议主旨，抓住会议所要集中解决的问题，突出重点，形成会议中心，把会议的主要情况简明扼要、有详有略地反映出来，把会议议定的事项一一叙述清楚，把带有指导性、结论性的意见概括出来，善于把握会议讨论过程中的意见与表态性意见、多数人的一致意见与少数人的正确意见，切不可面面俱到，切不可在不同观点中求平衡，切不可照搬会议记录，否则会使已经解决的问题得不到落实，造成思想混乱，带来相反效果。

3. 条理清晰，用语得体

会议纪要应根据会议内容及规模确定结构和写法。在结构安排上，要总览全局、着手局部，对会议议题综合分析，对会议议决整理归纳，做到合乎逻辑，眉目清晰，条理有序，切忌主次不分。在语言表达上，以叙述为主，语句简洁，意思明确，切忌拖沓冗长，这才有利于对实际工作产生启发指导作用。

4. 忠于会议，征求意见

会议纪要必须依据会议的实际情况，撰写者只能取舍、概括、提炼与会者的发言，不能随心所欲地增减，不能添枝加叶，更不能以变换角度或断章取义的手段篡改与会者的观点，变更会议的中心议题。在写作当中，对于有所增减的内容，要经机关主要领导同意，必要时还应在一定范围内征求有关人员的意见。在完成初稿后，要请领导审阅，提出修改意见。

附表1　A4型公文用纸页边及版心尺寸

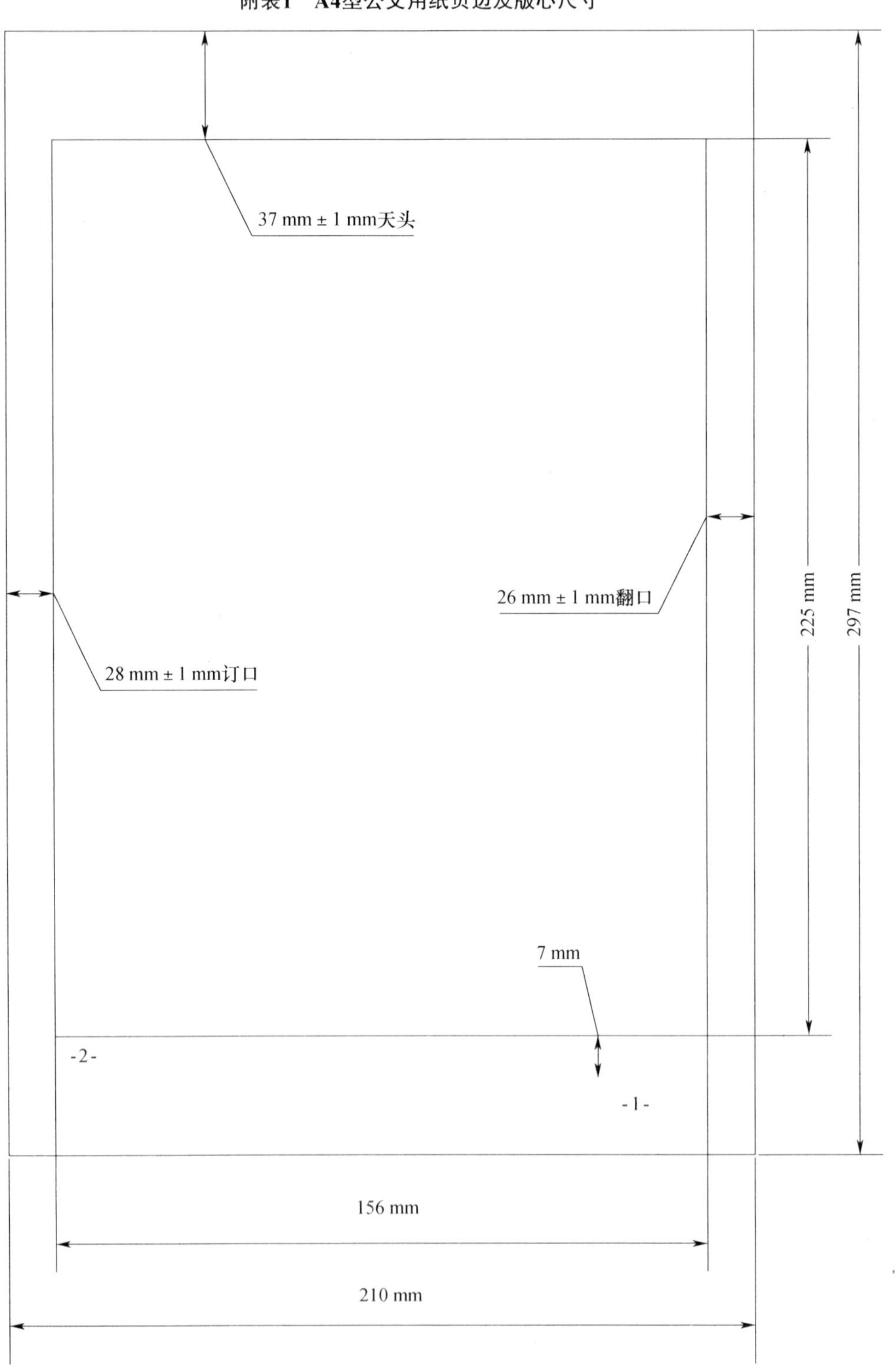

附表2　公文首页版式

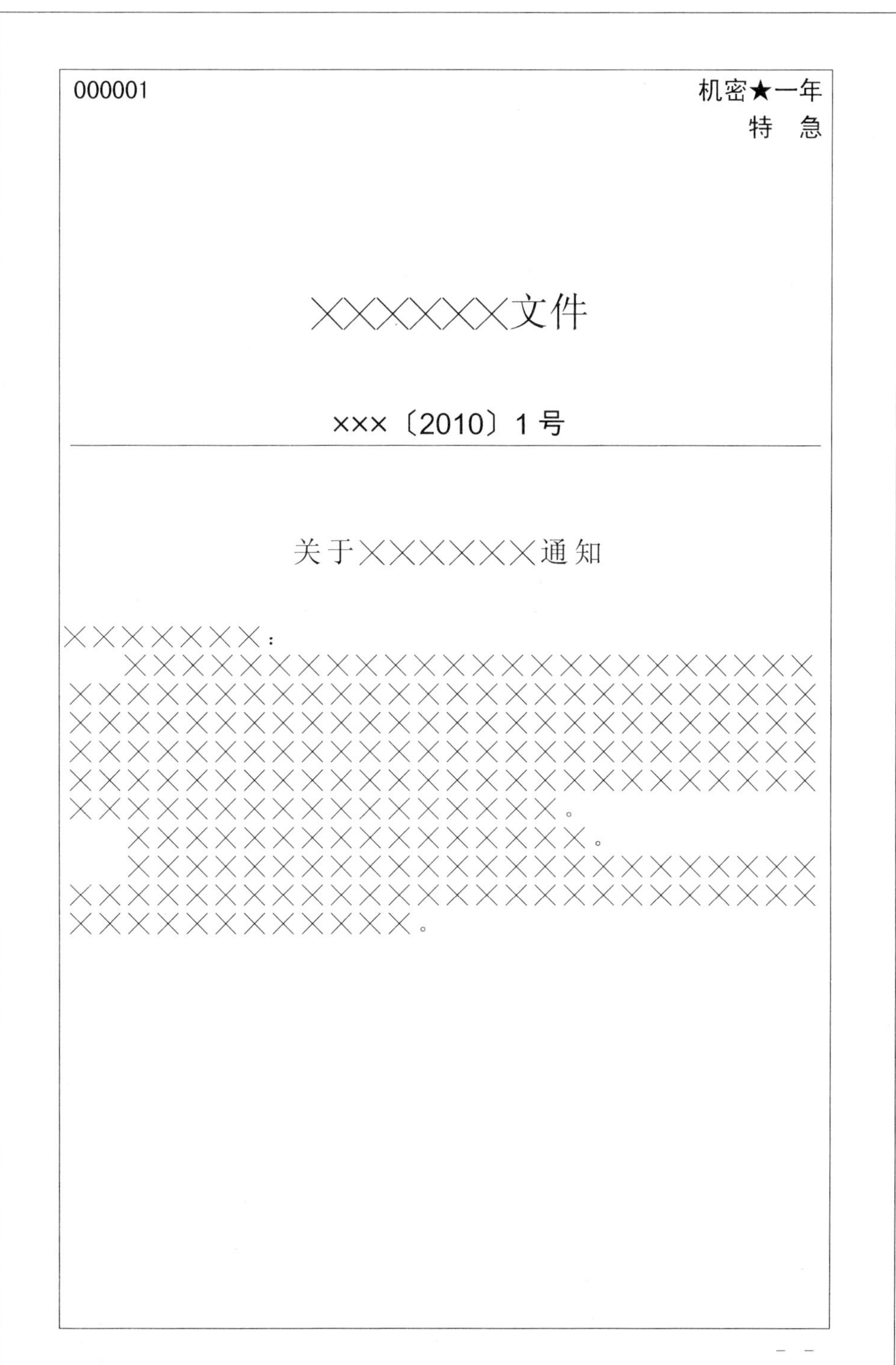

000001　　　　　　　　　　　　　　　　　　　　机密★一年

特　急

××××××文件

×××〔2010〕1 号

关于××××××通知

×××××××：

　　××××××××××××××××××××××××
××××××××××××××××××××××××××
××××××××××××××××××××××××××
××××××××××××××××××××××××××
××××××××××××××××××××××××××
×××××××××××××××××。

　　××××××××××××××××。

　　××××××××××××××××××××××××
××××××××××××××××××××××××××
××××××××××××。

附表3　上报公文首页版式

秘　密
特　急

××××××文件

签发人：×××
××〔2010〕1号　　　×××

××××××请示

×××：

××××××××××××××××××××××××
××××××××××××××××××××××××××
××××××××××××××××××××××××××
××××××××××××××××××××××××××
××××××××××××××××××××××××××
×××××××××××××××××。

附表4　公文末页版式

××××××××××××。

附件：1.××××××××××××
　　　2.××××××××××××

（印章）
二〇一〇年一月一日

（×××××）

主题词：××　××　××

抄送：×××××××，××××××××××××
××××××××××××××××××。

××××　　2010年×月×日印发

附表5　联合行文公文末页版式一

××××××××××××。

附件：1.××××××××××××

2.××××××××××××

（印章）　（印章）

二〇一〇年一月一日

主题词：××　××　××

抄送：×××××××，×××××××××××××

××××××××××××××××××。

××××　　2010年×月×日印发

共印××份

附表6　联合行文公文末页版式二

××××××××××××。

附件：1.××××××××××××
　　　2.××××××××××××

（印 章）　（印 章）　（印 章）

（印 章）　（印 章）

二〇一〇年一月一日

主题词：××　××　××

抄送：×××××××，×××××××××××××
　　××××××××××××××××××。

××××　　2010 年×月×日印发

共印××份

附表7　命令页面版式

000001

机密★一年
特　急

×××××（命）令

第×号

××。

××省长 ×××
（签发人职务）（签发人签名章）

二〇一〇年×月×日

附表8　信函版式

××市人民政府办公厅

机密★一年　　　　　　　　　　××办函〔2010〕×号

特　急

关于××××的函

　　××××××××××××××××××××××××
××××××××××××××××××××××××××
××××××××××××××××××××××××××
××××××××××××××××××××××××××
×××××××××××××××××。

（公章）
二〇一〇年×月×日

主题词：××　××　××

抄送：×××××××，×××××××××××××
××××××××××××××××××。

××××　　　　　　　　　　2010 年×月×日印发

附表9　会议纪要页面版式

000001

机密★一年
特　急

××××××会议纪要

（第×号）

××××　　　　　　　　　　2010年×月×日

关于××××会议纪要

××。

主题词：××　××　××

抄送：×××××××，××××××××××××××××××××××××××××××××××××××。

××××　　　　　　　　　　2010年×月×日印发

第3单元

事务性文书写作

单元实训项目

实训目标

了解掌握机关政务活动中计划、总结、述职报告的拟写方法，初步具备撰写常用事务文书的能力。

实训准备

本单元要求学生在了解行政机关的主体工作的基础上，通过教师提供及学生查阅政府公报、浏览机关网站，搜集不同机关运作中的各类事务文书，在比较分析中，找出事务文书的写作特点与规律。

实训阶段

在学习本单元的同时，进行该课题的实践。为保证课题按时完成，应按以下各阶段进行检查验收。

第一阶段：了解事务文书的基本知识，在熟悉机关工作环节的基础上，学会撰写计划、总结、述职报告的写法。

第二阶段：以工作人员身份，依据本部门和个人的实际情况，将工作计划等事务文书书面化、条理化、具体化。

第三阶段：以工作人员身份，根据党和国家的有关方针、政策以及上级的指示要求，对未来一定时期内的工作、生产、科研和学习等拟写计划、总结、述职报告。

总结与评估

实训结束，教师对实训任务进行考核，综合对学生实训成绩进行评定，分为优秀、良好、中等、及格和不及格。

项目一　事务性文书基础知识

一、事务文书的概念、特点

（一）事务文书的概念

事务文书是党政机关、企事业单位以及社会团体或个人，在日常工作或生活中经常使用的一种文体。其范围包括：计划、总结、述职报告、简报、调研报告等。

（二）事务文书的特点

（1）写作对象较为具体。写作的对象要明确，一份文书是为谁而写，要求哪些人了解并使用都应很具体。事务文书的撰写者，首先要对写作对象的范围和特点有充分的把握。

（2）写作格式比较固定。在长期使用的过程中，各种事务文书形成了比较固定的惯用格式。各种事务文书的构成要素，以及写法，通常都有一定的规则。在写作中要遵守这些规则，才能写出合乎规范的文书。

（3）写作内容确保实效。各类事务文书都是为解决实际的问题，处理实际事务而写的，因此写作要以能满足实际需要为原则。写作时，无论材料的使用，还是观点的确立，都要切合实际，写作形式的运用，要讲究实际效果，以利于文书内容的落实。

（4）写作时限比较紧迫。事务文书非常讲究时效性，一项工作任务的完成，一个问题的解决，大都有一定的时间要求，要在限定的时间内及时完成，否则难以发挥事务文书的作用。

二、事务文书的种类

（一）计划类

机关单位或个人对一定时间内的工作、生产和学习做有目的、有步骤的安排或部署所撰写的文书。包括规划、设想、计划、方案、安排等。

（二）报告类文书

总结工作情况和工作经验，对工作中存在的问题或具有普遍意义的重要情况进行分析研究的文书。它包括总结、调查报告、竞聘报告、述职报告等。

（三）规章类文书

机构或各级组织针对某方面的行政管理或纪律约束，在职权范围内发布的需要人们遵守的规范性文书。它包括章程、条例、办法、规则、规程、制度、守则、公约等。

（四）简报类文书

简报类文书属于记录性文书。它包括简报、大事记等。

（五）会议类文书

会议类文书又称会议材料，是用于记录会议情况和资料的文书。它包括会议计划、会议安排、会议记录、发言稿、开幕词、闭幕词等。

三、事务文书的作用

（1）规定约束作用。凡以法定作者名义制发的事务文书，在行政管理中具有规定约束作用。

（2）沟通情况作用。由于受时间、空间的制约，许多经验、情况、设想不能亲自交流，在行政管理过程中，需要借助文字材料交流信息、沟通情况。

（3）积累资料作用。事务类文书为领导层决策提供了事实依据，充当了无声的参谋。

四、事务文书与公务文书的区别

事务文书是机关、团体、企事业单位在处理日常事务时用来沟通信息、安排工作、总结得失、研究问题的实用文体，是应用写作的重要组成部分。由于这类管理类文体处理的日常事务亦为公务，所以事务文书属于广义的公文范畴。

它与狭义公文（行政机关 12 类 13 种，党内机关 14 种）的区别在于：一是无统一规定的文本格式；二是不能单独作为文件发文，需要时只能作为公文的附件行文；三是必要时它可公开面向社会，或提供新闻线索（如简报）或通过传媒宣传（如经验性总结、调查报告等）。

项目二　拟写计划

一、知识目标

通过该模块的学习训练，将帮助学生了解计划的性质、功能，懂得计划的分类，了解制订计划的注意事项，掌握制订计划的方法、步骤、内容、格式和写作要求。

二、能力目标

通过范文阅读、评析，了解计划的写作特点和要求、写作要点，通过病文诊治、写作实训完成计划的写作教学。在此基础上提炼出计划的写作要点。在撰写中，设置模拟具体工作岗位，以传递信息、交流情况与经验、处理公务、解决实际问题等工作事务，撰写出切合实际、切实可行的计划。

三、写作范例

示例1

广州市2009年普法工作要点

一、指导思想和目标

以邓小平理论为指导，深入贯彻党的十五大提出的“依法治国，建设社会主义法治国家”伟大方略，服从和服务于全党全国工作大局，根据市委、市政府今年的工作部署，勇于开拓，大胆创新，务求实效，进一步强化公民的法律意识，坚持法制宣传教育与法制实践相结合，为全面推进依法治市工作，深化改革、促进发展和维护社会稳定，迎接新中国成立60周年作出贡献。

二、主要任务和要求

围绕我市今年要“确保经济适度快速增长和质量效益的提高，确保实现城市环境面貌‘一年一小变’的目标，确保社会政治稳定”这三大任务，在全市公民中普及宪法、新修订的刑法、修改后的土地管理法、广州市奖励和保护见义勇为人员条例、广州市城市管理监察条例，组织学习我市“三五”普法学习读本《广州市公民法律知识手册》。及时宣传、普及新颁布的涉及面较广的法律法规，围绕维护社会治安和社会稳定，继续深入宣传、普及修订后的刑法以及有关扫黄打非、禁赌禁毒的法律法规。有关专业法规主管部门要认真制定和组织实施宣传、普及方案。市各新闻单位要积极配合普法主管部门和专业法规主管部门，及时做好有关宣传、报道工作。

（一）继续以领导干部学法为重点。进一步完善干部学法及考试考核制度，促进干部学法的制度化、规范化。坚持领导干部法制讲座与轮训制度，坚持党委理论学习中心组学法活动。继续深入学习邓小平民主与法制建设理论，学习公务员条例，学习金融及社会保障等方面的法律法规。把学法与开展党风廉政教育和以“讲学习、讲政治、讲正气”为主要内容的党性党风教育结合起来。深化干部学法考试考核登记制度，把干部学法考核与国家公务员、依照及参照国家公务员制度管理的工作人员、事业单位工作人员年度考核结合起来，与各项评选活动、奖励表彰工作紧密结合起来，并作为提拔、任用、评定职称的重要依据。坚持各级人大、政府依法任命的干部要先组织学法考试、后任命的制度，使广大干部特别是领导干部的学法用法真正落到实处。

（二）进一步加强对司法人员和行政执法人员的法制教育。司法人员和行政执法人员的普法教育应与岗位培训结合起来，重点学习新颁布的法律、法规和与本职工作相关的法律、法规，以适应形势发展的需要，提高法律知识水平，促进公正司法、依法行政工作。

（三）深化中小学校的法制教育工作。认真培训法制课教师，提高法制课的教学质量。逐步建立学校法制教育副校长聘任制或校外辅导员制度，继续在中小学校开展“法律与你息息相关”的法制宣传、教育系列活动，并不断引向深入。贯彻全省中小学法制宣传教育工作座谈会精神，教师应带头学法考试，并发挥课堂教育的主渠道作用，采取多种形式对学生进行法制教育，使学校的法制教育规范化、制度化。各级普法主管部门、政法部门和基层组织，要积极配合教育部门做好对学生的法制教育工作。

（四）全面开展农村地区的普法教育工作。深入开展村民委员会组织法、广东省计划生育条例以及和农村密切相关的法律法规的普及教育。重点抓好镇、村、社三级干部的学法用法，以此推动广大农村群众学法用法活动的深入开展，促进农村基层民主法制建设。结合广州市城乡结合部“告别贫困走向富裕，告别愚昧走向文明”的社会主义精神文明建设系列活动，继续抓好城乡结合部地区的普法工作。

（五）大力推进企业的普法教育工作。配合深化国有企业改革，调整经济的合同法、劳动法、证券法以及金融、财税、社会保障等方面的法律法规，提高依法管理经济工作的水平。组织广大职工包括下岗职工深入学习劳动教育法、广州市劳动合同管理规定的各社会保障方面的法规。

（六）做好对私营企业主、个体工商户及其从业人员的普法教育，组织他们学习公司法、担保法、反不正当竞争法、消费者权益保护法和广州市私营企业权益保护条例，不断增强法制观念，在生产、经营活动中做到懂法、守法、用法。对“三资”企业、外来工的普法教育工作要制度化，使其增强法制观念，做到自觉守法和依法维护自身的合法权益。

（七）深入开展“法律知识进万家”普法系列活动。普法宣传形式要进一步创新，利用宣传媒体进行法制宣传；逐步建立法律知识咨询网络；利用互联网开展法律法规知识的宣传。各县级市凡未在广播电台、电视台、报刊等新闻媒介开设法制专栏，建立固定的法制新闻宣传阵地的，要争取在年内建立；已经建立的要不断巩固、扩大，不断探索宣传的方式和技巧，提高宣传教育的质量。要继续办好市、区（县级市）、街（镇）、居委（村）四级法制宣传橱窗（栏）等各种为群众所喜闻乐见的普法宣传。

（八）各区、县级市和系统要认真制订与实施今年的普法计划。要保证时间、内容、人员“三落实”，保障普法经费，加强检查督促，保质保量完成任务。

（九）发挥新闻媒体和舆论工具在普法工作中的宣传作用。从事新闻、舆论宣传工作的人员，要认真学习有关法律法规，提高自身的法律水平，正确把握宣传舆论导向，并积极配合普法部门做好法制宣传工作。

三、主要活动安排

（一）3月份举办市法制宣传员会议暨法律知识培训班。

（二）3月份检查1998年干部学法考试考核工作情况。

（三）4月份召开农村普法工作会议。

（四）5月份举办市五套班子领导法制讲座。

（五）7月份举办全市文艺汇演。

（六）8至9月份举办市副局级以上领导干部法律知识轮训班。

（七）10月份举办“法律知识进万家”活动。

广州市普及法律常识办公室

二○○九年三月十九日

示例2

2010年广州亚运会期间动物卫生及动物产品安全监管工作方案

第16届亚运会即将在广州举行。为贯彻落实国家对广州亚运会的工作部署，切实履行兽医部门动物卫生及动物产品安全监管职责，保证亚运会期间动物卫生及动物产品安全，维护公共卫生安全和社会稳定，为亚运会顺利召开提供支持和保障，制定本工作方案。

一、指导思想与工作原则

认真贯彻《动物防疫法》《农产品质量安全法》《重大动物疫情应急条例》《兽药管理条例》等有关法律法规，按照“强化源头监管、完善产销对接、建立区域互动、保证全程监督”要求，切实做好亚运会期间动物卫生及动物产品安全监管工作。

二、工作目标与具体要求

（一）供亚运会动物的饲养、屠宰、运输、经营、隔离以及动物产品的生产、储藏等环节检疫监管全面到位。

（二）供亚运会动物及动物产品的产地检疫、屠宰检疫到位，实现动物产品的可追溯管理。

（三）对供亚运会动物及动物产品实行全程监管，严禁违禁兽药及兴奋剂类药物残留超标的动物产品上市流通。

三、工作内容

（一）兽药残留监控

一是加强兽药残留检测。各有关省（区、市）要制订亚运会期间动物产品兽药残留监控计划，严格按计划对养殖基地、屠宰加工企业开展检测，发现有添加违禁药物和兴奋剂的，严格按要求进行处理。二是强化兽药使用监管。各有关省（区、市）要加强对兽药生产、经营、使用等环节的监管，定期检查养殖基地用药记录，严禁使用合成类固醇类、β受体激动剂、糖皮质激素以及玉米赤霉醇等兴奋剂类物质和禁用药物，养殖基地要严格执行兽药休药期规定。各地要加大对违规生产企业、经营单位和养殖基地的处罚力度。

（二）动物及动物产品检疫监管

一是实施养殖基地、屠宰加工企业备案管理。各有关省（区、市）要对承担亚运会供应任务的养殖基地、屠宰加工企业实施备案管理，所在地动物卫生监督机构要派驻专人实施监管。二是强化养殖基地监管。各驻场监管人员要强化养殖基地日常监管工作，严格按产地检疫规程，对出栏动物实施产地检疫，对染疫或病死动物严格进行无害化处理。三是加强屠宰加工企业监管。亚运会备案屠宰加工企业屠宰加工的动物必须来自备案养殖基地。各驻场检疫员要严格按屠宰检疫规程实施检疫，检疫合格后方可开具检疫证明。四是强化运输仓储环节监管。各有关省（区、市）要切实加强航空、铁路、公路、码头动物卫生监督工作，严格查证验物，对不符合规定的动物及动物产品按有关规定进行处理；各地要进一步加大对动物产品仓储冷库的监督检查力度，对不符合规定的动物产品要严格依法处理。

（三）亚运会国内参赛马匹监管

北京市农业局、上海市农业委员会、广东省农业厅要按《农业部办公厅关于加强广州亚运会国内参赛马匹检疫监管工作的通知》（农办医〔2010〕30号）要求，切实加强对国内参赛马匹的日常监管，认真做好国内参赛马匹产地检疫，严格履行进入从化无规定马属动物疫病区的检疫规定。广东省动物防疫监督总所要严格按国家有关规定做好参赛马匹进入从化无规定马属动物疫病区的防疫工作。

各有关单位要按要求做好国内参赛马匹疫病监测工作，严格按规定时间、规定要求进行采样，严格按标准检测有关病种，并及时将监测结果报我部兽医局及有关单位。

（四）建立联防联控机制

广东省和各有关省（区、市）、广州市和各有关单位要建立完善重大动物疫情防控、动物产品安全监管、兽药残留监控应急联络机制，如发现重大动物疫情、违禁药物残留检测呈阳性等严重影响动物产品安全的情况，应及时互通信息，并快速反应和处置，确保动物产品安全，确保正常供应。

四、保障措施

（一）加强组织领导。各地要成立由主管领导及相关人员组成的亚运会动物卫生及动物产品安全保障领导小组，专门负责此项工作。

（二）明确责任。各有关省（区、市）兽医主管部门要进一步强化责任意识，建立健全责任追究制，明确各级监管责任。围绕亚运会动物卫生及动物产品安全保障工作，精心组织、周密部署，切实做好动物卫生及动物产品安全监管各项工作。

（三）完善应急措施。亚运会举办城市和供应动物及动物产品的省（区、市）要进一步完善突发重大动物疫情及动物产品安全事件应急预案，做好应急物资储备，提高应急处置能力。

（四）建立沟通机制。亚运会举办城市和供应动物及动物产品的省（区、市）兽医主管部门要建立有效沟通协调机制，及时通报重大动物疫情信息和动物产品安全监管中发现的新情况、新问题，采取有效措施，保证动物卫生及动物产品安全。

示例3

广东省碧水工程计划

“八五”期间，我省水环境保护和水污染防治工作取得了较大成绩，但随着经济的高速发展和人民对生活质量的要求不断提高，治理水污染问题日趋突出。目前，我省大部分流经城市、城镇河段水质受到较严重污染，部分河涌水体发黑发臭；许多饮用水源水质不断下降，集中式吸水口被迫一迁再迁；跨区域水污染事故时有发生，区域之间、上下游之间水污染纠纷日益增多，生活污水处理严重滞后，不少地区有机污染负荷超过60%；经济活跃区的近海海域赤潮现象明显加重，水环境污染态势令人担忧，必须引起高度重视。为有效地控制我省水环境污染，切实保护水资源，改善水环境质量，实现我省可持续发展战略目标。根据《中国环境保护“九五”计划和2010年远景目标纲要》和《广东省环境保护“九五”计划和2010年远景目标纲要》要求，特制订本计划。

一、指导思想与编制原则

制定本计划的指导思想，有效保护水源，防止水污染，改善水体质量，合理地利用水资源，使经济建设与水环境、水资源保护同步协调发展。

编制碧水工程计划依据以下原则：

（一）坚持环境保护与经济建设协调发展。坚持经济、社会和环境建设同步发展的方针，将控制水环境污染、改善生态环境质量、保护人们赖以生存和发展的水资源作为实现可持续发展战略的首要任务。

（二）突出重点，优先保护饮用水资源。针对水环境污染和水生态破坏最突出的区域，优先保护饮用水源，划定水源保护区，对重点保护地区提出治理计划，列出急需整治的水环境项目。

（三）从最佳效益出发，合理安排有效资金。对有一定经济基础、技术条件成熟，具有规模效益的项目优先安排，使之产生最佳的环境效益。但项目必须符合国家和行业的产业政策。

（四）坚持“谁开发谁保护、谁破坏谁恢复、谁利用谁补偿”的原则。由破坏者负责治理自己破坏的水源和生态环境，不允许转嫁给社会；地方政府负责城市环境基础设施的建设，设施运行费用由污染者合理负担。

二、目标

（一）至2000年，全省各地逐步建立、完善饮用水源保护区，基本控制引用水源污染，使各城市供水水质达到国家规定标准。

（二）至2005年，全省引用水源水质达标率达98%；工业废水处理率达90%；城市污水处理率达40%。

（三）防止水生生态系统的继续恶化，扭转水资源质量退化与枯竭的趋势，逐步实现水资源和生态系统的良性循环。

（四）维持和改善主要江河水环境质量，保证水体功能满足相应功能用途要求。主要水源地（如新丰江、枫树坝、白盆珠、高州、鹤地等水库）水质保持Ⅰ～Ⅱ类。主要江河水质保持在Ⅱ～Ⅲ类水平，流经城市河段有机污染的发展趋势有所缓解，部分河段恢复到Ⅲ～Ⅳ类水质。具有风景旅游功能的湖泊（如惠州西湖、肇庆星湖）达到Ⅲ类水质。

三、主要任务

（一）完成急需治理的江河、湖泊、水库水环境的整治工程，推动影响重大的区域性水环境综合整治，逐步改善和提高水污染突出区域（河段、水系）的水环境质量。重点整治的江河、湖库主要包括珠江广州河段、佛山水道（汾江河）、深圳河、崎江河、小东江、江门河、龙岗河、坪山河和公平水库等。综合整治工程15项，估计投资100亿元，其中2000年前估计投资65亿元。（见附表2，略）

（二）加快地级市以上市城区生活污水处理厂建设，推动部分县市、城镇生活污水处理工程的建设。至2005年，全省所有地级以上市都要建设二级污水处理厂，使全省设市城市污水处理率达40%。城市、城镇生活污水处理厂建设项目52项，分布在21个地级以上市。设计处理能力达580万吨/小时，估计投资116亿元。（见附表3，略）

（三）治理重点工业污染源，提高工业废水处理率和达标率。至2000年，所有工业污染源排放污染物都要达到国家或地方规定的标准。其中附表4（附表4，略）列出的重点工业污染源限期治理项目31项（估算投资6.8亿元），仅是全省限期治理项目的一部分，各市、县政府要根据各年度环保工作的需要，提出各自的限期治理和关、停、并、转的项目。

（四）开展主要水系的水资源保护规划，完成全省水环境功能区划分，强化流域水资源的管理与保护，加强法规建设。水环境功能区划，是实现水环境综合开发、合理利用、积极保护、科学管理的基础。1997年至1998年初，完成包括西江、北江、东江、珠江三角洲诸河、韩江、鉴江、漠阳江、榕江和九州江等主要水系以及全省近岸海域的水环境功能区划分。强化以流域（水系）或区域为单元的水资源管理，从全局和整体考虑水资源利用和水质、生态系统的保护。落实西江、韩江、九州江等主要江河的水资源保护规划；加快制定《珠江三角洲水质保护条例》和《广东省跨市河流边界水质达标管理条例》等水环境管理条例、规定。

规划项目15项。(见附表5，略)

(五) 加强水环境保护科学研究，提高水污染控制工程技术水平和管理决策科学水平。依靠科技进步，利用新技术、新手段，有效控制水污染。建设东江水质自动监测系统，开展水环境管理动态决策支持系统研究，逐步建立我省流域或区域的环境管理信息、决策支持和应急系统。

四、主要措施

(一) 把《碧水工程计划》纳入各级政府任期环境保护目标责任制。环境保护是我国的一项基本国策，各级政府要高度重视，对《碧水工程计划》中所列的项目优先安排，列入年度重点建设投资项目。对各级政府落实碧水工程计划情况要定期进行检查，并作为任期目标考察的一项重要内容。

(二) 强化水资源利用和保护，防止水资源浪费，遏制废水产生量。通过修订产业政策，调整产业结构，用行政、经济手段推行节约用水和清洁生产。推动工业污染防治从侧重污染末端治理逐步向工业生产全过程控制转变。在提高资源和能源利用效率的同时降低水资源的消耗水平，提高水资源的重复利用率和降低单位产品的用水量，对资源消耗高于国家标准的企业要责令其停产。通过征收水资源费和污水处理费，用水定额分配，实行取水许可证制度，以及价格机制实现水资源有效分配。

(三) 强化环境管理，严格执法，推行各项环保制度。从流域或区域的整体利益上考虑，制定跨行政区边界水质控制目标和达标管理条例，实行边界断面达标交接，明确辖区政府水污染控制责任，防止污染转嫁。在行政区接壤的敏感地区的开发建设项目，在立项前要征求邻近地区的意见，有不同意见时要报上一级政府协调同意；划定主要江河、湖库水环境功能区，并对划定的水环境功能区，推行污染物排放总量控制和排污许可证制度，实现污染物排放控制由重浓度控制向浓度与总量控制相结合转变。对饮用水源保护区实行零排放，对超过功能水质要求的，限期削减污染物排放量，如龙岗河、淡水河、公平水库等区域污染要加快限期治理。在污染治理方式上，推动由重分散的点源治理向集中控制与分散治理相结合转变。实行“谁开发谁保护、谁破坏谁恢复、谁利用谁补偿”政策。建立和完善多层次的地方性法规、规章和规范性文件；强化环保部门统一监督管理职能，加强执法队伍的建设，严格执法。

(四) 多渠道筹集资金。《碧水工程计划》总投资估算为200亿元，其中“九五”期间投入约125亿元，要通过多渠道筹集：主要江河、湖库综合整治项目(见附表2，略)，是《碧水工程计划》的重要部分。根据“开发者保护、破坏者恢复”和资源有偿使用的原则，从水资源费等专项收费收入以及政府拨款、银行或国外贷款中解决。城市（镇）生活污水处理厂建设（包括排污管网建设和改造工程）项目（见附表 3，略），应纳入城市基础设施建设计划，由各级政府筹措资金，包括政府拨款、排污者（企事业单位和居民）缴纳污水处理费、集团赠款和各种贷款等。重点工业污染源治理项目（见附表 4，略），按照“污染者负担”的原则，主要由企业承担。属于为全社会服务的环境管理、生态环境保护建设项目，主要由政府拨款，专项提供水质保护经费和排污费补助。

各级政府在基本建设、技术改造、综合利用、财政税收、金融信贷及引进外资等方面要制定和完善有利于环境保护的经济政策和措施，建立环保投入倾斜机制，把《碧水工程计划》项目列入利用外资的重点领域，优先安排利率比较优惠的中长期贷款。

（五）依靠科技进步，认真实施“科教兴国”战略，有效遏制环境污染和生态恶化。大力扶持环保产业；积极鼓励和扶持技术起点高、能耗小的清洁生产，制定推行清洁生产的政策；淘汰水耗、能耗、物耗高的工艺、设备、产品；通过更新生产设备，采用先进工艺流程，运用先进的污水处理和污染治理的技术，在发展生产的同时，有效地减少工业污染物的排放量；积极调整工业产品结构，发展、扶持绿色产品的生产，特别是大力扶持有较大国际市场的绿色产品生产的企业，要在用水、用电、用地、贷款、税收等方面给予优惠政策。

（六）加大环保宣传力度，进一步提高各级领导和广大群众环境保护意识。各级宣传机构，要从贯彻基本国策的高度来认识这一问题，通过电台、电视、报纸等渠道，广泛宣传环境保护的法律法规和科学知识，及时报道各地碧水工程计划的执行情况，动员广大群众关心、支持和监督碧水工程建设。各级各类学校，尤其是党校和行政学院（校）在较高层次干部的培训中要增开环境保护专题课程，提高领导干部综合决策的水平。

附表：《碧水工程计划》项目汇总表

《碧水工程计划》项目汇总表

项目分类	项目名称	工程个数/个	投资估算（2000 年）/万元	备注
治理工程	1. 主要江河、湖库综合治理工程	15	650 000	至 2010 年总投资 100 亿元
	2. 城市、城镇生活污水处理工程	52	720 000	至 2010 年总投资 116 亿元
	3. 重点工业污染源治理工程	31	68 000	
	小计	98	1 250 000*	至 2010 年总投资 200 亿元*

续表

项目分类	项目名称	工程个数/个	投资估算（2000 年）/万元	备注
管理能力建设	4. 水资源保护规划及法规建设	15	988	
	5. 东江水质自动监测系统	1	700	2000 年前
	6. 水环境管理动态决策支持系统研究	1	150	2000 年前
	小计	17	1 838	
合计		115	1 251 838	至 2010 年总投资 200 亿元*

注：* 由于项目 1、2、3 类有部分工程重复，因而小计投资总额小于各项目投资之和；投资估算均为不完全统计。

四、技能导引

计划的基本格式包括标题、前言、正文、落款。

1. 标题

常见的标题包括四项内容：计划的单位、时限、内容、文种。计划常用的标题形式有完全式标题和非完全式标题两类。

（1）完全式标题由发文单位名称 + 时限 + 内容 + 文种构成，如《绥芬河市外贸公司 2010 年财务工作计划》。

（2）非完全式标题有四种：第一种由时限 + 内容 + 种类构成，如《2011 年专业知识学习计划》。第二种由单位 + 内容 + 种类构成，如《××市园林局公园建设及管理工作计划》。第三种由内容 + 种类构成，如《新产品销售计划》。第四种由事由 + 文种构成，如《关于进一步加强城市卫生管理工作计划》。

要注意的是，如果计划尚未正式确定，或是处于征求意见稿、讨论稿阶段，须在标题后用括号注明“草案”“初稿”“供讨论用”等字样。

2. 前言

前言也叫导语，简要说明制订计划的依据、指导思想或重要意义。也可分析前阶段的工作、生产的基本情况、存在问题，为制订计划提供可靠的依据。

前言是计划的开头部分，作用就是简要概括基本情况，说明制订计划的依据和理由，或分析前段时间的实际情况、工作经验和存在的问题，宏观地提出今后总的工作任务和目标。如果是普通的、简要的计划，前言都可以省略，直接写明计划的目标和任务即可。

3. 正文

计划的正文在前言说明制订计划的缘由、根据的基础上，对完成任务的客观条件作些分析，说明完成该计划的必要和可能。接着写具体内容，即在什么时间内完成哪些任务并且告知完成任务的措施、方法和步骤。

计划的主体结构通常有三种写作模式，即条文式、表格式和综合式。

（1）条文式。就是分条列项地阐述计划的目标、任务、指标、措施等，层次分明、条理清晰。大型计划一般要分章、节、目来写。中、小型计划常用序码和小标题来划分层次。这是目前国家机关常用的格式。如《全民健身计划》正文部分的条款。

（2）表格式。就是用表格来表达计划内容。表内栏目通常包括任务、执行部门、完成时间、具体措施等方面内容。这种格式适用于时间较短，内容较单一的具体计划。如《碧水工程计划》项目汇总表。

（3）综合式。这种格式综合上面两种形式，既有文字叙述，又有表格。有的以文字叙述为主，附加表格；有的以表格为主，加以文字说明。如《碧水工程计划》。

写作计划时所采用的格式要根据实际情况确定，无论采用哪种格式，内容主要都包含（任务和要求），怎么做（方法和措施），什么时候做完（进程和顺序）三部分内容。如《2010 年广州亚运会期间动物卫生及动物产品安全监管工作方案》。

结尾写应注意的事项、需说明的问题，或是提出希望和号召；也可以不写结语，在主体部分明确交代后结束正文。

4. 落款

落款要注明制订计划的单位名称和日期。如果在计划标题上已标明了单位名称，这里就不必重复。上报或下达的计划，要在落款处加盖公章。

五、计划写作实训

（一）病文诊治

××警官学院关于 2009—2010 学年寒假工作的安排

各系、部、处、室：

根据二〇〇六年一月十二日院行政办公会议决定，现将寒假工作安排如下：

（一）假期

1. 学生：〇七、〇八级自 1 月 25 日至 2 月 21 日，放假二十七天；
〇九级自 1 月 27 日至 2 月 21 日，放假二十五天；
全体同学 2 月 21 日晚必须返院；二十二日正式上课。

2. 教员：原则上随学生放假时间放假。

3. 干部、工人：自1月31日至2月17日，放假十八天。二月十八日正式上班。

（二）值班

1. 设立总值班室。总值班室实行24小时值班，由干部和教师参加。分三班安排，由住在校内的院长轮流带班，负责处理假期中亟待处理的事务。具体值班表另行通知。

2. 三系、图书馆、行政处不参加院总值班，根据本单位工作需要，自行安排本单位值班名单并报院办备案。其他单位除留必要同志照顾日常工作外，均需参加院总值班，名单在20日前报院办。

3. 春节期间，院总值班自二月十二日至二月十五日的四天，由处级干部轮流担任，值班表另发。

4. 担任假期值班任务的干部、教员、教辅人员一律不发加班费，不安排倒休。

5. 组织十八名学生勤工俭学参加护校等工作。其中财政、金融各七人，会计四人（具体分配是；北、东楼日班各1人；夜班各4人；院内夜班巡逻4人；收发室2人；电教2人）。

（三）要求

1. 放假前，要求各单位对所属师、生、员、工进行一次形势、安全、保卫、保密、和遵纪守法的教育，发扬五讲四美新风，按期返校开学。

2. 留校生由各系办公室负责管理，要安排好他们的假期生活，对学生宿舍要进行适当调整，每室不得不少于二人，未经系领导批准，不准留住外人。

3. 假期中的安全保卫工作，由各单位包干负责，发生问题要及时报告院总值班室。造成良后果的，要根据情况，追究责任，严肃处理。

4. 遇有紧急任务，全院师生员工应根据院总值班室的通知，随叫随到，不得推诿，以免贻误工作。

5. 保卫科应负责经常巡逻检查各单位治安保卫情况，发现隐患和问题，要配合院总值班室及时妥善处理。

6. 假期图书馆、阅览室开放时间，由图书馆另行安排。

2010. 1. 16

病文2

××市园林局公园建设及管理工作计划

一、公园建设的目标和任务（略）

（一）公园建设规划的总目标是：（略）

（二）公园建设规划的具体目标是：（略）

二、实施绿水绿树绿色管理计划，实现管理达到国际一流水平（略）

三、加强公园设施建设，服务水平达到国际一流（略）

四、实现“绿色奥运”公园发展计划的保障措施（略）

文化建园不仅是中国园林的优秀传统，而且是适应新世纪园林发展的必然要求，因此要坚持理论联系实际的原则，继承优秀的传统文化，深挖历史文化内涵，同时要创造新时代的园林文化，建设各具特色的、具有现代文化水平的新型公园。在公园的建设和管理过程中，要善于运用科学理论和科研成果，增加公园的科技含量和知识含量，不断提高公园的科学管理水平。

（二）计划写作练笔

（1）运用自己所学过的文体知识，对下面这篇工作计划进行评析。

××学校文秘专业实习计划

为了贯彻理论联系实际的教学原则，加强实践性教学，使学生通过社会实践，运用课堂学到的知识，提高应用能力，培养创业能力和创新精神，根据教学计划本学期安排《秘书学概论》和《应用写作》两门学科的专业实习。

一、内容与要求

（一）了解基层单位秘书部门（办公室）的一般性工作；

（二）了解机关文秘工作的内容及处理办法；

（三）了解机关文书的制发、运转程序；

（四）根据实习情况，学习编写简报；

（五）通过社会调查，写出调查报告。

二、时间安排

2010 年 11 月 14 日至 12 月 3 日共 3 周。分两阶段，第一阶段（14 日至 26 日）两周校外实习；第二阶段（28 日至 12 月 3 日）校内实习，整理材料；写出总结和调查报告，小组交流，选出优秀者（每组两人）班上宣读。

三、实习安排

实习地点及分组安排表（略）。

四、组织领导与实习管理

（一）分文化基础课教研室负责实习领导，由××、××、××三位老师带队并担任专业辅导。

（二）聘请冬实习点秘书为业务指导教师，协助完成实习中的教学工作。

（三）校外实习期间，由实习单位统一领导，服从实习单位作息时间表。

五、实习生注意事项（略）

××学校实训处

2010 年 9 月 × 日

（2）请你根据所给材料以 ×× 省 ×× 市人民政府秘书身份拟写 ×× 市全民义务植树造林 ×× 年春季工作计划。

材料：

全国五届人大第四次会议通过的《关于开展全民义务植树活动的决议》，号召各省市、自治区、直辖市人民群众积极响应党和政府的号召，为绿化祖国贡献力量。为此我市召开专门工作会议，要求在今年春季做好以下几项工作：

（一）我市今春计划造林面积 × 亩，植树 × 株。要求每人平均完成 3 ~ 5 株；栽下后要有人管理，保证成活。植树不要占用好地。春季植树造林要在植树节前基本完成。

（二）以市政府为领导，以各区为单位，以全民义务植树造林指挥部为指导的群众性植树造林活动。

（三）于二月下旬召开一次植树造林工作会议，参加人员：本市各机关、团体、学校、工厂的有关负责人及政府区以上的主要负责人等重点研究植树造林的各项准备工作，采取必要措施予以落实。

（四）加强各单位各部门的植树造林的领导工作，认真解决各单位存在的问题。

（五）抽调 × 名干部到植树造林第一线做具体指导工作。

（六）具体落实：

1. 各机关、团体的领导要带头，并指定专人负责此项工作。
2. 充分发动群众组织好力量，采取分片的办法。
3. 要因地制宜，根据气候、土壤等不同条件，栽植不同品种的树。
4. 冬苗圃要及时做好挖苗各项工作。
5. 加强各环节工作的检查，二月中旬作一次全面检查。

六、归纳总结

（一）计划的概念

计划是计划类文书的统称。常见的“规划”“设想”“安排”“要点”“打算”“方案”“纲要”“思路”等，都是人们对今后工作或活动做出的部署与安排，因而，也都属于计划范畴。

（二）计划的种类

1. 规划

规划是计划中最宏大的一种：从时间上说，一般都要在三五年以上；从范围上说，大都是全局性工作或涉及面较广的重要工作项目；从内容和写法上说，往往是粗线条的，比较概括。规划是为了对全局或长远工作作出统筹部署，以便明确方向，激发干劲，鼓舞斗志；相对其他计划类公文而言，规划带有方向性、战略性、指导性，因而其内容往往要更具有严肃性、科学性和可行性。这就要求写作者必须首先进行深入的调查和周密的测算，在掌握大量可靠资料的基础上，根据党、国家和具体单位的发展方针确定发展远景和总体目标，然后充分吸收有关意见，以科学的态度，反复经过多种方案的比较、研究和选择，确定各项指标和措施。

2. 设想

设想是计划中最粗略的一种：在内容上是初步的，多是不太成熟的想法；在写法上是概括地、粗线条地勾勒。但时间不一定都是远的，范围也不一定都是宏大的。一般来说，时间长远些的称“设想”；范围较广泛的称为“构想”；时间不太长、范围也不太大的则称为“思路”或“打算”。设想是为制定某些规划、计划作出准备的，是一些初步想法。设想在严肃性、科学性和可行性方面的要求相对差一些，因为它是为正式的规划或计划作准备，不是给各级领导看的，就是交群众讨论的，不必也没时间考虑得太周密，只要基本成形就可以，且在提出任务或目标时，往往还有一些简短的论述语句。设想与规划一样，在内容的写法上都是比较原则和概括，不可能也没有必要写得太细、太具体。设想想适用于预备性计划，即只是征求意见的“构想”“思路”或“打算”。

3. 计划

狭义的计划是广义工作计划中最适中的一种。这个特点表现在，时间一般在一年、半年左右，范围一般都是一个单位的工作或某一大项重要工作，内容和写法要比规划具体、深入，要比设想正规、细致，要比方案简明、集中，要比安排扩展、概要。

4. 要点

所谓要点，实际就是计划的摘要，即经过整理，把主要内容摘出来的计划。一般以文件下发的计划都采用“要点”的形式。

5. 方案

方案是计划中内容最为复杂的一种。由于一些具有某种职能的具体工作比较复杂，不作全面部署不足以说明问题，因而公文内容构成势必要烦琐一些，一般有指导思想、主要目标、工作重点、实施步骤、政策措施、具体要求等项目。

6. 安排

安排是计划中最为具体的一种格式。由于其工作比较确切、单一，不作具体安排就不能达到目的，所以其内容要写得详细一些，这样容易让人把握。

方案和安排有共同之处，即写作题材都是单项的工作，即只对一项工作作出部署和安排。这也正是方案、安排与规划、设想、计划、要点的根本不同。但二者在内容范围上也有个大小之分：方案的内容范围适合于上级对下级或涉及面比较大的工作，安排的内容范围则适合于单位内部或涉及面较小的工作，如《××

市关于计划生育的工作安排》。方案和安排还有一种较为概要一点的写法，以便于下级具体实施时灵活掌握，叫做“意见”：方案大多称“实施意见”，如《××市“七五”期间社会主义精神文明建设的实施意见》；安排往往称“安排意见”，如《××系统关于开展增收节支活动的安排意见》。在此需要说明的是，有些机关把单位内部或涉及面很窄的单项工作计划也称之为“方案”，这是不合适的，因为这些工作都比较切近、具体，也并不复杂，只要用“安排”就足够了，如果较为原则，则可称为“安排意见”。

（三）计划写作注意事项

不论哪种计划，写作中都必须注意掌握以下五条原则。

（1）对上负责的原则。要坚决贯彻执行党和国家的有关方针、政策和上级的指示精神，反对本位主义。

（2）切实可行的原则。要从实际情况出发定目标、定任务、定标准，既不要因循守旧，也不要盲目冒进。即使是做规划和设想，也应当保证可行，能基本做到，其目标要明确，其措施要可行，其要求也是可以达到的。

（3）集思广益的原则。要深入调查研究，广泛听取群众意见、博采众长，反对主观主义。

（4）突出重点的原则。要分清轻重缓急，突出重点，以点带面，不能眉毛胡子一把抓。

（5）防患未然的原则。要预先想到实行中可能发行的偏差，可能出现的故障，有必要的防范措施或补充办法。

项目三　拟写总结

一、知识目标

通过该模块的学习，使学生了解总结的性质、作用，认识总结的文体特点，掌握总结的写作方法、内容和写作要求。

二、能力目标

通过范文的阅读、评析，深刻体会总结的写作特点和写作要求、写作要点。通过病文诊治、写作实训完成总结的写作，在此基础上提炼出总结的写作要点。在撰写中，以模拟某机关秘书的身份，对过去一段时期内的工作、学习或思想情况进行全面、系统的回顾、检查、分析和评价，撰写出符合要求实用性强的总结。

三、写作范例

示例1

上海市2008年安全生产工作总结

2008年是全国安全生产“隐患治理年”，是促进本市经济社会又好又快发展的起步之年，也是进一步推进落实《上海市安全生产“十一五”规划》承上启下的关键之年。在市委、市政府的正确领导下，在国务院安委办的指导下，在市安委会各委员单位和各区县、各行业主管部门的共同努力下，本市安全生产工作按照全年工作目标和任务，有序推进，继续保持稳定好转、总体受控的态势。特别是全市上下紧紧围绕经济社会发展的总体要求，认真贯彻党的十七大和市第九次党代会精神，全面贯彻落实科学发展观，坚持安全发展指导原则和“安全第一、预防为主、综合治理”方针，立足当前、着眼长远，源头治本、重点突破，结合迎奥运、迎世博，在安全监管措施上有了新突破，在安全防控能力上有了新提高，继续实现了“确保不发生有严重社会影响的重特大事故、确保全市安全生产始终处于受控状态”的目标，扎实有效推进了全年各项任务。

一、防控并举，城市安全生产形势总体平稳

2008年，本市共发生各类事故7 041起，死亡1 580人，同比事故起数下降22.93%，死亡人数下降6.73%。

（一）本市安全生产控制考核指标完成情况

1. 2008年，国务院安委会下达本市道路交通、火灾、铁路交通、工矿商贸企业、农业机械五类死亡控制考核指标数为1 577人，分别为：道路交通1 149人，火灾34人，铁路交通12人，工矿商贸企业378人（含建筑业113人，危险化学品3人），农业机械4人。另道路交通、火灾、铁路交通、工矿商贸企业、农业机械较大事故起数控制考核指标为13起。

2. 本市五类控制考核指标实际死亡总人数为1 532人，比指标实际少死亡45人，占控制指标的97.15%。分别为：道路交通死亡1 100人，比指标实际少死亡49人，占控制指标的95.74%；火灾死亡50人，超指标16人，占控制指标的147.06%；铁路交通死亡5人，比指标实际少死亡7人，占控制指标的41.67%；工矿商贸企业死亡376人，比指标实际少死亡2人，占控制指标的99.47%；农业机械事故死亡1人，比指标实际少死亡3人，占控制指标的25%。各类安全生产死亡事故总体绝对数指标控制在国家下达的指标范围内，除火灾事故外，其他四项分指标控制在国家下达的指标范围内。

按照国务院安委会下达本市道路交通、火灾、工矿商贸、铁路交通、农业机械较大事故起数控制考核指标统计，全市共发生一次死亡3～9人较大事故11

起，死亡36人，同比事故起数下降15.38%，死亡人数下降25%。事故起数比指标减少2起，占指标考核指标的84.62%。

3.2008年，国务院安委会补充下达3项安全生产相对控制考核指标分别为：亿元国内生产总值生产安全事故死亡率0.12；工矿商贸企业从业人员10万人死亡率3.6；道路交通万车死亡率4.81。

经测算，2008年本市亿元国内生产总值生产安全事故死亡率为0.114；工矿商贸企业从业人员10万人死亡率为3.55；道路交通万车死亡率为4.7。

（二）各类死亡事故情况

道路交通事故——发生事故2 745起，死亡1 100人，同比分别下降30.54%和6.06%。

工矿商贸事故——发生事故711起，死亡376人，同比分别下降0.82%和1.83%。

火灾事故——发生事故3 511起，死亡50人，同比下降17.10%，死亡人数同比持平。

水上交通事故——发生事故39起，死亡（失踪）45人，同比分别下降33.90%和33.82%。

铁路交通事故——本市辖区内发生路外事故6起，死亡5人，同比分别下降60%和44.44%。

农业机械事故——发生事故18起，死亡1人，同比分别下降21.74%和50%。

渔业船舶事故——发生事故11起，死亡（失踪）3人，同比分别下降57.69%和72.73%。

二、狠抓源头，强化安全生产责任管理

（一）继续实施责任制签约，进一步落实各级责任制

在全市安全生产工作会议上，继续与全市19个区县政府、64家行业系统及6家市直接监察企业签订了安全生产责任书，进一步明确了年度安全生产工作职责和工作目标，并采取“条块结合、以块为主”的方法下达了相应的安全生产控制考核指标。各地区、各系统（行业）以落实安全责任制为主线，继续在本地区、本系统（行业）内实行签约制度，深化对从业人员的安全告知、安全承诺与践诺活动，将责任层层落实到单位、班组、员工。深化“政府统一领导、部门依法监管、企业自主管理、群众积极监督、社会广泛参与”的工作格局。

（二）强化履职考核，探索安全生产目标管理

按照《市安委会工作规则》《市安委会委员单位安全生产工作职责》《市安委会联络员工作办法》和《各区县安委会及其办公室工作的指导意见》，市安委会各委员单位和区县安委会（办）围绕市安委会的总体工作部署，各司其职、分工协作。市安委办通过工作例会、专项协调会、综合督查、履职督查等形式，

加强对相关委员单位和区县政府的工作协调和履职考核。进一步探索对各委员单位、区县政府和行业管理部门责任落实和工作业绩的考核制度，以履职考核制度为载体，通过整合各部门资源，开展专项整治、联合执法等建立本市安全生产齐抓共管的工作机制。同时，推进党委和政府统一领导、政府职能部门与公检法、纪检监察机关等共同参与的联合执法机制，进一步加大部门间分工合作、强化综合执法的力度。

三、整合资源，协力构筑城市本质安全防线

（一）举全市之力，确保奥运期间城市安全稳定

奥运会期间，全市各区县、各部门、各系统（行业）本着全市“一盘棋”的宗旨，以“迎奥运、保安全”安全生产工作联席会议为平台，各司其职，密切配合，采取切实有效的管制措施，全力以赴推进落实了奥运期间的安全生产工作。奥运前夕，市政府向全市各企业法定代表人发出公开信，进一步强化落实了企业主体责任和法人责任，取得良好的社会反响。市安委会与市有关部门、区县和行业集团签订了“迎奥运、保安全”任务书，进一步细化落实安全生产责任。各安全生产领域中，市公安、安全监管、交通港口等部门强化危险化学品安全监管，对易制爆等 244 种危险化学品实施奥运期间特殊管制措施，严格控制剧毒危险品运输时间和路线，进一步加强进出本市道口危险化学品运输车辆的日常检查，重大活动期间，各道口检查站还采取了“一级查控”措施。市消防部门部署开展了涉爆安全整治专项行动，依法收缴涉爆物品 8 000 余件，专门对奥运场馆的消防产品开展了专项排查整治。市安全监管部门组织开展了易燃易爆危险场所检修施工安全专项整治、防范有毒有害危险作业场所中毒事故专项整治，加强了重大危险源、加油（气）站、油库、储罐区、输油输气管线等重要设施的安全防范。市质量技监部门以涉奥“三区”（核心区、缓冲区、外围区）特种设备安全为工作重点，开展三次百日督查，监察了涉奥地区特种设备安全状况。市建设交通部门以安全生产许可、安全质量标准化为抓手，深化施工现场安全达标工作，强化施工现场文明监管，开展了以建筑起重设备为重点的安全生产大检查。海事部门严查“私渡船”“渔船不遵守航道规章、乱设渔网、占用航道”等违法行为，加强大桥水域现场监管和锚地管理。电监部门加强涉奥电力设施安全保卫、强化电力二次系统安全防护措施，协调涉奥重要用户做好用电安全等保电工作。

（二）集部门合力，深入开展安全专项整治

结合“隐患治理年”工作要求，在市安委办工作平台下，市公安、建设交通、质量技监、海事等加大督查和隐患治理力度，确保了城市安全生产形势稳定。开展了安全生产隐患排查治理、安全生产百日督查、化工企业安全生产大检查、“迎奥运、保安全”专项整治、打击安全生产非法违法行为专项行动、在建重点建设项目安全生产专项督查等全市性安全生产专项整治行动。以原步云区域

重大隐患的治理为重点，有力推动了以生产安全、建筑施工、交通运输、人员聚集场所、渔业农机作业、特种设备、电力等重点行业领域的隐患排查治理工作。尤其是在百日督查专项行动和化工企业大检查中，通过政府主导、部门协作、企业参与，全市各安全生产监管职能部门和行业管理部门以及生产经营单位齐头并进，较出色完成了专项行动和大检查各阶段工作任务，获得国务院安委会督查组的充分肯定。全年，全市共检查单位（设施）303 488 家（处），排查出一般隐患 500 465 项，完成整改 491 255 项，整改率 98.2%；排查出重大隐患 873 项，完成整改 858 项，整改率 98.3%。

（三）聚综合资源，打好安全办博基础

围绕“办好一届成功、精彩、难忘的世博会”目标，按照市委市政府《迎世博 600 天行动计划》要求，本市各区县、各部门聚焦重点、突破难点，提出了一系列安全监管措施，打好安全办博基础。以市安委办为平台，明确了迎世博重大事故隐患的治理项目和安全监管重点技防项目的主要目标和责任分工。市交通港口、安全监管、公安部门进一步协商明确了道口查验联合执法以及违法违规运输危险化学品处置的相关工作程序。针对目前道口检查站配套设施尚未完善，道口查验人员不足的实际情况，采取了道口抽查的过渡措施。市经济信息部门、安全监管部门确定了危险化学品生产储存企业布局调整的近、中、远期目标，并加强过程管理，协调推进调整工作。市公安部门将危险路段治理工作纳入全市创建平安区县工作考核，并与“安保工程”相结合，积极推动政府牵头、多方协作、齐抓共管的危险路段综合治理机制。市教育部门认真吸取商学院火灾事故教训，以学校防火、易燃易爆、放射源等为重点开展了隐患排查治理，推进了学校安全技防设施建设，规范了学校安全管理，强化了学生防灾意识教育。市消防部门进一步完善了重大火灾隐患挂牌督办制度。市水务部门积极研究推进了次氯酸钠替代液氯工作。市质量技监部门继续推进了百万气瓶电子标签实事项目。市安全监管、人力资源社会保障部门和市总工会共同推进了农民工安全培训实事项目。市安全监管部门制订了本市迎世博 600 天安全生产行动计划，提出了世博会期间危险化学品特殊管制措施、技防措施和安全生产专项执法等计划并起步实施。

（四）重源头防治，提高重点领域监管能级

加强危险化学品安全监管。市安全监管部门按照“增量必须向工业区集中，存量逐步消化和调整”的原则，积极推进危化品生产、储存企业布局调整。对外环线以内、黄浦江上游水源保护区内以及非工业园区内的 25 家危险化学品生产、储存企业实施了调整。深化苏浙沪危险化学品道路运输安全联控机制建设，基本建成本市道口危险化学品应急处置网络，正式实施本市危险化学品道路运输指定 14 个专用道口查验。

推动危险路段综合治理。市交警部门在组织开展全市道路交通安全隐患排摸、分析的基础上，梳理出 16 条需重点治理的市级危险路段（点），逐一明确了治理任务、治理措施、完成时间及责任单位。通过“内外双轨督查制”，在加强内部督导的同时，把危险路段治理工作纳入全市创建平安区（县）工作考核，并结合“安保工程”和隐患排查治理，积极推动了政府牵头、多方协作、齐抓共管的危险路段综合治理机制建设。

强化消防安全监管和治理。市消防部门强化消防安全督改，完成了年初确定的18家市级挂牌重大火灾隐患单位的整改。在全面调研的基础上，开展高层商业建筑消防安全排查整治，重点检查了消防供水、消防设施、灭火救援条件和消防管理等情况。组织开展公共娱乐场所及学校消防安全专项治理，加强消防安全宣传教育，提升消防安全管理水平。同时，加强涉爆物品消防安全监管，做好了集中销毁和日常监督检查工作。

提高特种设备安全监管效能。市质量技监部门继续推进“百万气瓶电子标签标识”市政府实事工程项目，完成气瓶电子标签标识103万个，在6个区县、120余家充装企业和检验机构安装使用上海市气瓶安全管理系统，为开展气瓶使用登记和动态监管打下基础。联合相关部门采取具体措施，做好全市大型游乐设施安全管理，全面提升整体管理水平。深入开展冶金用起重机、压力管道阀门、场（厂）内机动车辆等安全专项整治，确保本市特种设备安全状况处于受控状态。

加强交通安全防范。市交通港口部门在线路经营权和企业诚信考核中试行安全生产“一票否决”制度，对涉及安全的13项行政许可行为实行行政效能监察；配合“两防”专项整治回头看活动，分别组织开展了对船舶最低安全配员、内河辖区私渡船等专项整治活动；海事部门推进了网格化管理模式在海事管理中的实践应用，深入开展航路改革，完善通航管理规定，推进了智能导航仪的推广应用；民航部门立足风险防范，推进落实华东地区SMS建设，指导和督促华东民航企事业单位的安全管理体系建设，有针对性地开展重点行业监管工作，加强了危险品航空运输监管。

狠抓建筑施工安全监管。市建设交通部门以重大危险源和敏感区域为重点，开展建筑起重机械专项治理，建立了塔机、施工升降机等大型机械数据库。对在建轨道交通工程，全面开展安全质量专项检查。组织市级督查组开展了危险性较大工程的集中专项整治。

推进环境污染防范和整治。市环保部门开展了一系列环保专项行动，以保障奥运会上海赛区环境安全为目标，开展了烟尘、扬尘、噪声、辐射、危废污染控制专项执法；以促进污染物减排为目标，开展了城镇污水处理厂、垃圾填埋场等重点行业专项检查；以环境休养生息为目标，开展了太湖流域污染企业的专项整治；以加强环境应急管理为目标，开展了环境安全隐患排查和应急防范工作专项监督检查。

提升铁路提速安全管理能力。铁路部门积极推进提速安全保障体系建设，通过细化实施内容，完善保障措施，健全运作机制，提升提速安全管理能力。依托科技，充分运用综合检测车、车辆“5T”等先进检测手段，开发建设动车信息化管理系统，初步形成人机结合、动静结合的安全监控网络。同时，强化提速设备整治，开展设备技术攻关，整治突出安全隐患，移动设备质量实现新提高。

加强重点时段大检查。以市安委办为平台，联合公安、安全监管、质量技监、消防、旅游等部门分别在春节、奥运、国庆等重大节日和重点时段对车站、客运码头、大型购物场所、公园等人员密集场所以及步云区域等开展安全大检查，狠抓隐患整改，及时消除事故隐患，确保重大节日和重点时段安全生产平稳有序。

四、扩宽网络，加强应急管理体系建设

（一）扩展应急预案编制网络

市安全监管部门通过收集事故灾难类部门应急预案、各区县安全生产应急预案、各区县危险化学品事故处置应急预案和生产经营单位应急预案，初步建立了安全生产应急预案数据库基本框架。编制了《上海市安全生产应急手册》，对安全生产事故等级、应急分级响应等14项内容做出了规定。电监部门开展了《电力应急预案编制规范》的编制工作，对电力应急预案体系的框架、内容以及编制和管理工作提出指导意见。民防部门组织编制了《上海市地下空间突发公共事件应急预案》《上海市地下空间防汛防台专项应急预案》，切实提高应对本市地下空间突发公共事件的能力。交通港口部门修订完善了《上海市轨道交通突发公共事件交通保障预案》《上海市城市交通行业突发公共事件应急预案》《上海市城市交通行业防汛防台预案》。气象部门制定和落实了网络、通信、信息服务和突发事件应急指挥调度运行方案。市容环卫部门拟定了《上海市突发公共事件市容环境卫生及城管执法应急预案》。在市应急办的具体领导下，各安全生产领域的应急预案体系进一步得到了拓展。据统计，目前本市共有3个事故灾难类专项应急预案、17个处置危险化学品事故部门应急预案和526 195个企业应急预案。

（二）增强应急救援处置能力

市安全监管部门在奥运会前夕，组织全市17支安全生产应急救援队伍，开展了危险化学品事故应急救援与处置演练，展示了部分应急救援队装备，检验了安全生产应急救援队实战能力。海事部门结合辖区特点，开展了水上搜救、供油趸船溢油、液货船装卸溢油等多种形式的搜救和油污应急演练。电监部门组织各电力企业以奥运保电工作为契机，加强应急演练，落实人力和资金，强化应急软硬件建设。民防部门于7月10日、11日组织了地下空间突发事件应急处置实兵推演。交通港口部门在地面公交、轨道交通、危险品运输等行业分别开展公交场站消防、列车停运、危险品泄漏等应急演练。建设交通部门加强对市级建设工程事故应急抢险队伍的日常管理和演练，对风险度较高的工程实行应急队伍提前进驻现场制度。组织开展了“奥运燃气反恐应急处置演练”“越江隧道处置突发事件应急演练”。市卫生、旅游、农业、铁路等部门也分别在各自领域开展了应急处置综合演练，有效提高了应急处置能力。

五、依法治安，加大行政执法工作力度

市安全监管部门全年共监督检查生产经营单位130 269家，出动检查380 907次，查出隐患191 125条，完成整改182 074条，查出重大危险源947处，责令停产停业44家。

市交警部门全年共纠正无证驾驶、饮酒驾车、超速行驶等机动车违法行为7 375 237人次，非机动车违法行为2 845 616人次，行人和乘车人665 962人次，罚款9 603 653人次。在危险化学品运输交通安全集中整治行动中，共出动警力82 424人次，检查危化品运输车辆52 420辆次，查处危险化学品运输车辆超速1 366起、违章停车9 015起，无证运输、无押运人员、不按规定路线行驶等各类违法行为1 919起。

市消防部门全年共检查单位41 972家次，发现火灾隐患33 654个，整改火灾隐患33 312个，责令停产停业、停止使用1 278家，开具各类法律文书12 875份。

市建设交通部门共排查建设工程各类隐患123 280项，完成整改122 248项，整改率99%以上，暂扣安全生产许可证107起，暂停承接工程26起，暂扣资质证书、降低资质等级56个/次，打击非法建设工程39个。

市质量技监部门全年共出动各类检查人员78 971人次，共检查特种设备使用单位62 647家次，检查特种设备353 654台次，发出《特种设备安全监察指令书》703份，查处各类隐患5 118处，整改隐患4 898处。

市水务部门在“三违一堵”（违规搭建、违规堆载、违规停泊、堵塞防汛通道）防汛设施专项整治中，开展执法检查76次，出动执法人员201人次，查出“三违一堵”违规行为1 705个，完成整改849件。

市环保部门在全年的环保专项行动中共出动执法检查16 809人次，检查企事业单位12 022户，重点查处关系市民健康、影响城市发展的重点环境问题，挂牌督办了34家重污染企业的污染整治工作，对一批不能稳定达标的污染企业实施了限期治理。

市卫生部门检查了3 966家存在职业病危害的用人单位，对862家涉及违反《职业病防治法》的用人单位进行了行政处罚，对741家给予了警告，对155家给予了罚款以及并处罚款处罚。

六、宣教结合，城市安全文化日益浓烈

（一）超额完成市政府实事项目

在市政府实事项目之一的50万农民工安全培训工程中，市安全监管、劳动、总工会等部门继续分工协作，完成农民工安全培训579 059人，超前超额完成了实事项目。超额完成全年目标任务15.8%，有效防止和减少了农民工生产安全事故。

（二）广泛拓展安全宣传阵地

一是精心组织“安全生产月”系列活动。以2008年度上海市“安全生产月”活动为载体，市安全监管、公安、建设交通、卫生、质量技监等部门共享资源，丰富了“安全生产月”内涵。市安全监管部门邀请市人大领导和委员视察普陀区安全生产工作、邀请市政协领导和委员视察环球金融中心安全生产工作，市燃气管理处开展了《上海市燃气管理条例》宣传，市疾病预防控制中心开展了生产安全卫生知识宣传，市气象部门开展了“关注农民工，关注气象安全”宣传，市交警部门开展了“迎奥运，文明出行”宣传，市质量技监部门开展了“抓管理、治隐患、降事故、保安全”宣传活动等。

二是深入开展交通安全知识宣传。市精神文明办、市交警部门围绕“‘知荣辱、讲文明、迎奥运、迎世博’上海市民践行公共道德实践活动”主题，深入开展以治理“行人乱穿马路、非机动车乱骑行”为主要内容的“文明在脚下”交通宣传整治活动。组织开展好每月25日交通安全“宣传日”等系列活动，通过举办报告会、座谈会、文艺演出、广场文化、知识竞赛、征文等形式，增强市民交通道德规范意识和社会责任意识。结合交通安全宣传“五进”工作，加强对客运企业机动车驾驶人、村民、老年人、大中学生和外来务工者等重点人群的交通文明宣传教育和交通文明道德实践活动。

三是提高公众消防安全意识。在以“人人学消防，平安迎世博”为主题的第十八届“119消防日”中，市消防部门精心组织了系列宣传活动。期间，组织本市各大主流新闻媒体，集中开展针对性的媒体宣传，推出“人人学消防”专栏和系列宣传短片，制作下发宣传资料，举行大型灭火演习，启动了“上海市消防志愿者行动”，营造了良好消防安全环境。

四是普及特种设备安全防范意识。市质量技监部门组织开展百万市民宣传活动，共组织了49 119家单位观看《特种设备安全警示教育》，收看人数为19.5万余次。深入开展特种设备安全常识进“五区”（校区、社区、园区、营区、旅游区）活动，全面提升市民安全意识。

五是深化职业病防治宣传。市卫生部门、总工会联合举行了“工作·健康·和谐”为主题的2008年《职业病防治法》宣传周活动。期间，共出动宣传人员1 280人次，现场接受咨询1 100次，咨询人数达到近4万人次。

此外，市安全监管部门制作了防高处坠落及防硫化氢中毒动漫公益广告，在上海电视台黄金时段滚动播放；民防部门制作地下空间安全使用公益广告，每天三个时段在东方移动电视播放，修编、印发25 000份《城市地下空间安全使用手册》至各地下工程管理和使用单位；市总工会继续深入开展“安康杯”竞赛活动，在全市范围开展职工“一封安全家书”活动比赛；市教育、气象部门联合开展中小学校“气象科普校园行”活动，加强气象灾害防御教育；农业部门在“三夏”期间，发放农机安全生产倡议书8 000余份、张贴宣传标语200余张；市交通管理部门精心组织了“6.6”城市交通安全宣传日活动。

（三）加强安全生产培训和教育

加强对重点领域、重点人员的安全培训和教育。本市安全监管、质量技监、建设交通、交通港口等部门共开展培训 428 276 人（次），其中培训考核特种作业人员 377 652 人，生产经营单位负责人、安全生产管理人员 50 624 人，其他从业人员 39 074 人。

上海市安全生产委员会办公室

二〇〇九年一月二十一日

示例 2

商洛市 2010 年依法行政工作总结

今年以来，商洛市以党的十七大和十七届四中、五中全会精神为指导，深入贯彻科学发展观，大力落实国务院《全面推进依法行政实施纲要》《关于加强市县政府依法行政的决定》和省政府《关于推进市县政府依法行政工作的决定》，切实抓好全面推进依法行政五年规划和年度工作要点的落实，扎实开展各项工作，努力提升依法行政水平，加快建设法治政府，较好地完成了全年工作任务，为实现商洛率先突破发展和构建和谐社会提供了法治保障。

一、主要工作情况

（一）加强组织领导，健全依法行政工作机制。（略）

（二）开展宣传教育，增强依法行政意识。（略）

（三）推进依法决策，提高行政决策水平。（略）

（四）维护法制统一，加强规范性文件管理。（略）

（五）倡导阳光执政，推进政府信息公开。（略）

（六）规范执法行为，提高行政执法水平。（略）

（七）突出工作重点，深化行政执法责任制。（略）

（八）履行复议职责，办好行政复议案件。（略）

（九）注重典型引路，创建依法行政示范单位。（略）

（十）强化责任意识，开展依法行政监督。（略）

一年来，经过全市上下的共同努力，依法行政工作取得了较好成绩，主要表现在：

一是依法行政意识日趋增强。（略）

二是行政执法责任制得到深化。（略）

三是政府职能不断转变。（略）

四是行政行为得到规范。（略）

五是经济发展环境不断优化。（略）

但是，依法行政工作中仍然存在一些突出问题：

一是个别领导干部和行政执法人员对依法行政工作认识不高、重视不够；（略）

二是县（区）之间、部门之间依法行政工作开展不平衡，差距较大；（略）

三是依法行政制度不健全，与广大群众切身利益密切相关的焦点、热点、难点问题，缺少制度保障；（略）

四是行政执法水平有待提高，执法能力和办案质量需要增强；（略）

五是政府、部门法制机构队伍建设相对薄弱，与所承担的任务和要求不相适应。（略）

二、明年工作设想

在2011年工作中，将继续深入贯彻落实国务院、省政府《关于加强市县政府依法行政的决定》和全国、全省依法行政工作会议精神，认真制定实施全面推进依法行政第二个五年规划，以制度建设为重点，创新机制，狠抓落实，进一步提高全市依法行政工作水平。一是进一步加强依法行政宣传教育，不断提高行政机关工作人员依法行政的意识和能力。二是加强制度建设。提高规范性文件制定质量，完善和落实重大行政决策制度，确保法律法规和规范性文件执行效果。重点做好项目建设、工业经济、城市管理、社会稳定等方面规范性文件的立、改、废工作，建立促进发展的长效机制。三是规范行政行为。深化行政审批制度改革和行政执法责任制，完善行政执法体制和机制，落实执法案卷评查制度。四是扎实开展第二批依法行政示范县和示范单位创建活动，从整体上提高工作水平。五是转变政府职能。推进机构、职能、编制法制化和规范化。加强政府信息公开和应急管理工作。加强行政复议和行政应诉工作，创新社会矛盾化解方式。六是加强行政监督和问责，严格依法行政考核，确保依法行政工作取得实效。七是加强政府法制机构队伍建设，以适应新的形势和实际工作的需要。

大学两年学习情况总结

一、两年来学习取得的主要成绩

1. 多次获得专业奖学金，两次获得学习单项奖

2. 顺利通过英语四级考试

二、几点体会

1. 根据自己实际，选择学习方法

2. 善于给自己施加压力

三、存在的不足及原因

1. 容易产生骄傲思想

2. 偏科思想严重

四、今后努力方向

1. ……

2. ……

四、技能导引

（一）总结的内容要素

总结一般由标题、正文、署名和日期等部分组成。

1. 标题

总结的标题形式不一，要根据总结的具体内容、目标和要求来拟定。一般来说，综合性总结的标题采用公文式标题，由单位名称、时间期限、内容和文种四项组成；专题总结多使用新闻式标题，这种标题比较灵活，可根据总结内容来确定。总结的单位和内容，一般都是通过标题表现出来，给读者以鲜明的印象。如《秦江集团 2003 年工作总结》。有些标题虽未写明“总结”字样，但其本身就体现了总结的性质，如《加强管理监督，防范金融风险》。有时总结还使用双行标题。

（1）公文式标题。公文式标题可分为完全式标题和非完全式标题两种。完全式标题由“单位名称 + 时限 + 内容 + 种类”构成，如《宏远公司 2010 年财务工作总结》。非完全式标题可以由“时限 + 内容 + 种类”构成，如《2010 年财务工作总结》。非完全式标题也可省略时限，由“内容 + 种类”构成，如《销售工作总结》。

（2）新闻式标题。新闻式标题有单行式标题、双行式标题和多行式标题。单行式标题如《层层抵押承包，人人共担风险》。双行式标题或多行式标题，如《多种渠道集资，积极改造——广州市建设经验点滴》。

2. 正文

总结因内容各异，要求不同，正文的写作也不同。不过它一般由前言、主体和结尾组成。

前言，为基本情况概述，或概述工作的背景、全貌；或说明工作的指导思想和成果；或将主要成绩、经验、问题找出来，如什么单位，什么时间，做了哪些工作，采取了哪些措施，基本过程如何和工作成绩有哪些等，先给读者一个总体认识。

主体，这是总结的中心部分，要具体、细致、生动地介绍成绩和经验。这是总结的主要内容，重在分析取得的成绩以及取得成绩的原因和做法，总结出带有规律性的经验。通过分析，把零星的、肤浅的、感性的认识上升为系统的、深刻的、理性的认识，从而肯定成绩和经验，找出问题与教训，还有哪些问题没有解决？没有解决的主要原因是什么？有哪些教训要吸取？问题和教训要写得具体，方便今后工作中改进。进而从中概括出规律性的东西。

结语，今后努力的方向和工作意见。主要包括对下一步工作的设想、安排意见等，提出新的目标。行文应简洁有力，具有鼓动性和号召力。这部分要写得切实可行，避免空喊口号。

3. 落款

落款包括署名和日期。如果单位或个人的署名已经署于标题下，此处可省略。如果是用于报送上级的总结，在单位名称处应加盖公章。个人总结的署名一般都写在正文的右下方。

（二）总结的结构形式

总结的结构形式不拘一格，常见的有四种。

1. 条文式

将总结的内容按性质和主次轻重提炼成若干要点，按内在的联系排列，分条目列项，逐次安排。条文式行文简要，眉目清楚。

2. 小标题式

就是把总结的内容按逻辑关系分成若干部分，并在每一部分加上小标题，用来标明每部分的要点，逐层深入的进行分析。小标题式往往条理清晰，一目了然。

3. 全文贯通式

全文贯通式是为了前后连贯，不分章节、不列条款，按时间和事物本身发展的过程，一气呵成，全文贯通。

4. 三分式（五段式）

把总结的内容根据人们的认识习惯来安排，先是概括主要内容，表明基本观点，接着陈述事实，叙说过程，对取得的成绩分析研究，比较综合出经验，最后指出存在问题或提出要求，整体上就是三分式。实际上也就是通常所说的“程式化”的写法，即按“情况—成绩—经验—问题—意见”五段顺序来写，所以又叫“五段式”。

五、总结写作实训

（一）病文诊治

病文1

总结经验　奋发进取

回顾过去的一年，由于老师和同学们的帮助，我在学习上取得了较好的成绩。为了总结经验，继续发扬我系的学习传统，争取更大的成绩。我针对去年的情况，谈自己的三点感受，仅供同学们参考。

一、明确目标，把握学习方向

这是一个最根本的问题。我们从中学进入大学，学习的广度与深度将迈上一个新台阶、学习的特点与方法也将会有所改变，这就需要明确目标，把握方向，否则会眉毛胡子一把抓。至于学习方法的问题，就要求我们在学习时抓住专业特点，不断摸索，从实践中找到一条切实可行的路子。比如我们学习《心理学》，这门课是比较抽象的，未学之初有些同学可能会认为这是一门推测、占卜的学科，而当我们接触到其内容时，方知它是一门研究人的心理现象的科学。从教师的讲授中我们又会进一步了解到，它是为了教给师范院校的学生研究人的心理的方法，为将来对待不同特点的学生打好基础，以便因材实施，因人制宜。我们明白了这一点，就会在学习过程中，能够结合实际，学以致用。

二、要珍惜大好时光，从小事做起，发奋学习

一位诗人说过："小事是珍珠，岁月是金钱，谁最勤于拾起珍珠，串入金钱，谁就有一条青春常在的'珍珠项链'"。这话包含了多么深刻的道理。岁月如梭，时不我待，二年的大学生活转眼就会过去，这又怎容我热血青年袖手旁观，空虚等待？但是在我们中间确实存在一种不良现象，有些同学认为上了大学，铁饭碗定了，于是混天熬日，游手好闲，把自己的学习抛到九霄云外，直到考试时挑灯夜战，洋相百出．著名教育家陶行知先生说过："学生的职务是'千学万学，学做真人'"，的确，作为一个学生，其天职就是学习．可是眼下在我们之间又出现了经商的势头，他们到市场上提几双鞋，几双袜子，几包瓜子，在校园的角落里一摆，便做起商人来……他们可能会认为这种做法并不妨碍学习，可是同学们设身处地的想一想，我们师范院校的学生，毕业后大部分要做教师，如果上学期间把大量的时间用在这上面，势必会影响自己的学习。同学们，假如我们现在不多用些时间来充实自己的头脑，将来又怎么会走上讲台面对千百双如饥似渴的眼睛呢？

三、要正确对待与克服学习上的困难

我们知道，现在我们学习上的独立性大了，我们已由学习的被动者变为主动者，由此，在学习上不免会遇到一些困难，但是随着我们自主性的增强，我们应正确对待和勇于克服这些困难。比如我们学习《文学概论》，这是一门纯属理论性的课程，它需要我们在理解的基础上来把握课文内容，这样在学习中就不免会遇到困难麻烦，可是只要我们主动地学习，认真做好笔记，然后对照课本在理解的基础上形成一个知识框架，也就不难把握了。世界上的万事万物并非都一帆风顺，学习上存在困难也是正常的，那些学业上的胜利者无一不是化困难为力量的强者，贝多芬双耳失聪却给世界谱写了最伟大的交响乐，因为他"扼住了命运的咽喉"，圣人孔子一直颠沛流离，周游列国，虽一生不得志，却成为世界著名的思想家，当代数学家陈景润用几麻袋演算纸铺好摘取数学王冠的道路……这些都是困难面前的巨人，我们又怎会甘愿成为挫折面前的矮子呢？我们坚信：在科学上没有平坦的大道，只有不畏劳苦勇于攀登的人才有希望到达光辉的顶点。

“桃李不言，下自成蹊”。只要我们学习上付出了辛勤的汗水，就必定会有可喜的收获。

个人工作总结

我厂应该参加文化不可的青壮年职工有130人，去年底普测合格有39人，还有91人需要继续补课。为了切实抓好青工文化补课这项工作，我厂于今年一月办起文化补习班。下面谈谈我们的初步做法和今后打算：

中央五单位《关于切实搞好青壮年职工文化技术不可工作的联合通知》下达以后，厂党支部十分重视。支部书记及时召开支部会，研究这项工作。大家认为，我厂接近婚龄的女青年较多，如果不在近期内抓紧完成补课任务，将来困难会更大。因此，党支部决定在厂里开办初中文化补习班，并把这项工作交给工会和团支部具体抓。

会后，厂里成立了由工作主席、团支部书记和一名工人代表组成的“不可领导小组”，着手筹备办理。我们遇到的最大困难是一无教室，二无教师。面对重重困难，我们决定向邻近的一所中学求援。在该所中学领导的帮助下，我们从他们那里聘请了三位教师，并租借了教室。这样，我们根据学员文化程度的具体情况，变成了两个快板，一个慢班。利用每星期一、三两个晚上和星期六一个下午来上课。开学以后，语文课本还缺一、二册买不到，我们有自己动手刻印教材，保证了教学工作的顺利进行。

为了保证教学质量，必须加强教学管理。我们制定了“学员守则”“考勤制度”等必要的规章制度，并且各班配备了正副班长，负责考勤和收发作业。定了制度就要严格执行。有一段时间各班出勤率、作业完成率普遍不高。我们根据群众意见，规定无故旷工一次，扣发月奖金10分（我厂月奖金采用百分制评分法）；两次不完成作业扣5分。这件事对学员震动很大，出勤率、作业完成率都有所提高。

但是，光有这些还不够，还应该积极采取措施，帮助职工解决学习和生活中的具体困难，为他们解除后顾之忧。例如我厂有不少孩子妈妈，因小孩拖累不能按时上课，工会就腾出一间房子，领导亲自动手，粉刷墙壁，购置了炊具、小床，办起了临时托儿所，解除了她们的后顾之忧。又有制度，又有措施，职工学习积极性大大提高，学员出勤率、作业完成率一直保持在90%以上。

在青工文化补课方面，我们取得了一些成绩，但也存在不少问题。目前，两个快班已经结业，对于考试及格的，我们将举办高中补习班，让他们继续学习提高。对于考试不及格的，我们打算把他们插入慢班继续补课，待明年六月再参加统考，争取明年全部完成补课任务。

二〇一〇年十二月

（二）总结写作练笔

（1）依据自己的学习情况，写一篇个人总结。

（2）请为自己在学校参加的活动写一篇总结，找出经验和不足。

六、归纳总结

（一）总结的概念及其特点

1. 总结的概念

总结是一个组织或个人在工作、学习、生活告一段落后，作一回顾、检查、分析和评价，从中找出成功的经验，失败的教训，悟出个中的道理，得出规律性的认识，并用以指导今后的工作而形成的书面材料。

2. 总结的特点

（1）客观性。总结的内容材料，都应当是客观存在的实际情况，不能夸大成绩、缩小失误，更不能虚构一些没有做过的事情。即使是分析经验教训，也要以事实为基础，言之有理，不能主观想象。思想总结看起来是一些主观的想法，实际上也应当是真实的想法。

（2）理论性。总结并不是我们对所有已经做过的事情的记录，而是对一些重要的事情进行本质的概括，找出其中规律性的东西，要做到既有事实又有理论，既反映客观事实，又反映事物的发展规律。

（3）指导性。写总结不但是为了分析过去的事实，而且应为将来指明努力方向。总结既要肯定成绩，又要找出不足，要分析经验教训，这样才能进一步分析下一步的工作方向，在以后的工作中借鉴好的经验，吸取失败的教训。总结的根本目的是为了指导下一步的工作。

（二）总结的分类

总结的种类与计划的种类是相应的。按照不同的标准，可以分为多种类型。

（1）按内容分：有工作总结、生产总结、学习总结、思想总结。

（2）按主体分：有部门总结、单位总结、个人总结。

（3）按时间分：有年度总结、季度总结、月份总结、阶段总结等。

（4）按功能分：有汇报性总结和经验性总结。

（5）按性质分：有综合总结和专题总结。

①综合总结。综合总结又叫全面总结。它是对一个单位、一个部门在一定阶段各项工作的整体综合和全面概括的书面材料。这种总结因涉及一个单位、一个部门在一定时间里各个方面的工作，其特点是内容广泛，篇幅较长。它既要反映纵的系统，又要反映横的断面以求综合反映工作的全貌，有时还要求反映全方位的情况。这种总结，通常有三种用途：一是用于向上级汇报工作；二是用于向本单位或本部门的群众做工作总结报告；三是用于与外单位或外部门交流经验时使用。综合总结是日常工作中经常使用的一种总结。

②专题总结。专题总结有时也叫单项总结。它是对一个单位、一个部门在一定时间里某一项工作或某一项工作的某一个问题所作的专门总结。这种总结因只涉及一个单位、一个部门在一定时间里的某项工作或某个问题，其特点是内容比较单一集中，针对性强，篇幅不长。因而这种总结要求对问题的探讨较为深入，分析比较透彻，尽可能把某一单位、某一部门的某项工作中的成绩突出出来，典型经验反映出来。撰写这种总结，一般是为了总结典型经验，以便推广。

（三）总结写作的注意事项

1. 指导思想要健康向上

要写好总结，就必须以正确的观点和党的方针政策为依据来衡量各项工作，才能给工作以恰当的评价；必须科学的分析整个实践活动才能总结出经验，并从中找出规律性的东西。如果缺乏正确的指导思想和科学分析，就只能罗列现象，就事论事，流于形式，达不到写作总结的目的。

2. 写作态度要实事求是

工作总结中既不能只体现成绩、回避问题，也不能将工作说得一无是处。这两种态度都不符合总结的写作精神。写总结要从实际出发，实事求是地反映事物本来面目，概括总结出事物本身固有的有借鉴意义的东西。

3. 注意总结经验规律

总结的根本任务在于总结经验，找出规律性的东西，不断把工作推向前进。因此要求作者从客观实际出发，从分析研究事实入手，发掘出事物的本质特点，找出内在联系，找出取得成绩的原因或存在问题的根源，从而认识事物的本质规律，提出符合客观实际的意见，明确今后的工作任务和努力方向。

项目四　拟写述职报告

一、知识目标

通过该模块的学习，帮助学生了解述职报告的概念、功用、结构、分类、特点、写作要求，了解述职报告与总结性报告、工作总结的区别，掌握述职报告的基本写法。

二、能力目标

通过阅读、评析范文，体会各类型述职报告的内容要求和写法，通过病文诊治、思考实训，掌握述职报告的写作程式，能够根据收集的材料，撰写出内容完整、条理清晰、语言得体得当的述职报告。

三、写作范例

示例 1

述职报告

区委宣传部：

200×年上半年，我街的宣传工作在区委宣传部的正确指导下，坚持以邓小平理论和“三个代表”重要思想为指导，以宣传、贯彻十七大精神为主线，围绕中心，服务大局，突出重点，创新载体，宣传工作得到深化，主题宣传活动扎实推进，对内对外宣传形成声势，群众文化活动更趋繁荣，精神文明创建取得成效，为我街道全年战略目标提供了重要的思想保证、精神动力和舆论支持。现对今年 1 月至 6 月我街宣传工作述职，请指导。

一、层层动员，掀起学习热潮

领导干部带头宣传学习。今年，街道工委把党员干部政治思想宣传教育工作摆在重要议事日程，开展了“三个一”学习活动和建立学分制考核与激励机制。邀请市区党校老师授课，坚持每月一课；以《党章》和《××》为读本，坚持读一本好书；以保持共产党员先进性为题，坚持开展一次学习研讨。我街道开展“三个一”学习研讨活动的氛围越来越浓，爱读书，爱学习，勤研讨的气氛正在形成。

机关干部广泛学。把握科学发展观的真正内涵，组织机关干部结合自己工作岗位和自身实际，进行学习座谈讨论。

社区党员干部重点学。利用基层党校、党员电教室、黑板报、公开栏等多样化载体，精心组织，广泛宣传学习，唱好学习理论思想领域的主旋律乐章；通过组织观看《张思德》《人民的好公仆——郑培民》等影片，以丰富的教育内容，直观、多面地加强理论宣传教育，提高党员干部的政治思想素质。

注重学习实效，积极开展创建学习型单位活动。除了学习党的理论外，街道组织干部学习了市场经济、相关法律等当前工作中亟须的知识，引导干部拓展事业，更新思维，顺应新的形势需要。

二、服务经济，营造良好的舆论氛围

今年以来，我街宣传工作继续围绕经济建设，为各项工作开展创造良好的舆论氛围，开展了各项宣传工作。

进一步加大文明创建宣传力度。为进一步巩固提高广大群众对文明创建的知晓率和参与率，全方位地进行宣传发动，体现了面广、量多、力度强。在主要干道、广场、商业大街、影剧院、居民区等公共场所，公民道德二十字规范等创建宣传的宣传标示、路牌招牌、公益广告等基础工作都全面布置落实到位；各个社区、单位充分利用黑板报、宣传栏、文体活动、座谈讨论等形式，进行创建全国文明城市工作的再发动、再动员达××余场次，参加人数近×万多人；全地区共张贴、悬挂宣传标语××多条，出黑板报、墙报××多期，制作悬挂公民道德规范宣传画××余块，累计受教育群众达×万多人次，在全街营造了浓厚的宣传氛围。街道还印发了×万份《创建文明城市倡议书》和×万份《全国文明城市模拟测评调查问卷》，使文明创建宣传到了每家每户。此外，街道十分注意新闻宣传工作，在省、市等新闻媒体上发表或报道宣传稿件××篇，大力宣传了我街道文明创建的丰硕成果。

扩大城市整治宣传效果。今年4月，街道在广场举办了××活动，接受群众对环境卫生问题的咨询和投诉，同时组织进行了“消除陋习、讲究卫生”万人签名活动。×月，又组织机关干部、部队官兵、高校学生××余人开展了“城市洁净日活动”，掀起了全民参与整治市容市貌的热潮。众多的活动，有效地提升了市民的文明素质和参与意识，形成了“人民城市人民管、管好城市为人民”的可喜局面。

此外，今年上半年，街道还加强了“世界卫生日”“世界禁毒日”等工作的宣传，并主动出击，借助各种新闻媒体，加强对外宣传报道，积极努力地推介街道，为优化环境、招商引资、加速建设步伐发挥了宣传造势作用。

三、突出特色，不断增强宣传效果

我街道既抓“规定动作”，又抓“自选动作”，注重创建特色，通过积极组织活动，最大限度地争取广大群众对文明创建工作的支持、理解和参与。如精心策划了××活动。此次活动在文明创建工作中起到了积极作用，并得到了省市领导的高度肯定和新闻媒体的密切关注。

加大了基层创建活动力度。以群众喜闻乐见的形式和社区力所能及的事为切入点，使文明创建工作做到了“点上提质，面上拓展，深度推进，品牌做强，特色做特”，有效地提升了市民的文明素质，大大扩张了文明创建的影响力。

四、以人为本，丰富居民精神文化生活

街道今年投入近××余万元加强社区文化阵地建设，全面完善社区宣传文化法制中心和各类活动室阵地，同时整合资源，不断繁荣和活跃群众文化，组织好文体活动，使文化工作贴近实际、贴近群众。整合文化资源，加大文化“三下乡”和文体进社区工作的力度。精心设计和组织全民健身活动和文艺演出活动。与此同时，街道还积极开展各类群众文化的培训、指导、服务工作，努力提高基层文化工作者的整体素质，确保基层文体团队经常有效地开展活动。

五、工作中的不足及下半年工作安排

上半年，我街道宣传工作虽然取得了一定的成绩，但还存在着一些薄弱环节，主要是：对内对外宣传力度需要进一步加大；宣传思想工作的方法、形式、途径还需要进一步探索；宣传思想工作的影响力、渗透力、战斗力还需要进一步提高。

下阶段，我街道将着重从以下几个方面开展工作。

努力实现创建“三率”达到100%。大力宣传创建全国文明城市的意义、目的、内容、要求，及时报道、宣扬先进典型、先进经验，营造浓厚的舆论氛围，引导广大人民群众自觉参与创建活动，提高群众对创建全国文明城市的知晓率、支持率、满意率。

深化推进系列精神文明创评活动。以结对共建为推动，扩大文明社区、文明小区、文明单位的创建覆盖面，实现量的突破和质的提高。以推进农村城市化为要求，调动各方面积极因素，加快村创建步伐。积极探索创建“文明社区”的新路子，继续抓好“双星户”“文明楼栋”和“文明市民标兵”的评选活动。

逐步形成宣传工作网络。继续抓好宣传员、信息员队伍建设，建立社区志愿者宣传员队伍。健全和完善工作例会制、工作通报制、活动评比制等制度。激励和调动宣传员的工作积极性，努力开创街道宣传工作的新局面。

以上述职，如有不妥之处，请批评指正。

中共××区××街党工委

二○××年×月×日

示例 2

200×年度述职报告

局人事处：

200×年是我在××科的第×个年头。××科的主要职责是推行“审计稽查”“警世教育”等制度。一年来，我努力学习，积极进取，严于律己，努力做到公正无私，带领科室全体工作人员兢兢业业，忠实履行岗位职责，取得了一定成绩。以下是我个人本年度的工作述职，请考核。

一、不断加强学习，努力提高政策理论水平和业务工作能力

我一直努力加强学习，提高素质，适应时代的要求，跟紧时代步伐。除了自学外，还参加了我市对审计部署5、6号令，市纪检组织的《中国共产党纪律处分条例》和《中国共产党党内监督条例（试行）》培训班的学习。

实现审计资源的最优配置，实现常规审计与经济责任审计的有机结合是局领导年初提出的重要课题之一，其中财政决算审计对我来说是全新领域。我克服自己相关理论知识欠缺，法律法规不熟悉的困难，对县区政府200×至200×年度财政决算进行详细统计，查阅了近几年来各县区的财政决算审计报告，翻阅了《预算法》等大量法律法规，仔细地审查了财政、地税等许多个部门和单位的会计资料，实地察看了建设项目的实施情况，在此基础上，虚心向有关科室人员请教，克服了重重困难完成了县区财政决算审计任务。

二、顺利完成全市国土资源局局长任期经济责任审计项目

今年×月，省审计厅下达国土资源局局长的任期经济责任审计任务，市局领导对此相当重视，确定了“对市、县两级国土局局长同时进行任期经济责任审计”的工作思路。

根据局党委、局行政的工作安排，我组织县级国土局局长和各县审计局长对此项工作做了专门部署。特别强调了本次审计的重大意义，引起了他们的高度重视。进点前，我及时到各县审计点上研究商讨有关事项，为保证县级国土部门经济责任顺利进行创造了良好的条件。审计实施过程中，我采取审计和调查相结合，查账与询问、座谈相结合，资料审查与深入现场相结合，经济责任审计与参阅年度预算审计资料相结合的方法，有效地开展了审计工作。通过审计，我们查出很多违规现象：矿产资源补偿费的管理、挤占挪用专项资金、专项资金未及时下拨、隐瞒截留收入等。我按照局里的部署，大面积撒网，重点捕鱼，针对查出的问题，我提出了适当的处理意见，落实了审计决定。在我精心的安排和合理的组织下，此次任务进行得十分顺利。

三、重视审计成果的转化，积极探索新的工作方法

每个审计项目结束后，我都提炼总结出质量较高的审计信息，揭露出一些带有倾向性、苗头性的问题，供领导参考。

随着市场经济的逐步深入，审计工作越来越重要，但由于审计资源有限，我们的工作还有一些不足的地方，因此，为使审计工作能满足社会需要，适应社会的发展，必须有效整合资源，积极探索新的审计方法。

在日常工作运行过程中，我十分讲究协调。加强协调，主动服务，确保政府高效运转。搞好协调是确保政府高效运转的一项基础性、经常性的工作，也是贯穿于办公室工作始终的一项重要职责。注重主动与上级政府部门保持经常联系和密切沟通，争取工作上的指导和支持，清楚上级的想法和意图。这样工作，有利于上下衔接，做到心中有数，提前布置好工作，避免了被动应付。由于在协调上注意做到及时、周密，保证了审计工作运转的有序、高效，上级领导很满意，部门和基层也很认可。

同时，因为经济审计是一项政策性强，涉及面广，难度大，要求高的系统工程，所以加强监管十分重要。在做好本级经济审计工作的同时，我抽出时间，对下级审计机关部门工作进行指导，帮助下级解决工作的难题、协调困难等，在推动了市、县两级经济责任审计工作稳步向前发展方面，做出了自己应有的贡献。

四、自省自励，狠抓廉政建设的落实工作

一年来，我一直坚持学习《审计工作中的六项纪律》《审计人员十不准》等廉政规定，并把这些规定发放给审计单位有关人员，使审计人员的一举一动都处于被审计单位的监督之下。让审计人员自始至终把廉政建设放在首位。一年来，本科室无一人违反审计纪律，受到审计单位的普遍赞扬，维护了国家审计机关的良好形象。

我知道成绩的取得离不开各位领导的高度重视和大力支持，离不开各部门及全体干部、职工的密切配合，借此机会，我诚挚地向工作中支持过我、帮助过我、指点过我的领导和同事表示衷心的感谢。

在看到成绩的同时，我也清楚地看到了自身存在的问题和不足：没有及时将经济责任审计的新政策规定、目标要求与大家进行有效的交流，使工作有时陷入被动；工作效率不够高，缺乏创新；学习不够，不善于学习新理论、新知识，对新的审计方法还没有准确完全地吸收，工作中有时力不从心。对上述问题，在新的一年里我将认真反思，全面改进，努力学习，争创工作新局面。

特此述职。

××市审计局经济责任审计科科长×××

二〇〇×年×月×日

示例3

述廉报告

连云港质监局　夏阳

2009年12月

今年以来，在省局党组的领导下，我能认真贯彻落实党风廉政建设责任制，履行“一岗双责”，加强个人廉洁自律，实现了廉政勤政建设与各项工作的与时俱进。

一、坚持廉洁自律，严格执行规定

作为一名领导干部，我始终坚持严格执行领导干部廉洁自律的有关规定，率先垂范，做到公公道道做事，认认真真做人。

今年以来，我联系工作实际，对照“必答内容”的要求，认真检查。我本人没有收送现金、有价证券和支付证券和干股的行为；没有违规集资建房，超标准建房和明显低于市场价格购置房屋，没有换过和借过房屋；没有利用和操纵招商引资项目和资产重组为自己和特定关系人谋取私利；没有利用职务便利为他人和自己投资入股，经办企业，谋取不正当利益；没有违反规定在任何地方私设小金库；今年没有出国公务活动；没有利用公款请吃请喝，未参与过赌博行为。即使工作需要的公务活动中，也严格按规定标准执行。不参加用公款支付的高消费娱乐活动，不参加可能影响公务的宴请；没有跑官要官，没有借用公款；没有用公款为个人购买商业保险；乘坐公务车辆由办公室统一安排，没有超标准乘车；没有在企事业兼职或者领取报酬；没有利用职权干预过建设工程的招投标、经营性土地使用权出让、房地产开发与经营；按照上级规定，认真执行重大事项报告和礼品登记制度，年内没有婚丧嫁娶事宜。

我坚持从维护党的纪律的严肃性、维护党的形象的高度出发，在大是大非面前保持了清醒头脑，始终与党中央在思想上、政治上、行动上保持了高度一致。把作风建设与加强自身建设结合及各项具体工作结合起来，深入开展批评与自我批评，虚心诚恳征求意见，主动接受党组织和企业、群众的监督。

二、严格要求自己，执行廉政纪律

今年以来，我坚持把廉洁从政放在突出位置，严格执行廉洁从政准则。不违反党的政治纪律、组织纪律、群众纪律，严格遵守“六条禁令”，一是同党中央保持高度一致，不阳奉阴违、自行其是；二是遵守民主集中制，不独断专行、软弱涣散；三是依法行使权力，不滥用职权，玩忽职守，不干预基层公正执法；四是管好配偶、子女和身边的工作人员，不准他们利用本人的影响谋取私利；六是公道正派用人，不任人唯亲、营私舞弊。不违反组织人事纪律搞个人封官许愿、“跑风漏气”和干预下级干部任用；七是艰苦奋斗，不奢侈浪费、贪图享受；八是务实为民，不弄虚作假，与民争利。同时，根据《中国共产党党内监督条例（试行）》《中国共产党纪律处分条例》《中国共产党党员领导干部廉洁从政若干准则》的有关规定，认真落实党风廉政建设责任制，对职责范围内的党风廉政建设切实担负起全面领导责任。

三、加强管理教育，履行“一岗双责”

根据党组分工，我分管质量监督与认证处、特种设备监察处、法规处、稽查处、稽查支队、纤检所、服务中心。今年以来，结合各项业务工作实际，根据《连云港质监局2009年度党风廉政建设责任目标》确定的工作任务，我认真履行“一岗双责”。

质监部门担负着整顿和规范市场经济秩序和服务经济发展的重要职责，我分管的部门都拥有一定的权力，客观上易受各种不正之风的侵袭。因此，我始终从认识上将党风廉政建设列为工作重要任务，经常检查督导。同时，以身作则，当好表率，以高度的政治责任感抓好党风廉正建设工作。我能主动从小事做起，针对性的引导和教育自己和分管的部门的同志树立正确的世界观、人生观和价值观。保持操守，洁身自好。积极参加支部组织的廉正教育，观看廉政书画展和反面典型警示教育片，使心灵受到了深刻震动，加深了廉洁自律的认识。我坚持将党风廉政建设与日常工作结合起来，定期听取工作汇报，了解思想动向，主动深入基层，深入企业、开展调查研究，了解党风廉政建设工作实效，听取来自基层和管理对象的意见和建议，及时制止苗头性问题，做到了早提醒、早预防、早纠正。凡发现有不廉洁行为的，严肃处理，绝不姑息迁就。

四、技能引导

（一）结构

述职报告没有固定的写作模式，可根据不同类型和主旨，以灵活安排结构。述职报告的结构一般由标题、称谓、正文、落款和附件组成。

1. 标题

（1）单行标题。

①文种式标题。仅以文种做标题，即只写“述职报告”。

②公文式标题。一是完全性标题，有两种形式：

a. 述职者 + 述职时限 + 事由 + 文种，如《 ×××200 × 年至 200 × 年任教育局局长职务的述职报告》。

b. 职务 + 述职者 + 事由 + 文种，如《 ×× 局财务处处长 ××× 关于 200 × 年任职情况的述职报告》。

二是省略性标题，即省略完全性标题的某个部分。

a. 可省略事由，述职者 + 述职时限 + 文种，如《 ×××200 × 至 200 × 年试聘期述职报告》《 ××× 局机关效能建设活动第一阶段述职报告》；职务 + 述职时限 + 文种，如《 ×× 厅办公室主任 200 × 年年度述职报告》。

b. 可省略述职者：职务 + 事由 + 文种，如《 ×× 市市委书记党风廉政建设述职报告》；职务 + 文种，如《 ×× 校团支部书记述职报告》；述职时限 + 文种，如《200 × 年年度述职报告》《任期述职报告》。

c. 可省略述职时限：述职者 + 事由 + 文种，如《 ××× 年度考核述职报告》；事由 + 文种，如《精神文明建设述职报告》《节能减排专项行动述职报告》《在民主评议会上的述职报告》；述职者 + 文种，如《我的述职报告》《 ××× 委领导班子述职报告》。

（2）双行标题。正题和副题配合命题，正题概括全文的侧重点、主旨或写明述职报告类型，副题多用公文式标题补充具体内容。如《构建和谐社会，支持新区建设—— ×× 省 ×× 市民政局述职报告》《努力抓好“菜篮子”和“米袋子”——我的述职报告》《继往开来，与时俱进，全力以赴向国家级示范性院校冲刺——在 ×× 校第 ×× 届教职工代表大会上的述职报告》《政府工作报告——200 × 年 × 月 × 日在第 × 届市人民代表大会上的报告》。

2. 称谓（抬头）

称谓（抬头）是述职者对接受或听取述职报告的对象的称呼，要根据述职报告的类型、会议的性质和听众对象而定。称谓在正文上方顶格书写。书面报告的称谓，向上级机关呈送，写主送机关，如“ ×× 党委”“人大常委会”“ ×× 组织部”“××人事处”“××领导小组”“机关效能建设办公室”。口述报告的称谓，写对听众的称谓，对领导以职务称呼，如“××厅领导”“××主任”“××秘书长”“各位评委”“各位委员”“各位代表”“各位同志”或“各位领导，同志们”。若受文对象不止一个，应按先组织后个人，先领导后群众的顺序排列。

3. 正文

正文的写法依据报告的对象和场合而定，通常由开头、主体、结尾（结语）三部分组成。

（1）开头。开头，又称导言、导语、前言、引语，一般包括三方面内容：一是任职介绍，交代任职的自然情况，任职时间、任职背景、变动情况、担任职务、岗位职责、考核期内的目标任务；二是任职评价，对个人任职以来的工作情况、履行职责情况进行整体评价；三是述职范围和原因，常用“根据××的要求，现将本人近×年的工作情况报告如下”的转接语来表述。这部分的作用是奠定述职基调，统领全篇，激发听报告者的兴趣，写作时力求简洁明了，给述职对象一个总体上的印象。

（2）主体。主体，是述职报告的核心部分，述职者围绕职责要求，集中阐述履行职务和工作目标的情况，一般包括以下三个方面。

①述职时限内工作的完成情况和取得的主要成绩，这是全文的重点。大致有两种写法：一种是按时间顺序写。即把任期内承担的工作按时间先后顺序分成几个阶段来写。针对述职时限较长，涉及面较广，所做的工作较复杂，特别是述职时限内职务发生变动的情况，为了便于归纳总结，以展现工作完成情况的全貌，常采用这种写法将完成工作按时间分段进行说明，这样也便于详细叙述在各个阶段中取得的成绩和收获的经验。另一种是按内容分类写。从思想政治素质、工作能力、工作态度、工作实绩几个方面展开，具体阐明对党的路线、方针、政策、法规和指示的学习贯彻情况，个人思想作风、职业道德、爱岗敬业、廉洁从政和关心群众的情况，对上级交办事项的完成情况，对分管工作任务的完成情况，在工作中提出建议、采取措施、解决问题、取得业绩和社会效益的情况。

②存在的问题和自身的不足。问题是实在的情况，教训是有规律性的认识，要写得实实在在，有条有理，要提高到理论的高度来认识，不要避重就轻，不能轻描淡写，还要适当分析问题产生的主客观原因，明确自身应负的责任。

③今后计划，包括努力方向、目标打算、改进措施等，要写得切实可行，表明述职人将更加尽职尽责做好本职工作。

主体部分要写得具体、充实，要按岗位职责的标准规范述职，用实绩来说明自己履行职责的好坏。由于内容涉及面广、量多，宜分条列项写出。“条”“项”要注意内在逻辑关系，安排好结构。

（3）结尾（结语）。述职报告一般要求用格式化的惯用语来收束全文，如“以上报告，请审阅”“以上述职，请予审查”“特此报告，请审查”“述职完毕，请领导、同志们批评指正”“以上述职报告妥否，请予审议”“述职完毕，谢谢大家”等。

4. 落款

述职报告的落款，写明单位、姓名和述职日期或成文日期。署名可放在标题之下，也可放在文尾。如“述职人：×××”“××局：×××”。

5. 附件

述职报告中如有需要详细补充说明的内容，可用附件形式单独附在正文之后。大部分述职报告没有附件。

（二）格式

×××（人名或组织部门）××××年担任××职务的述职报告

××××××、××××：（称谓）

×××。（正文）

述职完毕，请批评指正。

××××（单位）×××（述职者姓名）

××年×月×日

五、写作实训

（一）病文诊治

我的述职报告

根据总公司《工作标准》和 2003 年目标责任，总经理助理、办公室主任的主要职责是：

1. 受总经理委托，协调总公司领导之间、机关职能部门之间，分（子）公司之间的工作关系。

2. 受总经理委派，处理具体事务和问题，各项工作对总经理和总公司负责。

3. 督促、催办总公司年度各重点工作的完成，必要时建议召开协调会议。

4. 不断了解总公司生产经营中出现的新情况、新问题，重大问题及时向总经理报告，并协调有关部门、有关单位处理和解决。

5. 及时传达贯彻上级和总公司有关会议、文件、批示精神。

6. 组织安排总公司党、政各种会议，负责并督促会议决议的贯彻落实。

7. 及时组织完成总经理、公司和党委所需文件的起草和有关文字材料的拟制。

……（略）

总之，我的主要职责归纳起来是三句话六个字，即参谋、协调、服务。

一年来，在公司党委、班子的领导下，在各分公司、厂、处和机关各处室及办公室全体同志的大力支持下，较好完成了本职工作、责任目标和“参谋、协调、服务”三大职能，现简要述职如下：

几年来的工作实践使我深深体会到，作为一个助理、办公室主任，要做好工作就要首先清楚自己所处的位置；清楚自己所应具备的职责和应尽的责任；正确认识所处的位置和所要谋的政。就地位而言：从领导决策过程看，我处在“辅助者”地位，从执行看处在“执行者”地位；对处理一些具体事物，又处在“代理者”的地位。这个角色的多重性决定了在实际工作中容易产生越位，何况所要协调工作的对象是公司领导，自己的上级、同级和下级，在实际工作中我的具体做法是：为领导参谋到位但不越位，督促、催办到位，但不“拍板”；服务到位但不干预领导工作。只有把“位置”认准，把“政”字搞清，自觉维护领导之间的团结，在工作中尽职尽责，不越权，不越位，严格要求自己做一个为人诚恳、忠于职守、勤于职守、胜任职守的助理和办公室主任。催办和协调是我的主要工作之一，工作中虽然难度不小，但领导和同志们都给予了我很大的支持，我也注意力争做到对工作主动催办和协调，承上启下，沟通左右，协调各方，因此一年来的工作相对还比较顺利。

为发挥好参谋助手作用，为领导参好谋、献好策，真正为公司和职工办一些实事，在实际工作中注意去基层单位利用各种方式了解生产经营情况，倾听各级领导和职工的建议，征求机关相关处室的意见，围绕公司领导决策和生产经营实际，及时向总经理或有关领导同志反映，全年共提交重要的工作建议××项，领导采纳××项，协调较重要的工作××起，基本尽到了参谋，协调的职责。

为进一步减少会议和提高会议质量，我们安排会议坚持了会前有准备、有议题，建议与会者会上讲话要短、话不离主题、讲话要解决实际问题和开小会、开短会、不开无准备会的原则等。坚持了××多次要求的“会前无议题，会上临时动议的问题，一律不予研究”的要求，今年全公司大型性会议明显减少，会议质量大有提高，基层单位比较满意。在实际操作中主要采取了四个方面的措施：

一是控制会。结合公司生产实际，认真贯彻公司“三大标准”中规定的会议审批制度，哪些会议能开，哪些会议不能开，哪些会议可以合并开，对会议参加的人员、内容、时间都进行严格的把关，尤其是让基层一把手参加的会议，必须要经过总公司主要领导同意才能开，从而控制了会议的数量，保证了会议的质量。

二是少开会。开会是推动工作的重要方法，但不是唯一方法。在工作协调中、本着向基层服务，眼睛向下、方便基层的精神和意识，凡有些工作打个电话，发个通知或者到基层调查研究，通一下气就可解决的问题，就坚决不安排开会，做到了既少开会或不开会又保证了政令畅通，保证了工作进行有序。

（二）写作实训

请你了解一位班级干部或学生会干部的工作情况和岗位职责，代其写一篇述职报告。不少于 800 字。

六、归纳总结

（一）述职报告的源流及概念

“述职”一词最早见于我国先秦时期的典籍。《孟子 · 梁惠王下》记载：“诸侯朝于天子曰述职。述职者，述所职也。”不但提到了“述职”的概念，而且对“述职”进行了初步的解释，即陈述自己守职尽责的情况。原指诸侯向天子陈述职守，后来外官向中央政府汇报施政情况亦称述职。

20 世纪 80 年代以来，述职报告成为组织人事部门和上级领导考核干部的重要依据之一。1988 年 6 月 6 日，中央组织部下发了《关于试行地方党政领导干部年度工作考核制度的通知》，通知规定，党政领导干部要进行年度“述职”，“被考核者向各自的选举任命机构和上级领导作个人述职”。那时的述职仅限于领导干部，主要在对担任一定领导职务的干部进行年度或阶段考评时使用。

近年来，党中央大力开展干部人事制度改革、推进社会主义民主法治建设，随着岗位责任制、干部聘任制的实行，对干部和专业技术人员的管理和考核加强了，逐步形成了独具特色的述职报告这类新的应用文体，并且使用频率越来越高，写作越来越普遍，运用也越来越广泛。而且述职者不仅限于党政领导干部，国家公务员、专业技术人员及其他工作人员，在进行职务晋升、技术职务考核、岗位目标考核时，也需要在一定范围内进行述职，即向有关职能部门和职工群众陈述自身在任职期间的岗位职责履行情况和德、能、勤、绩情况，以便其对述职者有一个较为全面的考察了解，从而作出评价和判断。

简而言之，述职报告是党政机关、社会团体、企事业单位的领导干部及专业技术人员，根据制度规定、工作需要和自身职务要求，就任职目标，定期或不定期地向选举或任命机构、上级领导机关、主管部门、代表大会、董事会以及选区选民或本单位的干部群众，陈述、汇报本人、本部门或本单位在一定时间内履行岗位职责情况的评述性事务文书。它是干部管理考核专用的一种文体，是人事部门聘任干部和群众，评议领导的重要依据，是克服用人、看人上的主观主义、官僚主义，提高干部思想政策水平的有效工具，是促进监督干部忠于职守的有效手段。有利于群众对干部的了解、推荐和监督，有利于强化个人履行职责的观念，促进干部定期对照岗位职责和目标检查、反省、总结自己，不断提高履行职责的能力素质，有利于发扬民主、倾听群众呼声、密切干群关系。

（二）述职报告的分类

掌握述职报告的分类，写作述职报告时才能有针对性。述职报告可以从时限、内容、表达形式等不同角度进行划分，因而存在着交叉现象。

1. 按时限划分

（1）任期述职报告。指述职者对任现职以来的总体工作情况所作的汇报。一般来说，时间较长，涉及面较广，要写出这一届任期的全面情况。如果是离任，则称为离任述职报告，要从任职以来述起，重点反映最近一任期内的情况。

（2）年度述职报告。指述职者一年一度定期作的反映本年度履行职务情况的汇报。

（3）临时性（阶段性）述职报告。指述职者对担任某一项临时性的职务，完成某项临时性的任务，或就某一阶段工作的状况，所作的任职、工作报告。如对组织了一届艺术节活动，或主持了一项课题研究，或负责了办公楼维修工作等进行述职。

2. 按内容划分

（1）综合性述职报告。指述职者对一个时期内所作工作的全面、综合的汇报。

（2）专题性（单项）述职报告。指述职者对某一方面工作或对某项具体工作完成情况所作的汇报。

3. 按表现形式分

（1）书面述职报告。指述职者以书面形式向上级领导机关、组织或人事部门提交的述职报告。书面述职报告较之口头述职报告更加规范，书面述职报告也常要求在一定范围内口述后，再上交。

（2）口头述职报告。指述职者以口头陈述的形式向听取述职的对象所作的述职报告。一般来说，任职时间较短或述职范围较小的情形，可采用口头述职的形式。但口头述职往往也有书面材料，即用口语化语言写成的述职演讲稿。

4. 按述职者划分

（1）个人述职报告。指以个人名义对自身工作完成情况、岗位职责履行情况所作的述职报告。

（2）集体述职报告。指以单位、部门或工作班子集体名义对自身工作完成情况、岗位职责履行情况所作的述职报告。

（三）特点

1. 陈述性

述职报告是述职者对负责的组织或部门在某一阶段的工作进行全面的回顾，按照法规在一定时间进行，要从工作实践中去总结成绩和经验，找出不足与教训，从而对过去的工作做出正确的评价。因此，在写作上更多地采用叙述的表达方式。在写法上，以叙述说明为主。叙述不是详述，是概述；说明要平实准确，不能旁征博引。

2. 自我性

述职报告不仅重在“述”，而且重在“评”。这里“述”是“自述”，“评”是“自评”，这就是述职报告的自我性。“自述”是述职者向有关方面总结、汇报自身或本部门在一定时期内履行职责情况。“自评”指述职者遵照岗位规范和职责目标，对自身或本部门在任期内的德、能、勤、绩等方面的表现，作自我评估、自我定性，既要肯定成绩，也要敢于剖析存在的问题。因此，述职报告使用第一人称，即“我”“我们”“本届 ××”等。

3. 真实性

述职报告的内容要求高度的真实性，述职报告中体现的材料必须是真真切切的事实。这就要求述职者必须客观、公正地记述自身或本部门完成的工作实绩，以严肃、慎重地态度进行自我鉴定。这里所谓的实绩，是指述职者在一定时限内，按照岗位规范和目标，把以何种责任心、怎样的工作效率，为国家、集体、单位或组织所做的事，达成的指标，实现的效益，取得的贡献和成绩，实实在在地反映出来。叙写的实绩必须是扎扎实实已经开展了的工作和活动，在质和量上既不夸大也不缩小，既不揽功也不诿过，要忠于事实。自我评价是据实议事，是建立在这些确凿无误的事实，准确可靠的数据的基础上的，是本着对自身负责，对组织负责，对群众负责的态度进行的，是用定量证明的恰当的定性分析。写实绩，不能弄虚作假；作评价，不能浮泛空谈。

4. 规定性

述职报告的写作目的是向有关职能部门汇报述职者一段时期内的工作完成情况，以应对有关职能部门对其的考核，而考核内容是任职者一段任期内的德、能、勤、绩四个方面的表现，因此述职报告主体部分所记述的工作情况、履职情况，就应限于考核期限内，并从德、能、勤、绩四个方面的展开对自身是否称职作出结论，这就体现了述职报告内容上的规定性。“德”主要指思想政治素质，是对工作人员政治上和世界观方面的要求，是考核中最重要的内容，述职者可以从政治品德、伦理道德、职业道德、个性心理品质四个角度反映自身的思想政治素质。“能”即才能，通常指完成一定活动的本领。述职者可以从分析判断能力、文字表达能力、自学能力、感染能力、激励能力、组织领导能力、决策能力、协调能力、解决问题能力等角度展现自身的才能和专业技能。勤，勤奋、勤劳，与责任心有关系，是考核中的态度指标，述职者可以从组织纪律性、责任感、工作积极性、出勤率等角度反映自身的工作态度。绩是业绩，也可称为工作成绩或政绩，述职者可以从工作指标、工作效率、工作效益、工作方法等角度展示自身的才干和作用。在四项考核内容中，政治素质和品德要素是核心；能力是从事工作的本领，是考核的主要内容；工作成绩是德和能力的物化表现形式，是考核的重点。

5. 严肃性

严肃性是针对述职者对述职活动的态度而言的。述职活动是一项庄重正式的活动。这就要求述职者正确认识自己的“身份”，要放下架子，以接受评议、监督的身份履行职责作报告、被考核，要认识到自己是在向领导和同志汇报工作的，是让组织了解自己、评审自己工作的过程。因此语言必须得体，应有礼貌、谦逊、诚恳、朴实，掌握分寸，切不可傲慢、盛气凌人，亦不可夸夸其谈，浮华夸饰，回避问题。

6. 通俗性

述职通常以口头报告的形式进行，带有演讲的性质，面对会议听众，要尽可能让个性不同、情况各异的与会代表全部听懂，这就决定了述职报告必须具有通俗性。对于与会者来说，内容应当是通俗易懂的。即使是专业性、学术性很强的内容，也要尽可能明确清晰，以与会者理解为标准。为增强述职报告的通俗性，可采用通俗的形式，格式化的结构和口语化的语言。在语言表达上，要变文字为有声语言，拉近述职者与听众之间的心理距离，多用短句子，注意长短交叉合理，随物（公务和感情）赋形；慎用文言词语；少用单音节词；避免歧义现象；不随便用缩略语；可适当增加语气词，如“吧”“吗”“啊”等；为了方便聆听，有些标点符号还要用文字代替，如顿号改为“和”，破折号改为“是”，引号表示否定时加“所谓”，括号补充另用文字说明等。

（四）写作要求

从某种意义上说，述职报告既反映述职者对权力机关和群众监督的态度，又体现被评议人员个人素质和工作水平，因此，应当予以高度重视，正确对待，尽力写好。

总的来说，述职报告应当客观属实，功过清楚；主体鲜明，重点突出；总结全面，概括准确；条理清晰，言简意赅。具体说来，写好述职报告应注意以下几点。

1. 充分了解述职对象和目的

述职报告写作前，述职者首先要了解述职对象（上级部门、上级组织还是下级部门、员工等）和述职目的（任期述职报告、临时性述职报告等），在此基础上有针对地思考如何达到这一目的，这是述职报告的基础。

2. 真实全面反映工作现状

述职既是民主考评干部的重要一环，也是干部自觉接受组织和群众监督的一种有效形式。干部作述职报告，是为了让组织和群众了解和掌握干部德才状况和履行职责的情况。因此，述职报告应该充分反映自己任期内的工作实绩和问题，即写出自身在岗位上办了什么实事，结果怎样，效果如何，贡献有什么，不足是什么，包括工作效率、完成任务的指标、取得的效益，等等。工作实绩是检验干部称职与否的主要标志，述职人要充分认识到这一点，实事求是地把自己的工作实绩和存在问题反映出来。

写好述职报告，既要写工作结果也要写工作决策和措施，既要写成绩也要写体会，既要写存在问题也要写改进措施，要突出工作的重点、难点和群众关注的热点，以及新工作、新任务所需要采取的新办法、新措施和收到的效果等。对于工作中遇到的新情况、新问题，如果对全局可能会产生影响，也应当写，以便引起评议者的注意，为上级机关决策提供全面、真实、可靠的依据。

3. 实事求是评价自我

写作述职报告，强调个人或本部门时，不要伤及他人；强调领导才能时，不要埋没群众，不能笼统地把一切决策和一切成绩都归功于“我如何如何”，把握不准自己的位置，掂量不准自己的分量。述职报告只写述职者个体的行为和成绩，对自己的评价要实事求是，不夸大，不缩小，要准确恰当、有分寸，不说过头话、大话、假话、套话、空话。要做到这些，应注意处理以下几个关系。

（1）处理好成绩和问题的关系。一是要理直气壮摆成绩。不要把自己协助开展的工作写成自己组织开展的工作，要处理好主管与协管工作之间的关系，公正准确阐述主管工作，既不拔高，也不贬低，对于协管的工作，要讲清参与程度、发挥的作用、投入的经历，及解决的困难。二是诚恳大胆讲失误。寻找问题是述职的目的之一，述职不能把工作中的失误推得一干二净，应该透过问题表象分析问题产生的原因，找到问题的关键及解决的方法，才能从教训中去学习，避免以后再犯同样的错误。

（2）处理好集体与个人的关系。不能把集团之功归于个人，也不要抹杀个人的作用，应既强调领导者本人的才干，又不埋没广大群众积极性、主动性和创造性，要分清个人实绩和集体实绩。

（3）在表述上要处理好叙和议的关系。以叙述为主，把自己做过的工作实绩写出来，以论理为辅，对照岗位规范根据叙述的事实，加以概括总结，引出评价，不要空发议论，旁征博引。

4. 抓住重点突出个性

写作述职报告常误入两种误区，一种是估计各方、事事必录，企求“十全十美”，什么工作都写，不分详略，表面看上去好像不错，实际上为了讨好各方，提炼不出经验而丧失了实践意义，成了平淡的流水账，犯大而全的错误；另一种是述职报告几年如一年，年年相似，只是改动些年份、数字，没有抓住每年工作的各自特点和典型事件，反映不出限定时期内工作的特色，不具有指导意义，犯了千篇一律、千人一面的毛病。述职报告表述的内容应抓住精华、主要矛盾、核心问题，写入最能显示工作实绩的大事件或关键事实。凡重点工作、经验、体会或问题等，一定要有理有据、充实具体，而对一般性、事务性工作，宜概括说明、约略提及，不必面面俱到、事无巨细。不同岗位、不同层次、不同行业的领导者有不同的工作内容和方法，即使同一职务的领导也会因分工的不同有不同的工作重点，至于工作方法，就更具有特殊性了。因此除抓住重点、突出中心外，还应突出自己的特色、自己独有的气质、独有的风格、独有的贡献，让人能分辨出自己在具体工作中所起的作用。述职报告如果用口头报告表述，所用时间一般在10分钟以内为宜，如果用书面报告表述，一般在3 000字以内为宜。

5. 逻辑严谨语言精练

述职报告的撰写体现着述职者的思维方式和思维习惯。述职报告作为一种应用文体，在写作过程中理应以逻辑思维为主导，其主体包括的德、能、勤、绩四个方面，可分为两个部分，其中德和能属于虚，勤和绩属于实，其顺序常为虚—实—虚，即德—勤、绩—能。四方面不可平均用力，写作中要以实为主，化虚为实，给人以干练、务实的印象。

述职报告的语言要精练，要尽量写短一些，精粹一些。述职报告的撰写需要一定的综合概括和文字表达能力，切忌数字化和概论化，文字要平实，不可过于追求辞藻的华美。要材料准确可靠，尽量少用形容词和诸如“大体上”“差不多”之类模棱两可的词。对情况的交代、过程的叙述以说明问题为宜，切忌冗长空泛，拖泥带水。

（五）述职报告与其他文体的区别

1. 述职报告与总结性报告

述职报告与工作报告中的总结性报告类似，但也有很大的不同。报告是向上级机关陈述事项的上行文，属于行政公文中议案、报告和请示三个上行文之一。《国家行政公文处理办法》规定：“报告适用于向上级机关汇报工作，反映情况，答复上级机关的询问。”作为法定公文形式的报告，其适用范围比较广泛，而述职报告只用于人员考核、任用，中央纪委组织部《关于党员领导干部述职述廉暂行规定》对述职报告的内容作出了具体规定，限定了述职报告的适用范围。总结性报告的写作时间比较灵活，可以在工作进行之后、之中、之前，格式规范十分严格，而述职报告一般只能写于工作之后，格式相对自由。

2. 述职报告与工作总结

述职报告是述职人为了向考察机关、有关领导、部门、员工报告自己在任职期间在自身的工作岗位上按照岗位职责，在德、能、勤、绩方面的履职情况。与总结相比较，虽然述职报告是从总结文种演化而来的，但其文体毕竟不同于总结。总结的目的在于揭示规律性的认识，让大家从这个认识中吸取经验教训，在今后的工作中少犯或不犯错误，以便更好地再实践。它重在写事和理，即在展现工作的过程中揭示理（规律性的认识），所写的内容能给人以启发，因此说，总结是供人学习、参考的，常采用夹叙夹议的写法。述职报告则不然，述职报告的理论性不如工作总结突出，在情感表露上却比工作总结要更强一些，其重点是在向自己的考察机关、有关领导报告自己的履职情况，让有关方面了解自己，让他们审议自己是否称职，能否晋升，往往比工作总结更容易沟通述职者与听众之间的感情，加深彼此间的理解和信任。因此，它的重点是讲人，重在叙述自己的德、能、勤、绩，即“我”这个人是怎样履职的，是以向审议人报告情况的态度进行报告的。报告的内容是自己的岗位职责，评价、审议的人也是依据他的岗位职责来衡量他的工作。

项目五　拟写调查报告

一、知识目标

通过该模块的学习，帮助学生掌握调查报告的调研方法、正确写作方法，调查报告，了解思路、要求，撰写出规范、标准的调查报告。

二、能力目标

学会调查报告表格设计、积累各种素材的方法，通过范文阅读、评析，了解调查报告的写作特点、写作思路，通过病文诊治、模拟实训、分步训练，学会调查报告的写作。

三、写作范例

示例1

典型经验调查报告

关于国营大中型企业推行承包制的情况调查

根据工作计划，部派出工作组对东北地区沈阳飞机制造公司、黎明发动机制造公司和哈尔滨飞机制造公司、东安发动机制造公司推行承包经营责任制的情况进行了调查。

一、基本情况和印象

调查的这四个公司，均为“一五”时期的国家重点建设项目。四企业现有全民所有制正式职工7万余人，拥有固定资产原值16.3亿元，是航空工业的骨干企业，飞机及航空发动机生产基地。进入20世纪80年代以来，在党的十一届三中全会路线指引下，贯彻“军民结合，以民养军”方针，在满足国防需要的同时，根据市场需要相继开发出了一批支柱民品，保证了企业顺利地实现由军工企业向军民结合型企业的转轨变型。四企业在航空工业企业改革中属于起步早，经营、管理等各项工作具有特色的单位。1980年以来，根据中央和原航空工业部关于改革、放权的一系列规定，把增强企业内部的经营活力作为改革的中心环节，结合工厂实际情况，进行了以企业内部承包经营责任制和经济责任制为主要形式的多方位的配套改革，取得了明显效果。1987 年下半年后，四企业先后同步签订了为期三年的厂长任期目标承包合同。从承包情况看，四公司在实现和上缴利润、固定资产增值、产品创优和全员劳动生产率等六项承包指示和工业总产值、技术改造投资、出口创汇、企业管理等六项检查指标都较好地完成了合同规定的指标。这次调研中给我们深刻印象的是，企业实行承包以来，不仅经济效益有了明显提高，而且在坚持社会主义公有制性质的前提下，企业开始形成既有激励机制，又有一定约束机制的新的经营方式，促进了企业内部的各项配套改革，产品结构及各项管理工作不断得到优化，军民结合体制已经初步形成，基本实现了由单纯生产型向生产经营型的转变，企业有了活力，开始走出困境，职工队伍的精神面貌发生了可喜变化，企业凝聚力增强。在调研中我们虽然也发现承包制作为一种新的事物存在着这样或那样的弊病，但是瑕不掩瑜，承包制作为企业经营管理体制改革的有益尝试，不失为大中型企业转换经营机制、深化改革的重大措施。

二、主要做法和特点

调查发现，各单位在落实承包制过程中，积累了很多好的经验，具体做法各有特点。概括起来主要有五个方面：

（一）企业根据不同情况，采取不同的内部经济责任制形式是落实承包制应遵循的原则。（略）

（二）不断改善企业生产经营机制是顺利推行承包制的关键。（略）

（三）建立健全自我约束机制是搞好承包制的重要措施。（略）

（四）搞好配套改革是承包制健康发展的必要条件。（略）

（五）加强思想政治工作和精神文明建设，是搞好承包制的根本保证。（略）

三、存在问题和建议

企业在充分肯定承包制积极作用的同时，也提出了目前存在的一些问题，主要表现在：部对企业承包基数的确定和增长比例以及上缴利润幅度的方法缺乏科学性，有碍企业积极性的发挥；承包合同中，对承包者的要求严格具体，对发包方的规范不够；承包中的不稳定因素较多，市场、物价、政策等外部环境制约着企业；企业各项费用增多，靠承包留利难以消化；设备陈旧老化，技改资金紧张，影响企业发展后劲，这些问题，有的是属于承包制本身还不完善，需要有一个完善和提高的过程，有的则属于我们具体工作欠“火”，需要不断学习，总结经验教训，把握规律，切实改进工作。对此，我们建议：

（一）航空工业现行的承包模式应继续坚持。对集团承包和全员承包问题，企业反映不一。有的认为集团承包就是领导班子承包，就是领导班子集体负责，担心集体负责变成无人负责。认为航空工业大中型企业不具备全员承包的条件，担心全员承包给大家换成新的“铁饭碗”，吃上新的“大锅饭”，又回到老路上去。我们认为，根据航空工业现状，目前不宜急于实行集团承包和全员承包，现行的厂长、经理（法人代表）承包已经取得了好效果，应继续坚持并不断完善。至于大中型企业内部的经济责任制形式怎么搞，我们的意见是不搞统一模式，大中型企业在保证完成国家承包合同的前提下，企业内部如何搞活，可根据本单位情况灵活一些，不搞一刀切。

（二）研究制定比较科学的确定承包基数方法。不合理的承包基数成了阻碍推行承包制的一个障碍，应尽快研究解决，否则承包制的优越性就很难充分显示出来。我们调查的几个大企业一致反映，鞭打快牛的基数计算法影响着企业承包的积极性。建议将“合理承包基数确定法”作为一项管理科研课题进行招标论证，以求尽快解决。

（三）制定政策要考虑企业的沉重负担。企业的各项费用支出逐年增加，新增因素增多，加上调整时期国家实行“双紧”方针，民品销售不畅，航空产品由于品种多，数量少，影响成本。企业反映，国家保军政策并不落实，军品生产线靠企业自己维护困难很大。这些“一五”期间的老军工企业，设备陈旧老化，简单再生产难以维持。建议对效益好、贡献大的骨干企业要有倾斜政策，给他们以休养生息的机会。

（四）时刻不能放松政治思想工作。我们所到企业领导同志都有一条共同体会，坚强的思想政治工作是企业承包制健康发展的根本保证。作为大中型航空工业企业，要为国家做大贡献，必须保持一支有坚定正确的政治方向，思想作风过得硬的干部、职工队伍。培养和造就这样一支队伍必须加强党的领导，加强思想政治工作和精神文明建设，这既是新时期对企业的要求，也是航空工业的优良传统。

示例 2

重大问题调查报告

贫困线下的沉思

——从一个乡情看社会主义初级阶段低层次文化特征

贫困线，是以人均收入确定的贫困与温饱的界线。贫困线下，无疑是社会主义初级阶段的最低层次。本文是从一个贫困乡的基本情况出发，对这一层次文化的特征做一粗浅的分析。

内蒙古自治区林县灯笼素乡，总面积 220 平方公里，总人口 5 594 人，总户数 1 350 户。这里土地资源丰富，日照资源和风能均有利用价值；水资源奇缺，属干旱地区；气候条件较差，属温带大陆性季风气候，干旱、霜冻为主要灾害。居住在这里的人，全部从事农业和畜牧业，过着靠天吃饭的清苦日子。1981 年，实行了家庭承包责任制，生产有了较快的发展，但生产力仍然十分低下。1987年全乡人均收入97元。全乡1 350个农户中贫困户有386个，占43%。

在现有总人口中，12岁以上总人口4 144人，文盲、半文盲占52.6%，高中文化以上程度236人，占3.8%。乡政府所在地于1987年建起一个文化站，平常基本上不开展活动。农民每年除了到乡里看一两场戏外，基本上再无其他文化活动了。

综上，灯笼素乡的经济是极为典型的贫困经济，文化则是反映贫困经济的低层次文化。

低层次文化的主要特征是闭塞迂腐。（略）

低层次的文化心理，是愚昧的文化心理。（略）

低层次的文化状态决定了人们思维方式的凝固性，大锅饭的分配方式又使凝固的思维方式附加了麻木的依赖性。思维方式的这两个特点在贫困地区有着充分的表现。先看凝固性。（略）

再看依赖性。（略）

灯笼素乡的调查告诉我们，改变低层文化的落后状态，首先要科学地探讨贫困的原因，这是根治贫困的思想前提。有人认为，资源贫乏，是贫困的根源，也有人认为，地理环境恶劣，交通不便，信息闭塞，是贫困的根源。其实，自然构成仅仅是造成贫困的一般原因，还不能算根源。像灯笼素乡这样的地方，平均每平方公里只有26.2人，光土地资源就可以为富一方；尽管路途艰险，可毕竟距离自治区首府仅50公里，多少年的闭塞只能从人为的因素中去找。因此，不能把自然的和经济的原因割裂开，不能把历史的和现实的原因割裂开，不能把经济的和文化的原因割裂开，不能把物质的和观念的原因割裂开，资源与地域（地理位置、环境）造成了经济贫困，经济贫困导致了文化的落后，文化的落后，导致了人的愚昧，愚昧又延续了资源、地域性贫困。简言之，贫困产生了愚昧，愚昧又延续了贫困。贫困—愚昧—再贫困—再愚昧互为因果，恶性循环。

其次，要抓战略性的大环节。在探讨社会主义初级阶段发展问题的时候，使人深感忧虑的是，近几年，较低层次与较高层次的差距不是在缩小，而是在急剧地拉大。原因之一，就是不管哪一类型的贫困，都不能产生自我启动、自我发展的力量。外部力量的施加，又往往发生事与愿违的反常效应。比如“救济效应”，把扶助发展特产的资金物资，作为生活救济和补贴，发生了“贫困—伸手—救济、再贫困—再伸手—再救济—”的循环。又如“规划效应”，把大量的精力放在了规划上，纸上谈兵，上边以此决定资金的投放。因此，出现了拿上报告、规划，四出活动而不作实际工作的怪现象。坐上高级轿车请求扶贫资金，就是这种反常效应的结果。因此，阻止贫困的延续，就不能再着眼于一家一户的扶贫上，不能光在口号上、舆论上、规划上兜圈子，不能继续使用那些不科学的输血手段，而要抓改变生产条件的大环节，抓带有战略性的大事，把主要的财力、物力、人力用在改变整体面貌的建设上。

再次，特别要在提高劳动力素质上下工夫。在灯笼乡走上致富道路的农民中，有 86% 的人具有初中以上的文化，有 38% 的人当过村干部，与外界接触较为广泛。可见，最终的层次演进，还是要从愚昧型的文化状态中解脱出来，提高人口素质。如果不在提高人的素质上下工夫，不大力发展教育文化事业，一切治穷到致富之道，都将前功尽弃。下大工夫，就意味着投入较大的财力、物力、人力，把这件事当做一项既是迫在眉睫、又具有战略意义的宏大工程，抓紧搞好。

示例 3

全市司法行政系统人才队伍建设工作调研报告

司发〔2008〕55 号

省司法厅并市委政法委：

根据省司法厅有关文件要求，我局下发了《开展全市司法行政系统人才队伍建设工作调研意见》，各下属部门就本单位人才队伍情况进行了专题调研，现将我系统人才队伍建设调研情况报告如下：

一、全市司法行政系统人才队伍基本情况

（一）编制情况

全市司法行政专项编制 501 人（注：2002 年机构改革核定市县区司法局机关编制共 189 人……）

（二）队伍基本情况

1. 现有工作人员。全市司法行政系统（不含事业单位）现有工作人员 623 人（市局机关 32 人；县区局机关 154 人；县区司法所 437 人），其中工勤 44 人（占总数 7%）；女性 66 人（占总数 10%）。

2. 政治面貌。现有中共党员 452 人，占总数 72%；共青团员 81 人，占总数 13%；无党派 90 人，占总数 14%。

3. 年龄结构。35 岁以下 290 人，占总数 47%；36～45 岁 179 人，占总数 29%；46～55 岁 139 人，占总数 22%；56 岁以上 14 人，占总数 2%。

4. 学历、专业结构。第二学历和专业：本科以上学历 159 人，占总数 25%（其中法律研究生 2 人，法律本科 119 人，占总数 19.5%，非法律本科 38 人，占总数 6%）；专科学历 373 人，占总数 60%；高中专及以下 91 人，占总数 15%。

5. 素质情况。调查结果表明：我市司法行政队伍的年龄、文化及专业结构从总体上看基本合理。主要表现在：一是政治素质好；二是廉洁自律；三是事业心和责任感不断加强；四是业务素质不断提高。

二、全市司法行政系统人才队伍建设工作中存在的问题

1. 人才总量不足。我市司法行政系统编制总数为 779 人，现有工作人员 623

人，空编156人，从机关到基层司法所都严重缺人，尤其缺少专业性人才。

2. 机关人员趋于老化。我市县区司法局机关现有工作人员186人，46岁以上82人，占总数44%，35岁以下只有32人，占总数17%。市局机关现有工作人员32人，46岁以上23人，占总数72%……县区局机关人员也都趋于老化，年龄结构不够合理。

3. 文化基础较差。全系统现有工作人员第一学历，高中专及以下有417人，占总数67%。市县区局机关现有工作人员第一学历高中专及以下有134人，占总数72%。后经继续教育文化程度大大提高，达到专科以上学历的人员，占总数85%（包括第一学历），仍有15%文化程度是高中专及以下。

4. 缺乏高层次专业人才。全系统现有人员只有2人是硕士研究生（第二学历）、法律本科119人……缺乏懂法律、懂外语、懂经济、懂计算机、懂新闻宣传等综合性人才。

5. 人才培养的投入不够。由于地方财力的困难，缺乏干警知识更新的投入，尤其是干警在职学习、培训缺经费。

6. 吸引人才困难。目前，机关公务员年龄结构开始形成断层，缺乏后备力量。主要原因：一是受人员编制限制；二是即使有空编，由于地方财力的困难招考公务员计划受到限制；三是研究生、法律本科生和其他专业人才不愿意到司法行政部门工作，其因是单位职能不硬，条件差，待遇低。

7. 人才使用不活。由于选拔任用干部自身没有自主权，进口多，从内部提拔的干部极少，导致人才流失现象严重。前几年，先后有几十名大学生和优秀干警调出司法行政系统。

三、加强人才队伍建设的对策和建议

1. 领导要高度重视，把人才队伍建设摆上位置。各级司法行政机关领导班子要强化人才意识，以人为本，把人才队伍建设提高到战略高度来认识。要制定短期和中长期发展规划，认真研究制定培养、吸引、使用人才措施，切实抓好实施和落实。

2. 深化用人制度改革，合理配置人才。面对当前司法行政部门人才队伍建设现状，要加大用人制度改革，党委政府要给予倾斜政策，扩大招考公务员增加人员的计划。司法行政机关要制定相应措施，通过招考、公开招聘录用办法，吸引研究生、法律和相关专业本科生及通过国家司法考试取得法律职业资格的人员来充实司法行政机关队伍。

3. 积极争取重视和支持，用好用活人才。我市各级司法行政机关，要主动汇报和沟通，积极争取党委、政府的重视。协调好与组织、人事、编制等部门的关系，取得他们的支持，争取人才，争取职位，要把有真才实学的优秀人才用在关键岗位上。

4. 注重教育培养，加强人才队伍建设。一是要加强对干警思想政治教育，提高干警的思想政治素质，树立正确世界观、人生观、价值观，增强爱岗敬业，无私奉献的觉悟；二是健全培训教育制度。按照新时期司法行政干警基本素质要求，有计划精心组织干警学习培训。紧密结合实际，做到需什么学什么，干什么学什么，缺什么补什么，有效增长知识和才干；三是鼓励自学和在职进修。继续鼓励支持干警参加各种形式的在职教育，通过成人高考、自学考试等不同方式，提高学历层次。

5. 建立长效机制，激励人才成长。建立队伍建设的长效机制，是解决“干与不干，干多干少，干好干坏一个样”深层次的根本性措施。要进一步完善目标管理机制、激励机制、监督约束机制，加大政务、事务公开透明度，定期组织民主评议、测评、考核，定期实行竞争上岗和轮岗，有效发挥人才的积极性和创造性，促进人才健康成长。

附：1. 全市司法行政系统人才队伍基本情况统计表（略）

2. 全市司法行政系统到 2007 年和 2010 年人才队伍建设的短期和中长期发展规划（略）

××市司法局

二〇××年×月××日

示例 4

吕梁高等专科学校大学生思想状况调查报告

——学习实践科学发展观专题调研报告

为了深入了解我校学生的思想状况，增强大学生思想政治教育的科学性、时效性和针对性，切实贯彻以人为本的大学生思想政治教育的工作理念，促进我校大学生思想政治工作科学发展、和谐发展，我们在深入研讨、充分论证的基础上，精心组织和策划了学生思想状况调查活动。本次调查内容涉及学生的政治态度、理想信念、价值观、道德品质、心理状况等各个方面。调查工作以校园网上无记名回答问卷为主，结合座谈、走访等多种形式进行。为强化调查结果的回收和统计分析工作，学工（部）处会同计算机系和网络中心，组织有关专业教师编制了专门的网络调查软件。调查工作受到各教学系的大力支持和积极配合。

通过调查我们了解到了我校大学生的一些思想规律和在组织开展思想政治教育工作中存在的一些问题，并及时组织相关人员，针对存在的问题开展了认真、深入的研究和讨论，提出了具体可行的解决办法。现就本次调查研究的有关情况报告如下：

1. 调查对象的基本情况

为了增强调查结果的可靠性和真实性，本次调查中由各系在不同专业、不同年级、不同性别的学生中以及学生党员、学生干部、普通学生、城镇学生和农村学生等各类学生中抽取具有代表性的调查对象。调查人数超过在校生人数的1/10（学校现有学生总人数7016人，2008届毕业生总人数2031人大部分外出实习）。调查对象的基本信息见表1.1（表略）。

2. 总体情况

当前我校大学生的思想主流呈现出积极、健康、向上的良好态势，坚决拥护中国共产党的领导，坚定中国特色社会主义信念；高度认同以人为本和全面协调可持续的科学发展观；对以胡锦涛同志为总书记的中央领导集体非常信任，对党和政府领导人民进行改革和建设取得的成绩高度肯定；关注国际国内经济政治形势，对中央提出的保增长、保民生、保稳定充满信心；人生观、价值观主流积极向上、务实进取，爱国热情很高，竞争意识和维权意识明显增强，成才愿望非常强烈，能够比较客观、理智地观察分析问题。98%的同学认为"校荣我荣"，自己有责任为我校"强校升本"努力做出贡献，充分体现了我校大学生高度的责任感和集体主义精神，也反映了我校坚持以"吕梁精神"教育学生取得的成效。我校大学生具有较好的思想道德素质，创新和创业意识明显增强，价值判断的主流积极、务实、健康。积极关注和正确利用网络信息资源；许多大学生认为，要多学多问，积极参加各类社会实践活动，努力培养创新能力，特别是要全面提高思想道德素质，在奉献社会和服务人民的过程中，实现自我价值和社会价值的统一。

3. 问题分析与对策

3.1 部分大学生产生了信仰危机

在个人信仰问题中，选择信仰"共产主义"的占64.7%，信仰"宗教"的占5.09%，而选择"没有明确的政治信仰"的占30.2%（见图3.1，略）。在选择信仰"共产主义"的同学中，大部分为学生干部。也还有部分学生干部选择了没有明确的政治信仰。据个别访谈的结果显示，一些同学之所以没有选择信仰"共产主义"，原因主要有二：一是对共产主义持怀疑态度；二是一些同学对现实中共产党员的模范带头作用表示怀疑。

由此看来，我校的大学生对我国主导的意识形态及共产主义信仰还是持认同态度，但同时也要看到，由于思想多元化的影响，西方意识形态的侵扰，部分大学生产生了信仰危机。对此，我们应该进一步加强大学生的理想信念教育，特别要加强学生骨干和入党积极分子的教育，进一步延伸党建工作的链条，切实加强党的建设，以学生党员的模范形象带动全体大学生树立坚定的理想信念。吕梁是著名的革命老区，有着丰富的红色资源，把这项宝贵资源充分利用到我校大学生的理想信念教育中来，是加强我校大学生思想政治教育的重要途径。

3.2 思想政治教育的渠道需要进一步拓宽

调查中我们了解到，绝大多数同学不喜欢灌输式的思想政治教育，更乐于接受形式多样的社会实践活动。所以，我们必须重视和发挥社会实践的教育功能，引导学生走向社会、走向生活。定期组织大学生深入农村、工厂、机关体验生活。充分利用学校所在地的革命史迹、场馆、人物进行革命传统和爱国主义、社会主义教育，深入开展“三下乡”和“有志大学生下基层”活动，为大学生实践教育搭建舞台。

3.3　学习观有待转变，学习动机需要进一步引导和培养

调查结果显示，90.3%的学生不认为“大学里最快乐的事”是“上课学习”，而选择“交友”和“参加集体活动”的人数占调查总人数的56.0%（见图3.2，略）。充分说明我校大学生缺乏足够的学习兴趣和学习动机，究其原因，主要有以下几个方面：

一是学习目的不明确，不能充分认识课堂学习的重要性，认识不到课堂教学不仅是获取专业基础知识的主要渠道，更为重要的是对自身能力培养和训练的一条重要途径。

二是对学校的培养计划和老师上课的方式不满意，感觉书本知识太枯燥（调查结果显示，23.7%的学生感觉书本知识太枯燥，34.6%的学生对学校的培养计划和老师上课的方式不满意。见图3.3，略）。

三是学习的压力不够大。我校历年的招生分数在全省同类学校中偏低，再加上“准出制”实施不力，学习成绩的好坏对毕业和就业影响不大，使学生感到学习没有足够的压力。

学习动机是直接推动学生学习的一种内在动力，因此，对学习动机的改进对我校大学生的学习就显得异常重要。从调查和分析结果来看，需要从以下几个方面加以改进大学生的学习动机。

首先，学校要正确定位。“实用”是地方高校大学生的一个重要的学习动机。这与我国高校发展现状是密切相关的，主要表现为地方高校没有进行正确的定位，不能很好地适应市场需求，从而不能很好地解决大学生最关心的就业问题。因此，地方高校要进行正确定位，强调其应用型特点，适应学生的“实用”的学习动机，提高学生的综合素养，切实解决学生就业的实际问题。

其次，要积极开展课程改革和课堂教学改革，紧密结合社会对人才的需求状况实行课程改革，强化实践环节，转变传统的“灌输式”教学模式，实行“互动式”教学，充分调动学生自主学习的积极性和主动性，真正把课堂还给学生。

再次，要培养学生正确的学习观。大学学到的知识能在将来的工作岗位上得到充分利用固然重要，但其利用率是非常有限的。所以，在大学掌握学习知识的方法，提高学习知识的能力，通过某一门课程或者某一专业的学习，使自己各方面的能力得到训练，综合素质得到提高，这比知识本身更为重要。这就要求我们的学生工作者和教师，在教育教学过程中注重培养学生正确的学习观，引导学生树立良好的学习态度，养成良好的学习习惯，形成正确的学习动机。

最后，适当增加学习压力，使压力转化为动力。压力与动力是矛盾的两个方

面，既对立又统一，没有压力就没有动力，压力可以转化为动力。常言道“井无压力不出油，人无压力轻飘飘”。当前，生活节奏不断加快，竞争日渐广泛激烈，追求的失落，下岗的痛苦，生计的危机，爱情的困惑……都在人们的精神和心理上构成了种种压力。因此，可以通过实行“课程重修制度”“末位警示制度”、严把“出口关”等途径适当增加学生的学习压力，同时也是对学生将来适应社会的一种锻炼。

3.4　队伍建设亟待加强

3.4.1　外延建设还不能满足学生工作的需求

目前，我校辅导员、班主任总人数为95人，与学生人数的比例为1:74，按我校目前的班容量计，一名辅导员或班主任平均要带两个班。这个比例离教育部24号令要求的“高等学校总体上要按师生比不低于1:20的比例设置一线专职辅导员岗位，每个班级都要配备一名兼职班主任”还有较大的距离。针对此现状，我们应积极采取措施，开发学校现有的人才资源，建立“离退休干部、教师兼职辅导员制度”和“学长辅导员制度”，充分利用离退休干部、老教师和高年级学生的优势。离退休干部和教师在思想政治上有着坚定的共产主任信念，具有强烈的事业心和责任感。在业务上具有渊博的知识和丰富的工作经验。在工作态度上谦和认真。这些鲜明的优势必将对学生产生不可忽视的影响。聘任政治觉悟高、成绩优秀、有一定工作经验的高年级学生，在对口帮扶、指导、教育新生，帮助新生尽快适应大学的学习和生活，帮助新生规划总体和不同时期的奋斗目标，调动其学习积极性等方面具有他人无法替代的优势。辅导员和班主任也可以通过被聘任的学长及时了解新生的家庭状况、心理活动、生活困难、情感挫折等问题。在学生工作队伍中，聘用老干部、老教师和优秀学长参加，将会使我校大学生思想政治工作收到事半功倍的良好效果。

3.4.2　内涵建设需要进一步加强

调查中，绝大多数的学生认为：班主任队伍需要在责任心、敬业精神、业务能力和服务意识方面加强（见图3.4，略），同时认为学生干部的管理能力也很一般（见图3.5，略）。

针对以上调查结果，结合我校的实际情况，我们认为：学生工作队伍的内涵建设应从以下几个方面入手：

一是强化对班主任的考核和管理，建立科学、全面的考核和管理机制，把对班主任工作的考核与教学工作考核结合起来，将考核结果与班主任的评优、评模、职称职务晋升以及系（部）责任制考评结合起来，督促班主任按照考核体系的要求开展学生工作。

二是加强对辅导员、班主任的培养培训工作。采取“引进来、走出去”、定期组织培训班、“传、帮、带”等方法，开展对辅导员、班主任的培养培训工作，不断提高队伍的业务水平和工作能力，以适应和满足学生思想政治工作的需求。

三是培养和建立一支高素质的学生干部队伍。高校的学生干部主要包括党支部干部、团干部、学生会干部、班级干部以及社团干部等，这五个群体在高校学生工作中扮演着十分重要的角色。他们有着高度的历史责任感、积极进取的精神状态和较好的自我教育、自我服务、自我管理的能力。学生干部与普通学生在一起学习、生活，他们面临着和普通学生一样的实际问题，普通同学也更愿意向他们敞开自己的心扉。通过学生干部，我们可以准确了解学生的实际思想状况。同时，学生干部也是联系学校各部门的纽带，传达各项任务的桥梁，贯彻和落实各项工作的骨干。一个优秀的学生干部就是一个榜样、一面旗帜，对周围的同学起着不可替代的示范作用。因此，我们要高度重视充分发挥学生干部在政治上的核心作用、组织上的凝聚作用、道德上的表率作用、学习上的标兵作用。进而充分发挥学生干部在联系、团结、教育大学生方面得天独厚的优势，使其成为加强和改进大学生思想政治教育的重要力量。

四是加大投入力度、改革用人机制，不断提高辅导员和班主任的经济和政治待遇，充分调动辅导员、班主任的工作积极性。

3.5　心理健康水平和心理自救能力有待进一步提高

调查发现，有较多的同学（34.3%）经常处于无聊、郁闷、焦虑或悲观状态（见图 3.6，略）。还有相当一部分同学（25.5%）在遇到挫折和困惑或在承受压力时采取独自承受方式，不能采取有效的自救措施，顺利走出心理困境（见图 3.7，略）。

由此可见，我校急需建立科学、完备的校园心理素质教育体系，进一步加强大学生的心理健康教育和指导。这一体系的教育者应既包括专职的心理学教师，也包括各级学生管理人员、学科任课教师和班级心理委员；被教育对象则应包括从一年级新生到即将毕业的所有在校学生；教育形式在以群体性的上课、做报告和个体性的心理咨询为主的同时，还可充分利用校园网、校报和广播站等媒体及其他各种途径营造良好的氛围，以努力改善学生的心理状态，不断提高学生心理自救的能力，力求实现预防问题发生和及时解决心理问题的教育目标。

3.6　就业和择业观念仍需进一步转变

如图 3.8（略）所示的择业标准调查统计结果显示，88% 的同学不愿意选择“条件艰苦，但大有可为”的职业；98.4% 的同学不愿意去农村就业。表明了我校大学生缺乏吃苦精神，还不明白“甘从苦中来”的深刻含义，还不能深刻理解个人价值与社会价值密不可分的关系。

为此，我们还需要进一步加强就业教育和指导，通过加强就业指导教师队伍建设、开设就业指导课、聘请成功人士“现身说法”等途径，教育大学生以事业为重，个人服从国家需要，鼓励到国家、社会最需要的工作岗位上去，为国家的发展，社会的进步，经济的繁荣做出自己应有的贡献，真正实现自己的人生价值。

学生是学校的主体，学校肩负着把学生培养成高素质专门人才的艰巨任务。通过对我校学生思想状况的调查分析，我们深刻认识到当前学生思想政治工作所面临的挑战以及加强学生思想政治工作的紧迫性和重要性。我们将按照科学发展观的要求，全面贯彻以人为本的工作理念，针对存在的问题及时进行整改，以推动我校学生思想政治工作的科学发展，为社会主义建设输送高素质的专门人才。

二〇〇九年四月二十一日

（文章来源：lltp：//www.llhc.edu.cn，有删节）

示例5

调查问卷

大学生兼职情况调查问卷

您好，我们是××师范学院××专业的学生，我们正在进行一项关于大学生兼职状况的调查研究，耽搁您宝贵的时间询问一些问题，愿您协助我们搞好这项调查工作，谢谢！我们向您承诺，本次调查供研究所用，无任何商业目的，设计的个人信息我们将绝对保密，望您放心与我们合作，来做好这份问卷！

一、选择题，从所提供的选项中选出，最符合自己实际情况的一项

1. 您的性别（　　）

A. 男　　B. 女

2. 您所在系别与专业：系别________专业________

3. 您所在年级（　　）

A. 大一　　B. 大二　　C. 大三　　D. 大四

4. 您的家庭所在地（　　）

A. 城市　　B. 城镇　　C. 农村

5. 请问您在过去是否有过兼职经历（　　）

A. 是（请您回答6～16题）　　B. 否（请您回答17～19题）

6. 如果是，您有过几次兼职（　　）

A. 1～2　　B. 3～5　　C. 6～10　　D. 更多

7. 您是如何找到兼职工作的（　　）

A. 自己　　B. 朋友介绍　　C. 他人推荐　　D. 其他

8. 您兼职时主要从事什么工作（　　）

A. 家教　　B. 促销　　C. 招生　　D. 其他

9. 您对目前的兼职工作是否满意（　　）

A. 很满意　　B. 比较满意　　C. 一般　　D. 不太满意

10. 您认为您目前每月兼职赚取的费用能否满足您的所需（　　）

A. 勉强　B. 刚好　C. 绰绰有余　D. 远远不能

11. 您期待一个月兼职所得（　　）

A. 100～300元　B. 300～500元　C. 500元以上

12. 您认为您的兼职取得的效果如何（　　）

A. 较差　B. 一般　C. 较好　D. 双方共赢

13. 您认为兼职对您有何作用（　　）

A. 生活来源　B. 工作经验　C. 学以致用　D. 其他

14. 您认为兼职与学习是否冲突（　　）

A. 是　B. 否

15. 您对学生上课时间到外面兼职如何看待（　　）

A. 支持　B. 反对　C. 无所谓

16. 您对目前网上兼职有何看法（　　）

A. 支持　B. 反对　C. 无所谓

17. 如果没有做过，您如何对待自己找兼职工作（　　）

A. 不考虑，浪费时间　B. 无所谓　C. 有兴趣，锻炼能力

18. 如果您没做过兼职，您是否想找份兼职（　　）

A. 是　B. 否

19. 如果您想兼职工作，会选择在哪个时期（　　）

A. 大一　B. 大二　C. 大三或大四　D. 整个大学

二、主观题，请根据自己的实际情况简要回答

1. 家长对您兼职的态度如何？
2. 您认为兼职的最大收获是什么？

感谢您的参与！

四、技能导引

（一）调查问卷的设计——定量研究方法：问卷调查法

1. 基本类型

（1）传统方式。报纸杂志刊登问卷、邮寄问卷、送发问卷调查。

（2）现代方式。入户面访问卷调查、街头拦截问卷调查、集中召集式问卷调查、电话问卷调查、互联网问卷调查等。

2. 问卷的分类

（1）“自填式问卷”和“访问式问卷”。

（2）“开放式问题问卷”和“封闭式问题问卷”。封闭式问题问卷有以下几种形式。

①两项式（又称是否式）。即只有两种答案的回答方式。

②多项式。即可供选择的答案在两个以上，被调查者或只选择其中一个，或选择其中几个答案。

③顺序填写式或等级式。即列出多种答案，被调查者填写答案时要求列出先后顺序或不同等级。

④矩阵式或表格式。

⑤后续性回答（又称相倚问题、跳答题）。

3. 问卷设计的基本原则

（1）简明性原则。问卷访问的时间不能太长，一般以小于 40 分钟为宜；问题的表述以及选项都要简单明了，无冗余语言和信息。

（2）目的性原则。针对不同的调查研究目标设计不同的问题与选项。

（3）鼓励被访问者的合作。

（4）保证测量的效度。即问卷中测量的正是研究者想要知道的信息。

（5）便于访问、记录和整理。（附加信息指导访问员访问。如在题干后面加括号注明是“单选”还是“多选”或“限选几项”等。）

4. 问题答案（选项）设计的基本要求

（1）选项设计应符合调查对象的实际情况。

（2）答案的设计要具有穷尽性和互斥性。穷尽性指答案包括了所有可能的情况，不能有遗漏。互斥性是指答案之间不能相互重叠或相互包含。对于每个被调查者来说，最多只能有一个答案适合他的情况。

（3）答案只能按一个标准分类，或按一种倾向分类。不能有几个标准或几种正反意见，否则回答起来不好选择。

5. 问卷的发放与回收

（1）问卷发放量的计算。以实际发出问卷的总份数为计算标准。当面访问时的发放问卷量从实际开始访问时开始填答的份数为准。

（2）问卷回收率的计算。发出问卷与收回问卷（含有效与无效问卷）的比例，计算公式如下所示：

问卷回收率 = 回收问卷份数 ÷ 发出问卷份数

（二）调查报告的分类

1. 按调查研究的对象和内容分

（1）新生事物的调查报告。

（2）典型经验的调查报告。

（3）历史进程的调查报告。

（4）揭露问题的调查报告。

（5）说明情况的调查报告。

（6）基本情况的调查报告。

（7）研究性和预测性的调查报告。

2. 按调查研究的方式分

（1）调查研究报告。

（2）调查报告。

（3）研究报告。

3. 按调查涉及的范围层次分为

（1）宏观问题的调查报告。

（2）中观问题的调查报告。

（3）微观问题的调查报告。

（三）调查报告的格式

调查报告只是调研的结果，不是正式的行文，不以机关名义见报，所以调查报告的写作格式没有固定的要求，一般由标题、署名、正文、落款构成。

1. 标题

调查报告的标题有以下几种形式：

（1）公文式标题。这种标题是调查报告常用的标题形式，通常由事由和文种构成，文种可写成“调查”“调查报告”，如《城市居民住房情况调查报告》；也有一些由调研对象和“调查”二字组成，如《知识分子情况的调查》。

（2）论文式标题。这种标题类似于一般文章式标题。在标题中直接说明调查对象、调查内容或揭示文章的中心。如《当代青年消费状况简析》（点明调查对象和内容）。

（3）提问式标题。这种标题多用于专题性调查报告。如《怎样做好警校大学生离校前的思想政治工作》。

（4）双标题。这是运用得比较普遍的一种调查报告的标题。由正标题和副标题两部分构成。正标题揭示调查报告的思想意义，副标题表明调查报告的事项和范围，尤其是典型经验的调查报告和新事物的调查报告的标题多用这种写法。如《要切实加强对“三资”企业的管理——对玉田县“三资”企业的调查与思考》。

2. 署名

调查报告作者的署名一般署于标题之下，个别的也署于正文之后。

3. 正文

调查报告的正文包括前言、主体和结尾三部分。

（1）前言。调查报告的前言又叫“引言”“导语”“引语”。前言是为调查定基调，要紧紧围绕主题介绍相关情况，如调查时间、地点、对象、范围、经过及采用的方法，调查对象的基本情况、历史背景以及调查后的结论等，为主题内容的展开做好必要的铺垫。调查报告前言的写法很多，常用的有以下几种形式：

①提要式。把调查对象的最主要的情况进行概括写在正文的前面。

②说明式。说明调查的时间、地点、对象、范围、目的及方法等。

③议论式。对调查内容的性质、意义表明作者的观点和态度，引起共鸣，引出下文。

（2）主体。主体也称“正文”“主文”，是整个调查报告的中心，是结论的依据。要以确凿数据，充分的事实来展示调查的过程。要详细的介绍调查对象的具体情况，再对所调查的内容进行详细的分析、研究，找出规律，得出明确的结论。主体部分的结构极为重要，要以实际需要为出发点，进行科学的组织和艺术的编排，使之一切有序化。主体常见的结构方式有以下几种。

①横式结构。横式结构即把调查的材料和要表达的观点，分成几个不同的问题来写。各个问题处于并列地位，这样能突出主要问题或基本经验；用不同的材料，由不同侧面共同呈示全文中心内容。典型经验性质调查报告的格式，一般多采用这样的结构。这种调查报告形式观点鲜明，中心突出，使人一目了然。

②纵式结构。纵式结构是按照一定的顺序来安排调查内容，先列出各种情况，后简要写出分析意见，主体的各部分之间是递进的关系。一般综合性质的调查报告多采用这种形式。

③综合式结构。综合式结构兼有纵式和横式两种特点。在一篇调查报告中，常以一种结构为主，交错使用其他结构，从而更好地反映主体的内容。采用这种调查报告写法，一般是在叙述和议论发展过程时用纵式结构，而写收获、认识和经验教训时采用横式结构。

（3）结尾。结尾是调查报告分析问题、得出结论、解决问题的必然结果。不同的调查报告，结尾写法各不相同。一般来说，调查报告的结尾有以下几种。

①对调查报告归纳说明，总结主要观点，深化主题，以提高人们的认识。

②对事物发展做出展望，提出努力的方向，启发人们进一步去探索。

③提出建议，供领导参考。

④写出尚存在的问题或不足，说明有待今后研究解决。

⑤补充交代正文没有涉及而又值得重视的情况或问题。

调查报告结尾要简洁有力，有话则长，无话则短，没有必要也可以不写。

4. 落款

此外，如果在调查报告的标题下面、正文前面没有署名，则要在结尾的右下角写明作者名称及写作时间。

（四）调查报告的写法

调研报告的写作要抓好三个主要环节：调查、研究、报告。调查报告的写法上关键是要有一个鲜明的主题贯穿始终，统率全文。这里有几点要基本做到的：一是要收集查阅现有的相关资料；二是要深入基层掌握第一手材料；三是要找出规律性；四是要学会运用对比的方法突出主题；五是要善于运用统计数字来说明主题；六是要了解读者需求。

（五）问卷调查法的基本类型及特点

（1）报刊式问卷法。以读者为调查对象，分布面广、匿名性强，但调查对象的代表性差，回复率低。

（2）邮寄式问卷法。有利于控制发卷的范围和对象，提高调查者的代表性，但回复率低，难以控制回答过程。

（3）发送式问卷法。回复率高，回收问卷整齐、迅速，便于对调查对象作某些口头宣传和解释，但费用较高。

（4）访问式问卷法。便于选择调查对象和控制访问过程，回复率高。

（5）电话式问卷法。按照问卷项目逐一询问被调查者，再按其回答填写问卷的调查方式。优点是速度快、费用低。

五、调查报告的结构和写法

（一）调查报告的结构

调查报告的总体结构为：标题、前言、正文、结论四大部分。一份完整的调查报告一般由报告封面、目录、报告摘要、报告正文、结论和建议、附录等几部分组成。

1. 封面

报告封面应该对调查主题（研究项目名称）、调查的实施者、报告日期等信息进行说明。

2. 目录

一般的调查报告都会有较长的篇幅，都应该像图书一样编写目录，以便于查阅特定的内容。

3. 报告摘要

关于调查的简明报告，是调查报告正文的浓缩和精华部分，主要包括对调查问题的描述、处理问题的途径、采用的调查方法、调查的关键结果以及结论和建议等，便于读者在较短的时间内抓住调查的主要问题。调查摘要通常包含三方面内容：说明报告的目的，包括重要的背景情况和调查的具体目的；给出最主要的结果，有关调查目的的关键结果都要写明；对于调查研究所提出的结论和建议。

4. 报告正文

报告正文包括对调研背景和目的的说明、对调查问题的定义、调查的方法、数据分析方法、调查结果、调查的局限性和必要的解释说明等。

（1）调研背景和目的。本部分主要对为何开展此项调查进行说明。

（2）对调查问题的定义。其指从操作层面对调查面临的主要问题进行定义。

（3）调查方法。本部分应当针对研究方案的设计、调查方法的选择、调查样本的抽取程序、调查的实施办法等环节进行说明。具体方法及步骤如下所示：

①研究设计。

②资料收集的方法和结果。

③抽样方法。

④调查的实施过程。

（4）数据分析方法。说明在数据分析阶段所使用的定量分析软件和主要的分析方法。

（5）调查结果。这是需要重点撰写的内容，也是调查报告中篇幅最多的内容。要根据数据分析结果逐项说明分析结果，解决了什么问题，得到了什么结论，并提供必要的数据支持，以及图表说明。

（6）调查的局限性和必要的说明。

5. 结论和建议

6. 附录

附录包括调查问卷、对较为复杂的抽样调查技术的说明、复杂的统计分析技术说明及其他需要说明的问题。

（二）调查报告的写法

（1）围绕研究主题展开论述，对调查所要解决的目标问题提出明确的结论或建议。

（2）写作的准确性。

（3）报告的完整性。

（4）使用简洁的语言。

（5）要准确报告调查方法。

六、归纳总结

（一）调查报告写作的注意事项

（1）熟悉党的方针政策。

（2）做好调查前的准备工作。

①确定调查目的。

②了解基本情况。

③制订调查计划。

④拟定调查大纲。

（3）选择恰当的调查方法。

①个别访谈。

②集体会谈。

③观察采访。

④问卷调查。

⑤查阅档案资料。

⑥掌握准确的统计数据。

（4）占有第一手材料。

（5）认真分析、找出规律。

（6）叙述、议论、说明相结合。

（二）调查报告的特点

（1）目的明确。

（2）注重事实。

（3）论理性。

（4）语言简洁。

（三）写好调研报告的技巧

（1）选题要准确。

（2）准备要充分。

（3）调查要深入。

（4）研究要到位。

（5）报告要精致。

（6）成果要重视。

（四）调查报告的写作要求

1. 选题要有针对性

任何一份调查报告都有它的目的性，即针对什么问题或事项进行调查，这是显而易见的。因而，在确定选题时，一定要充分考虑写作这篇调查报告希望达到什么目的，针对什么问题来写，写作以后的社会效益如何等，毛泽东同志的《湖南农民运动考察报告》目的就在于回击当时对农民运动的诽谤和诬蔑。

2. 要正确处理观点和材料的关系

观点和材料紧密结合，是一切文章的基本要求，调查报告也不例外。如果说观点是文章的灵魂，那么，材料就是文章的血肉。观点统率材料，而材料则被用来说明观点。因此，要选择能反映事物本质的、有代表性的、有新意的典型材料、综合材料、数据材料、对比材料、分类材料来说明观点，观点往往是在叙述、说明中自然引出的，或者通过材料的分析、自然地确立的。

在处理观点和材料的关系时，既要提炼好反映主题的中心观点，也要提炼好小观点，用小观点更透彻、更充分地说明中心观点，使全篇文章结构更严谨。

3. 要妥善处理叙与议的关系

调查报告的主要内容是事实，因此主要的表现手法就是叙述。但调查报告的目的是从这些事实中概括出观点，而且观点是文章的灵魂。这就需要在对事实叙述的基础上进行恰当的议论，推理出文章的主题思想。议论虽不能太多，但它却是“画龙点睛”之笔，因此，处理议论内容时，要坚持少而精的原则。

4. 语言要朴实，篇幅应尽量压缩

有的人写作调查报告，喜欢使用华丽的辞藻；也有的人喜欢人为地拉长文章的篇幅。这是一些很不好的现象。调查报告的内容首先要求真实，而要提高内容的真实性，语言朴实是很主要的一个方面。调查报告虽然比一般其他文章篇幅要长，但不是说调查报告越长越好，写作的原则仍然是有话则长，无话则短，尽量压缩文章的篇幅。

（五）文种辨析：调研报告与总结的区别

调研报告与总结的区别，如表3－1所示。

表3－1　调研报告与调查报告的区别

区别		调研报告	总结
1	行文目的不同	对重要事件真相进行探讨或研究，推动全局工作的开展	对自身工作进行检查，总结成绩和不足，指导自身工作的开展
2	反映范围不同	本单位、本系统，也可以是外单位、跨行业的	本单位、本系统、本人工作情况
3	使用人称不同	第三人称	第一人称
4	写作重点不同	陈述为主，具体叙述调研过程和规律性，可适当加入评论	着重论述成绩和经验、教训，常用概述方法表达成绩和经验的取得过程

（六）调研报告的材料整理

对调研报告材料的整理，一般分成三个步骤。

1. 检查鉴别

首先检查调研报告材料是否切合研究的需要，其次要鉴别事实材料的真实性，数据的准确性，保证材料的真实可靠，确实反映客观实际。

2. 制作图表、数表

以其直观形象信息量大，帮助读者理解调研报告内容。

3. 分类分组

调研报告材料分类的标准，依研究目的而言，可按材料性质分为记录资料、文献资料、问卷资料、统计调查资料等。可根据研究的目的按年龄、性别分类，或按职业分类等。也可分为背景材料，统计材料，典型（人或事例）材料等。

（七）调研报告的评价标准

调研报告的评价标准有：调研课题论文的选题应切合实际，观点要切合主题；取材真实可用，调查可信度高；查找问题实，分析问题准；建议可行，指导性强；措施有力，操作性强；结构严谨，层次分明；思想前瞻性强，有理论水平等。

七、调查报告写作实训

（一）病文诊治

运用所学调查报告的有关知识，指出下面这则调查报告（学生习作）的不足之处。

我在塑料编织厂当工人

“实践”是件听起来轻松，实则却“蕴味”十足，甚至意义深刻的事。实践能使你已成的“惯性”和被特定环境“保护”的生活重新增添一些色彩，确切地说，这是一个“过程”，过程中夹杂着忙与快乐。

“万事开头难”这话一点儿也不假，虽然我参与实践的时间不长，但求职之路的艰辛和求到职之后的茫然让我感叹市场竞争的激烈，感悟到了生活的艰辛。

南通是个绣品城，而我所处之地是绣品城中的一幅绣品，密密麻麻的人以此为生，电脑绣花用的是编程，但我不会。况且也不需要暑期打零工的。整理东西，每天在劳累中度过。学不到一点知识，学的最多的可能是对人生的一份坦然，不得以我放弃了这份工作。每天感叹生活的单调与乏味，却不想依靠父母的帮助。哀叹啊，哀叹。

奔波了好多天之后，我找到了一份真正意义上的暑期社会实践单位——通州市姜灶塑料编织厂。厂长姓张，人很可亲。清瘦显得他活力无限。我跟他说，我学的是机电专业，但没学过什么专业课程，我还顺便提及辅修过市场营销这门课程。他顿了顿，想了想说，我这儿的机器上有很多针，各种各样的型号都有，分类很严密。有时是大的一排，有时是小的一排，大小有时又要交错相差。这样吧，我先把你安排到拌料间，去学习一下材料的分配和用料的安全。然后去销售部门吧。我点了点头，同意了。

第二天一大早，我就跟着张厂长来到了拌料车间，车间里堆满了聚乙烯颗粒。张厂长领了我来到一个姓赵的师傅面前说：“赵师傅，这是从学校里来参加暑期社会实践的，您就好好照顾照顾吧。”

我站在那儿，盯着赵师傅熟练地忙碌着，一袋袋的原料按不同的比例被投放到了搅拌机里。我沉默着，虽然我知道“沉默是金”，但此时此刻却是一块没有光泽的石头。我依然沉默着。等到那师傅忙完后，他给我讲起了塑料业的发展、塑料的降解功能。

塑料是一个新兴行业，发展时间还不长。但目前随着塑料制品的日益增多，“白色污染”也越来越严重。而21世纪又是一个环保世纪，为了保护我们的家园，全世界都对塑料行业提出了一个严峻的问题，就是生产出来的塑料产品尽量是环保的，可降解的。连我们厂也都要这样。现在中国的普通老百姓还在追求价的廉宜和结实度，而国外却都已向环保靠拢了。你看那个塑料厂已被国外退回了好多产品，就是因为产品的质量不合格，无环保性能，不可降解。

降解塑料与同类的普通塑料具有相当或相近的应用性能和卫生性能，在完成其使用功能后，能在自然环境条件下较快地降解，成为易广泛被吸收的碎末，并随着时间的推移能进一步降解。但从总体而言，当前降解塑料还处于技术阶段，有待于进一步深化研究，工艺进一步完善。并致力于提高性能，降解成本，拓宽用途和逐步推向市场化进程中。

目前，已初步明确，聚乙烯是可生物降解的，且在聚乙烯中加入改良性淀粉后可提高其生物降解性。其基本的降解机理是可降解的。塑料制品中所含的淀粉在短期内被土壤中的微生物分泌的酶迅速降解而生成空洞，导致制品的力学性能下降。并伴随着空洞的形成，表面积扩大，从而增大与土壤的接触面；同时配方中还添加了氧化剂和土壤的金属盐。反应生成过氢氧化物。这些将导致聚乙烯链的断裂而降解成为易被微生物吞噬的低分子化合物。最终回到生物圈，进入自然循环。

我惊讶极了，一个小小的师傅竟然懂的那么多，中国加入了WTO，不止企业的管理人员，连师傅也加入了经济发展的行业中，步伐真快啊。

我实践的那家单位虽小，但却为我们的社会创造了不少的财富，若不论财富，那它毕竟为我们提供了若干个岗位，一个企业“以人为本”，人人都把其当做是自己的一部分，那企业的魅力是怎样的大啊。

暑期的实践生活虽然不长，只有那仅仅的两周，但却为我的人生刻下了一段铭心的经历。我不知道别人是如何看待这次的实践生活，但对我来说却是意义非凡的。使我在享受生活的同时也品尝到了生活的艰辛。想要经营一个企业不是容易的，靠蛮劲和热血是无法解决的，谁能保证这些有效期有多长。

我感谢我的实践生活，它考验了我，激励了我，使我由贪玩变得好学，由懒惰变得勤快，由茫然变得自信，由幼稚变得成熟……

（二）调查报告写作实训

（1）分析例文的标题均属于哪种结构。

（2）对本班同学的消费情况进行调查，写一篇关于本班同学消费方面的调查报告。要求能反映实际情况，字数1 200字左右。

（3）根据以下整理好的调查报告，试还原其调查问卷。

调查显示：82%的公众最担心食品安全问题

中国青年报社会调查中心新近完成的一项有关食品安全的调查显示，近期频发的食品安全事件引起了公众的广泛关注，82% 的公众表示，这些事件“肯定会”引发自己对周围食品安全问题的担心，13% 的人表示“可能会”；27% 的人认为，他们在日常生活中，“经常会遇到”食品安全问题；认为“有过，但很少”的占“64%；仅有 9% 的人回答“从来没有过”。

很多读者还在来信中提到了发生在自己身边的食品安全隐患。虽然这些问题并未产生大范围的影响，但对每一个遭遇过这些问题的人来说，却造成了相当大的困扰甚至是伤害。

对于具体的食品安全问题，超过一半的受访者认为“达不到国家卫生标准的食品”最令他们感到担心。其次是“假冒知名品牌的食品”，选择这一项的人达到了 21%。另外，还有 16% 的人最担心“过了保质期还在销售的食品”。

值得注意的是，“没有明确标识的转基因食品”似乎还没有进入大多数受访者的关注视野，仅有 4% 的人认为这一问题最令人担心。但也有一位来自安徽淮南的读者对某些生产企业的产品所含的转基因成分“既不标识也不承认”表示质疑，认为这是一种严重的“不诚信”。

“生产日期和保质期”被近九成半的人认为是选购食品时通常会关注的问题。值得注意的是，关注“相关检验合格证明”的，不足半数；而关注“食品的色泽和包装等外观因素”的，则略高于半数，为 52%。

对于“您认为造成目前食品安全问题频出的根本原因是什么?”这一多选问题，大多数人选择了“不法食品生产企业和个人利益熏心”，该选项的获选率达到 87%。同时，相当多的受访公众认为“对失信企业和个人的惩戒力度不够”也是主要原因之一，有 68% 的人选择了这一项。

政府职能部门在食品安全问题上的“失位”同样引起了公众的强烈关注。认为“各监管部门责任不明晰，互相推托”的，达到了 72%；“各执法部门之间缺乏配合，信息不沟通”以及“对相关执法部门人员不作为的惩戒力度不够”，分别被 64% 和 65% 的公众认为是食品安全问题频出的根本原因。

大量的受访者还提到了“民以食为天”这句话，他们希望，自己对食品安全的忧虑，不是“杞人忧天”。

调查背景：本次调查执行时间为 2004 年 5 月 23 日至 2004 年 6 月 20 日，共收到来自全国 31 个省、自治区、直辖市的 1 113 份有效问卷。其中男性占 69%，女性占 31%；受访者的平均年龄为 30 岁，19 ~ 35 岁读者占 78%；大专及以上学历者占 78%；月收入 1 000 元以下者占 62%。

(4) 试分析下列标题的结构及特点。

①《家住老年公寓》。

②《积极稳妥,有序推进——龙口市乡镇企业产权改制的调查》。

③《国内软件市场:正在发育,前景光明》。

④《中小学生的体质为什么下降?》。

⑤《为什么大学毕业生择业倾向沿海和京津塘地区》。

(5) 讨论与分析下面这篇调查报告的写作特点。

我们需要普通话

——关于推广普通话的调查

9月13日到9月19日是推广普通话宣传周,为此,我们在全校范围内开展调查。本次调查是以本科生为主。在被调查的同学中,有90%以上的同学自信地认为自己的普通话比较标准,而认为自己的普通话有严重乡音的只占4%。

几乎被调查的所有同学都觉得推广普通话很有必要。而认为推广普通话的必要性不大的多数是一些乡音较严重的同学,他们感到在上海某些场合,诸如商店里、公共汽车上,如果说普通话会被认为是外地人。看来,普通话的推广仅限于校园内、学生之间是远远不够的,必须要社会各行各业人们的积极配合。法政系的一位同学则说在交流有障碍的情况下,讲普通话是有必要的,而对于来自同一地方的人,讲方言反而显得更加亲切。

在"你认为普通话对于工作、学习和人际交往来说重要吗?"的问题上,被调查的同学基本都持肯定态度。中文系与物理系的两名女生认为,普通话很好听,而且便于沟通;德语系的一位男生认为讲普通话便于和陌生人打交道。中文系的一位女生说:"同乡会实际是在异乡的语言环境中寻找一片能自由交谈的天地,那么我们都用普通话交流不是更好吗?"特殊教育系一位同学的观点来得更专业一点:"我们以后的学生有些是聋哑,他们无法听到你说什么,只能通过口形来辨别,而口形辨别是以普通话为标准的,在这种情况下讲普通话就显得非常重要了。"国际金融系一位女生认为:许多新名词、流行语用普通话说会很方便。上海作为一个国际性大都市,讲普通话可以促进经济和文化的交流。在调查中,有一部分同学把讲普通话的意义提到了一个更高的层次。中文系影视专业的一位女生说得好:"中国屹立于世界之林,在各个领域都应有一个标志,比如国徽、华表,而普通话可以作为语言的标志。"一位韩国留学生认为,普通话能统一民族的思想,促进民族的团结。如果同一个国家的人在一起讲话还需要翻译的话,那将是一件可笑的事。

调查中,我们发现一个饶有趣味的现象:在问到"你用何种语言表达感情?"这一问题时,90%的同学选择了普通话。中文系研究生××说:"方言的发展始终服从‘最大限度的交流’的原则，在此过程中，部分指向感情的字、词退缩至书面语，极少用于日常交谈，所以‘喜欢’‘爱’这类词用方言说出便觉得不大自然，不如普通话那样富于诗意。”这次调查让我们感到欣喜的是，无论是文科生、理科生，师范生还是非师范生，都很支持讲普通话，推广普通话。有很大一部分同学提出讲好普通话最有效的方法是要从娃娃抓起。物理系一位非师范专业的女生说：“非师范专业的同学应以师范专业同学普通话标准要求自己。”环科系一位男生认为：“大学校园有很好的文化氛围，推广普通话会比较容易。”国际金融系的一位女生的看法虽然比较激进，但也不无道理：“办一个‘普通话周’作用不大，最好一年只许讲普通话，办‘普通话年’。”

我国是一个多民族的大家庭，各地方言差异很大，推广普通话是一项非常艰巨的任务，但我们将永远珍惜这一美好的语言，发扬光大。推广普通话，任重而道远。

（卫容之）

项目六　拟写简报

一、知识目标

通过该模块的学习，帮助学生掌握各种简报的正确写作方法，规范要求，撰写出规范、标准的简报；完成向上级机关报告工作，向下级机关发布、传达工作或与同级机关之间进行工作交流的事项等。

二、能力目标

通过例文阅读、评析，了解各种简报的适用情境、写作特点和规范；通过病文诊治、思考实训、分步训练，掌握简报的写作，并在此基础上提炼出简报的写作要点。在撰写中，模拟不同的场合、身份，以开会、通报工作、介绍经验等日常工作为内容，撰写出符合要求的简报。

三、写作范例

示例1

教学工作简报

2008—2009学年第一学期第1期（总第1期）

×××职业技术学院教务处编印　　　　　　2008年9月28日

学院出台新的教学事故认定和处理办法

为稳定教学秩序，规范教学行为，加强教学管理，严肃教学纪律，减少并杜绝教学工作中各种事故的发生，经学院首次教学工作会议讨论，并经过会后两个多月时间几易其稿，学院正式出台新的教学事故认定和处理办法。与先前的教学事故认定和处理办法相比，新出台的教学事故认定和处理办法具有以下变化：教学事故依据教学、管理与服务等不同环节，分为课堂教学、实践教学、考试与成绩、教学管理等四类。……（略）

1. 教学事故发生后，事故责任人或发现人、知情人应及时将事故情况报告相关系（部）或教务处。……（略）

2.《教学事故认定表》要明确列出责任人（一人或多人），不得笼统以集体名义代替。对本部门发生事故故意隐瞒不报的部门负责人，一经发现查实，也将其列为事故责任人。

3. 教学事故一经核定，要视事故级别和情节给予以下处分：……（略）

（教务处供稿）

报：省教育厅高教处领导，院领导

送：院内有关处室、各系部

（共 15 份）

示例 2

共青团工作简报

2006 年第（06）期

重庆正大软件学院团委办公室编　　　　2006 年 3 月 2 日

2006 学院共青团工作会议隆重召开

2006 年 2 月 22 日下午 3：00，学院多功能会议厅灯光璀璨，花团锦簇，2006 学院共青团工作会议在这里召开，大会在朝气蓬勃的《团歌》声中开幕，学院党委副书记刘维金同志、学生处唐小勇处长、团委书记甘永诚同志及各系团总支书记出席会议并在主席台就座，130 余名团干部参加了会议。本次会议由团委副书记曾玺仲主持。

会上，表彰了获得 2005 年度共青团重庆市巴南区委表彰的五四红旗团支部创建单位计算机网络技术高 0501 班；表彰了获得重庆市巴南区委表彰的先进团支部电子商务本0401班团支部、软件测试高0401班团支部；表彰了获得共青团重庆市巴南区委表彰的2005年度优秀共青团员周建军、张龙、刘刚、吴雷鸣，其中获得优秀共青团员荣誉称号的团委办公室主任张龙代表先进集体和个人发言，号召全体团干部和广大团员青年结合学院党政中心工作和学院共青团工作，结合自己本职工作的实际，做好2006年的各项工作，为学院创建一流软件名校、为支持学院走产教结合的发展道路增添智慧和力量，为学院的发展建言献策，为学院共青团的工作而不懈努力奋斗。

团委书记甘永诚同志代表团委安排部署了2006年学院共青团工作，就当前工作和全年工作，做了详细的安排和部署，他要求全院各级团组织要紧紧围绕学院党政工作中心，围绕学院创建创建一流软件名校、为支持学院走产教结合的发展道路，建功立业，再创佳绩。同时对学院共青团三年的发展方向做了全面的阐述，即要按照“三标一体两化”的格局，又要实现一年打基础、两年大跨越、三年新发展的思路，今年刚好是团的一大以来的开局之年，开展好各项工作，为学院的发展再立新功，是当前和今后一个时期学院共青团工作的一个重点。

党委维金副书记做了重要讲话，肯定了2005年学院共青团工作所取得的优异成绩，肯定了学院共青团所获得的共青团重庆市巴南区委表彰的2005年度先进团组织和2005年度五四红旗团委等荣誉，他要求广大团员干部和青年，以此为契机，努力工作、锐意进取、戒骄戒躁，为2006年学院共青团工作打下坚实的基础。同时维金副书记还给广大团员干部和青年提出了大学生如何实施素质教育的九条要求，希望广大团干部和团务工作者进一步探索，在工作中大胆运用，为构建和谐的正大校园文化而努力奋斗。

报：学院党委，院领导，团区委，团市委学校部。

送：党委办公室，行政办，学生处，系部党支部。

发：各系部团总支，院学生会，社团组织。

（共印20份）

民政工作简报

第四期

民政部政策研究室编　　　　　　　　　　一九八三年三月二十九日

一所深受群众欢迎的社办敬老院

××省××县纸坊公社在实行大包干生产责任制后，认真解决五保供给工作出现的新问题，依靠全社农民集资筹粮，兴办了一所公社敬老院，首批入院的四十八名孤寡老人，正在无忧无虑地安享晚年。四里八乡来参观的人异口同声地称赞这所敬老院办得好。

在去年初开展的“五讲四美”活动中，纸坊公社对五保老人的生活进行了一次调查，发现虽然大部分生产队对五保老人的供给工作是做得好的，但是有一些单位对这项工作重视不够。如有的分给五保户一份责任田，只把免去提留作为照顾；有的对生活不能自理的五保老人，缺乏具体安排照料；还有的把五保户当做包袱，撒手不管。对此，社员有意见，亲友有顾虑，并且影响着计划生育工作的开展。公社党委对这些问题十分重视，他们召开党委会，专门研究五保供给工作，统一思想认识。大家认为：把五保老人照顾好，让他们安享晚年，这是社会主义制度优越性的体现，是建设社会主义精神文明的重要内容，也是完善农村生产责任制的一个方面，必须认真抓好。会议决定由公社一名副书记负责，吸收民政、计划生育办公室、团委、妇联等部门同志参加，积极着手筹建敬老院。

敬老院是队办好还是公社办好？他们经过反复研究，决定由公社举办。好处是：办院的设备，人员只需一套，人力、物力都节省；老人的吃、穿、住、医和零花钱由公社统筹安排，可以避免因各队生产发展和生活水平不平衡而对五保老人照顾相差悬殊的现象；集中供养便于改善伙食、调剂文化娱乐生活和安排医疗，也便于老人之间互相照顾。

纸坊公社举办敬老院坚持了两条原则：一是依靠群众集资办院；二是坚持勤俭办院。敬老院所需粮款，由全社六万群众共同负担，人均每年只摊五角钱、半斤粮，负担不重。敬老院用房，是将一所废弃的旧校舍加以整修利用，节约了几万元经费。为了既减轻群众负担，又能使老人们有个较好的生活环境，他们从社办企业收入中提出三万元资金，除整修房舍外，还为老人购置了电视机、电唱机，并为每个老人做了一张床、一个床头柜、一个沙发、一把折叠椅，以及被褥、床单、蚊帐、凉席、脸盆、暖水瓶和花瓶等，连老人用的拐杖也准备好了。当敬老院成立的消息传开后，县磷肥厂等单位和一些大队的群众，也热情地捐赠物品，表达心意，先后送来了洗衣机、绿化用的柏树苗、种菜用的化肥和精心栽培的盆花等。

成立敬老院先接受哪些老人入院？公社对这个问题研究得非常细致、慎重。他们在逐队逐户摸底调查的基础上，对全社二百五十七名五保老人，进行了分类排队：第一类是无依无靠、生活无着落的孤寡老人五十八名；第二类是虽无儿无女，但夫妇尚可互相照顾的老人四十二对（八十四人）；第三类是有闺女或有族家近门可以照料的老人一百一十五人。根据这些情况和敬老院的条件，公社党委确定，先将第一类五保老人按自愿的原则接收入院；对第二类五保老人，其夫妇尚可互相照顾的暂不入院，今后情况变化，随时吸收入院；对第三类五保老人，按本人意愿，分散到闺女家居住，或由其族家近门包养。凡确定由集体供养的五保老人，均与在院人员享受同等待遇，按月领取白面四十斤，生活费十八元。采取这种集中与分散相结合的方法，较好地落实了五保供给政策。

为了做好敬老院的管理工作，他们首先注意调配敬老院的服务人员，建立一个事业心强、能全心全意为五保老人服务的班子，同时建立和健全管理制度，安排好老人的生活。全院九名工作人员（包括院长），都是经过认真挑选的。他们订立了服务人员守则；采取思想教育与物质奖励（月浮动奖金九至十五元）相结合的方法，建立了岗位责任制，每月评比一次。对老人制定了卫生保健制度，建立保健卡片，定期为老人检查身体。伙食上让老人全部吃细粮，每周订有食谱，根据老人的口味，经常调剂花样。规定老人的生活费每人每月伙食十八元、零花钱两元；衣被统一制作，冬有棉、夏有单，使老人的生活温饱舒适。在开展“五讲四美”活动中，他们发动公社直属单位的共青团员和青年学生到敬老院搞卫生、美化环境、为老人做好事。为了丰富老人的精神生活，县城来了好戏、好电影，公社便派车送老人去看；去年六月还专门租了汽车，送老人到曲阜游览了孔府、孔庙、孔林。老人高兴地说：“俺这一辈子没出过门，现在也坐上大汽车见世面了。”

目前，在敬老院的老人个个精神焕发、红光满面。八十四岁的孟传义老人，入院前患病卧床不起，两腿肿痛，现在病情有了好转，已经可以自由散步了。许望山、王瑞华两位老人，新中国成立前扛活讨饭，被地主逼得家破人亡，饱受了旧社会的苦难。现在逢人就讲：三十多年前是党和毛主席救俺出苦海，今天又是党和政府送俺进幸福院，吃不愁、穿不愁，天天还坐着弹簧椅看“小电影”（电视），这样的日子，以前做梦也不敢想啊！党的恩情俺一辈子也忘不了。一些无儿无女的社员，过去担心老了受罪，这回看了敬老院，他们也都放心了。公社党委正在总结经验，决心把敬老院办得更好。

（××供稿）

发：各省、市、自治区民政厅、局；省会所在地的市民政局

送：彭真同志、陈丕显同志、中央政法委员会；高法、高检、公安部、司法部；总参、总政

示例 4

××市学生和学校安全工作简报（第四期）

××市学生和学校安全工作简报

第 4 期

××市学生和学校安全工作领导小组办公室　　2010 年 9 月 10 日

【重要信息】

全市学生和学校安全工作电视电话会议召开

9 月 10 日，全市学生和学校安全工作电视电话会议在××市教育局视频会议室召开。参加会议的有：市政府副市长××，市政府副秘书长××，市教育局局长××，市教育局党委书记××，市学生和学校安全工作领导小组各成员单位的分管领导；全市各县（市、区）政府、部门、学校相关负责人；驻市各高校、市直学校、市区私立学校校长。会议由××副秘书长主持。会议有两项议程：一是市教育局××局长通报 2010 年上半年全市学生和学校安全工作情况，部署下半年工作。二是市政府××副市长讲话。（略）

示例 5

信息快报

（×期×号）

中共××市委办公室　　××年×月×日

外省玉米行情看跌

南方：福州粮食批发市场，玉米价格今春即从 1 720 元/吨开始下跌，目前已跌至 1 250 元/吨，下跌 11.6%。

北方：××省玉米价格跌至 1 400 元/吨；××省玉米价格下跌至 1 360 元/吨，其中东风、东辽两县竟有跌至 1 000 元/吨的。

××省玉米丰收跌价

××省××市 200 万亩玉米丰收，总产近 9 亿千克，现库存已达 9 486.5 万千克；估计还有 1.5 亿千克积压在农民手中。市场价已跌至 1～1.10 元/千克。农民得知国家收购价已由 0.8 元/千克涨至 1.26 元/千克，所以仍不肯出手。

北农大教授关于玉米产销建议

途经我市的北农大教授××，日前对前去看望他的我市副书记说："要培育而不要挫伤农民种玉米的积极性：一是按国家提价收购，防止继续跌价。

二是抓紧发展养猪养鸡养牛业。三是与内蒙古×盟联系，将玉米优惠销售出去，再按合同将肉类购回。四是引进新品种，以袋装、罐装嫩玉米粒销往大城市。”

我市农牧会正研究玉米跌价问题

去年××、××两县灾后保玉米，但因粮食内调导致丰收跌价。今年玉米丰收在即，农民担心卖不出好价钱。昨日我市农口开会研究对策，与会者提出：一是坚持按国家提购价收购；二是大力发展养猪业，就地解决富余玉米及我市区猪肉供应问题；三是与内蒙古×旗畜牧局联系销往那里（比内蒙古产区路近）的玉米问题。会上号召各县局、镇、区献计献策，一定要防止征购期一过，玉米价暴跌，致使玉米积压在农民手中的现象在我市发生。

示例6

宣传动态

××县宋杖子乡干部群众学习中央一号文件后的思想反映

××县委宣传部根据上级宣传部门的部署，为更好地贯彻落实中央一号文件做好宣传方面的准备，接到正式文件之后，即到宋杖子乡进行学习和宣传试点。首先由县委常委、宣传部长××同志向全乡村民组长以上的各级干部、各方面群众代表原原本本地宣读了文件内容，然后组织乡党委主要成员和各村党支部书记、乡直单位负责人深入学习了××同志、××同志的讲话，在加深对文件内容理解的基础上进行了座谈讨论，还在全乡党员训练班上向党员宣传文件内容，并利用各种会议、宣传工具、文化学习室、党员联系户向广大群众宣传一号文件的基本精神。

干部群众初步学习后的思想反映是：

一、热烈拥护一号文件。大家认为中央一号文件主要是调整农村产业结构，抓住了农村发展商品生产的关键，说到我们农民的心坎里，我们衷心拥护。康官营子村干部说：“中央一号文件提出农村经济进一步放开搞活，我们可以甩开膀子致富，放开手脚搞商品生产了，实现本世纪末翻两番的目标也更有把握了。”

二、要彻底扭转以农为本的思想。大家认为，贯彻落实一号文件首先必须加强宣传教育，教育农民从自然的、封闭的、保守的小生产传统观念中解放出来，树立新型的、开放的、现代的产业结构观念。回顾近两年发展农村商品生产的实践，这个乡由以粮为纲到扩大经济作物，从单一产业到第二、第三产业的兴起，农村经济有了相当快的发展。去年虽然遭灾，总产值比一九八三年还增长一点六倍，但是，从总的情况看来，仍然是从粮食到经济作物，从二分田到八分山，基本上还是在土地上转，没有摆脱以农为本的思想。因此，致富的速度不快，第

二、第三产业发展不快，农业劳动生产率还是很低的。调整产业结构这次转的是很陡的，是从几千年一贯的自给半自给传统农业，向商品生产和现代化农业的思想上转。这个弯子不转，一号文件落实不了。

三、对省、市、县各级领导的希望。有人在座谈中说，中央提出了活跃农村经济的好政策，关键是省市县各级领导部门要认真贯彻执行。

大家对各级领导提出三点意见：

一是要进一步解放思想。有的同志说，搞家庭联产承包制我们有的领导认识晚、行动迟，没有南方一些省行动快，现在搞第二步改革，要早认识，早起步，再不要落后。又说，我们××省工业发达，无论在资金、人才、技术上都占很大优势，又是市领导县比较早的，可是乡镇工业却比工业不够发达的省发展速度慢。今年落实中央一号文件，要继续解放思想，迈开大步。

二是搞好信息服务。大家认为，信息科学在发展农村经济中显得越来越重要。有的说，××县信息服务搞得好，乡镇工业发展快。我们信息服务工作也应尽快搞上去。“信息不灵，寸步难行。”大家建议县政府采取必要措施搞好信息服务工作。

三是领导要经常下基层解决问题。大家希望主管工业的领导同志多同基层干部群众商量，根据各乡资源、资金、技术力量不同情况，给予具体指导。

四、对各业务部门的意见和要求。贯彻落实一号文件不只是党委、政府的事，也不光是农村干部、群众的事，与省市县各级业务部门关系极大，过去有些情况是“两头（指中央和农村基层）放得开，中间（指省市县各级业务部门）放不开”，因而就出现这种情况：“党委和政府是支持的，业务部门是卡死的。”最突出的是三卡：资金贷款、人才技术、林业砍伐。有这“三卡”，农村经济想活“活”不了。现在中央把各项政策都放开了，各业务部门也应按中央政策放开，不要说得通，行不通。希望各业务部门首先把这项政策学习好、领会好、贯彻好，为农村产业结构调整，把农村经济放开、搞活贡献力量，服好务。

（摘自××县委宣传部材料）

四、技能导引

（一）简报的格式及写法

简报的格式一般分为报头、正文、报尾三部分。

1. 报头

报头一般包括密级、编号、简报名称、期数、编印部门、编发日期等内容。在第一页上方，约占全页三分之一，用间隔横线与正文分开，间隔横线一般为红色。

（1）密级与编号。有的简报内容有保密要求，应在简报名称的左上方标注“秘密等级”“内部刊物，注意保存”等字样。标有“秘密等级”的简报，还应同时标注“保密编号”，位置在简报名称的右上方。

（2）简报名称。简报名称在报头的中间位置，一般使用较大的字号套红印刷，通常由“单位名称、简报类型、文种”构成。简报名称也可用“××动态”“情况反映”“××简讯”等常用的四字名称，还可加上单位名称、专项工作等内容。

（3）期数。期数位于简报名称下方正中间，可加括号标注。如果是综合性工作简报，期数的编号可以按年度编号，也可以统一编号；如果是专题简报，可按本专题统一排号。如果是增刊，还需标明“增刊”字样。期数中的数字既可以用“第十二期”的形式，也可以用“第12期”的形式。

（4）编印部门。在报头的左侧下方标出“××办公室”或“××会议秘书处”编印。

（5）编发日期。在报头的右侧下方标出××年×月×日。

2. 正文

简报中报头以下、报尾以上的部分都是正文。正文一般包括标题、导语、主体、结尾四部分。有的简报还有编者按语，应写在标题的左上方。

（1）标题。简报的标题一般有两种形式：

①单标题。将核心事实或其主要意义概括为一句话作为标题。如《查找突出问题，研究“三讲”教育方案》。

②双标题。双标题有两种情况：一是正题后面加副题。如《再展宏图创全国一流市场——××农贸市场荣获市信誉市场称号》。前一个标题是正题，概括事实的性质，后一个标题是副题，补充叙述基本事实。二是正题前面加引题。如《尽责社会完善自身——华东师大团委开展“把知识献给人民”的活动》。前一个标题是引题，指出作用和意义，后一个标题是正题，概括主要报道内容。

（2）导语。要用一句话或一段话概括全文的主旨或中心内容。

（3）主体。主体是简报的主要部分，主要的结构方式有纵式和横式两种。

①纵式结构。纵式结构按事件发生、发展的时间顺序来安排材料。

②横式结构。横式结构按事理分类的顺序安排材料。

如果内容比较丰富，各层可加小标题。

3. 报尾

简报的报尾在正文的下方，用间隔横线与正文分开。报尾一般包括发送单位和印发分数。简报的格式如图3-1所示。

<table>
<tr><td>内部刊物
注意保存
密级：　　　　　　　　　　　　　　　　　　　　　　　　编号：
 ××简　报（简报名称）
第×期（期数） ××编印（编发单位）　　　　　　　　　　　　年　月　日（编发日期）</td></tr>
<tr><td>（编者按语）
 标　　题 正文 </td></tr>
<tr><td>报：（上级机关、单位）
送：（平级机关、单位）
发：（下级机关、单位）　　　　　　　　　　　　　　共印××份（份数）</td></tr>
</table>

图3－1　简报的格式

五、简报写作实训

（一）病文诊治

（1）请修改下面简报的错误格式。

<table>
<tr><td>2008年××市交通局编
 第五期
简报 </td></tr>
<tr><td> 今年我市交通工作又有新举措
（正文略） </td></tr>
<tr><td>2008年×月×日　　　　　　　　　　　　　　　　　报、送：××、××</td></tr>
</table>

（2）下面是一份简报的引言，请先从后面刊出的问题中判断它存在的问题，再针对问题进行修改。

为了贯彻科技是第一生产力的精神，发挥科技和科技人员在经济建设主战场的作用，为科技人员深入基层、深入实际创造条件，市科委和市社科联联合组织了一批工程技术和经济管理专家，他们中有老当益壮的老专家，也有青春焕发的中青年专家，顶烈日、冒酷暑，发扬吃苦耐劳的优良传统，足迹踏遍全市 12 个乡镇，到 29 个乡镇企业帮助他们“诊断”生产、管理、经营。乡镇企业的领导感动地说：“这些专家没有架子，深入基层，体察厂情，为我们解决了大问题。实践证明，这种形式对于帮助我们搞好乡镇企业具有重大的意义。”这次活动的具体情况如下：

……（略）

A. 文字不简练　B. 有语病　C. 主题不明确　D. 空话多　E. 事实不充分

（　　）

（二）简报写作实训

（1）××职业技术学院于2009 年5 月5 日在行政楼大厅举办了毕业生就业洽谈会。这次洽谈会共有 28 家用人单位招聘应届毕业生，规模较大，有 300 多名学生在这次洽谈会上与用人单位签订了就业合同。

请根据以上情境，按照简报的内容和写作要求，写一份毕业生就业洽谈会情况简报。

（2）根据所学知识，分析下面一则简报的特点。

降低成本　增收节支

——我局召开降低成本经验交流会

我局去年大抓增产节约，增收节支，降低成本 0.4%，做到了减产不减收。今年，全局要求成本下降 1.5%，降低额为 5 600 万元。为了推动各厂狠抓降低成本工作，年初我局召开了经验交流会。会上，×钢一厂等五个单位介绍了他们去年降低成本的经验，这些经验归纳起来，大致有以下几个方面：

一、算账挖潜要发动群众。如×钢一厂转炉车间，去年年初在成本、利润指标下达后，车间算出了十笔潜力账。然后发动各工段、班组算细账，共挖出潜力账 260 万元。到上半年为止，完成挖潜数的 84.6%。下半年，通过成本对比，又找出配料成本上的薄弱环节。经过层层发动，提出全年挖潜 400 万元的奋斗目标。同时采取各种措施，把指标纳入劳动竞赛。最后，全年挖潜 417 万元。

二、推行经济责任制，促进增收节支。如××有色合金厂，去年实行了对产量、质量、合同、供料、单耗、配比、利用品改制、费用、销售额、利润等的“目标控制十定包干奖”，推行内部经济责任制，不仅改进了工艺，节约了金属料，提高了成品率，而且由于加速销售货款的回笼，利息支出也从去年的 111 万元下降到今年的43万元，节约68万元。

三、改革工艺技术，既提高功能，又降低成本。如×钢三厂平炉车间去年开始采用一种新型绝热材料，具有简化工艺、提高质量、改善劳动强度等功能，但每吨钢的成本却要增加58万元。这个车间试用价值工程进行经济效益分析，结果做到了既提高功能，又使成本转增为降，增加收益662万元。

四、降低采购成本。××合金厂去年分析了原料供应情况，合理调整矿点，改变舍近求远采购，减少损耗，节约运费，以及改变加工单位，节约加工费等，全年共降低采购成本80多万元。

五、结合奖励，分解落实指标。×钢五厂十二车间按专业实行指标分解和分配，使各专业组和生产班组都有明确目标，加强了班组核算。车间对生产组、工段的费用定额实行本票制，节约有奖，超额扣奖。促使大家算了再用，不是用了再算。去年的利润达到2 855万元，比前年增长3.59%，成本降低额为41万元，降低率为0.42%。

通过这次经验交流会，各厂对今年进一步降低成本、增加利润有更大的信心和决心，纷纷作出打算，进行部署。我们相信，在新的一年里，我局降低成本的工作将会跨上一个新台阶。

报：×××、×××、×××
送：×××、×××、×××
发：×××、×××、×××、×××、×××

（共印××份）

（3）请指出每一篇例文的标题均属哪种结构。

（4）根据所提供的材料写作一份简报，要求格式完整，按新闻稿方式写作。

××市统计局为了加强机关建设，监督、检查岗位责任制的落实，提高办事效率，改进机关工作作风，于去年初建立了“日记事”制度。做法是：以科室为单位，指定专人记录科室内每一个人一天的工作、学习、劳动、出勤等情况，检查岗位责任制执行情况，为月总结、季总结、半年初评，年终总评提供依据。建立“日记事”制度后，收到了良好的效果，有效地促进每个人按照岗位工作标准衡量、要求自己，自觉做好工作。多数同志每天提早来到机关，打扫卫生，处理业务，埋头工作。有些同志为了及时完成报表任务，经常值夜班。农业科有个参加工作时间不长的年轻同志，在汇总农业总产值年报表时，为了搞准几个数字，骑自行车到乡政府核实产量，保证了报表的及时、准确。大家的事业心、责任感增强了，人人争做细致的工作，创造良好的成绩。过去多数同志是坐在办公室里催报表，现在从局长到一般干部经常分头下去协助基层单位的同志共同填报表，既保证了报表的及时，又指导了基层的统计工作。有些同志时常为了一个数、一张表，利用休息时间反复核实，按质量要求填表。他们在完成各项专业统计任务后，就常深入到工厂、农村、商店了解情况，搞专题调查。仅去年就提供了九十篇统计分析资料，市委、市政府转发了其中九篇，××日报、××人民广播电台采用了十四篇，为领导和有关部门提供了经济活动情报，对搞好该市的经济工作起了积极的作用。办报单位为××市人民政府办公室，印发时间为×年×月×日，期数为第×期。报×××，送×××，发×××，共印 100 份。

（5） ××市××局办公室拟编一份简报，题为《转变机关职能大力发展第三产业》，编发时间为 1999 年 5 月 8 日，编号第 6 期，报送省××局、市委、市府、市经委，印发各县市××局，本局各科室、各直属单位，共印 120 份。请根据上述内容和简报的格式画出报头、正文和报尾。

（6）根据下列材料，拟写一篇会议简报。

写作材料：

会议名称：××、××两大区××学校校际协作会议

会期：××年 9 月 20 日至 25 日

会议地点：××省××市

主办单位：××学校

与会单位：16 所××学校和部分省××局科教处的代表

与会人数：42 人

会议宗旨：互相交流办学经验，建立校际协作关系

会议内容：以“加强科学管理，向管理要质量”为题，交流了各校的办学经验；以邓小平南巡讲话精神为指导，讨论了如何适应经济改革的新形势，深化教学改革问题；建议由××部教育司职教处牵头，建立全市××学校教育研究会，定期商讨一些教改中带共性的深层次问题；通过了《××、××两大区××学校校际协作会章程》；商定下届协作会议于 2010 年 8 月在××学校召开。

六、归纳总结

（一）简报的概念

简报即情况的简明报道。它是党政机关、人民团体、企事业单位内部用于汇报工作、反映问题、沟通情况、指导工作、交流经验、传递信息的一种简短的有一定新闻性质的文书材料。由于它常以内部报纸或期刊的面貌出现，又总是套红印刷，所以，简报常被人们称为“红头小报”。在不同的场合中，简报也被称为“简讯”“动态”“信息”“会议简报”“工作通信”“情况反映”“情况交流”“信息快报”“内部参考”等。

（二）简报的特点

简报最突出的特点是真实、新鲜、快捷、简要。

（1）真实，即报道要真实。简报所反映的情况必须真实，要根据党和国家的方针政策和上级指示，抓准社会生活中的带有普遍性的突出问题，无论是喜是忧，都要真实的、准确的反映情况，以便领导机关做出正确的决策。

（2）新鲜，即内容要新鲜。简报反映的是新情况、新动态、新问题、新事物、新章法、新见解、新经验、新矛盾，给人以启发和借鉴。

（3）快捷，即编写要快捷。简报具有新闻的时效性，要及时的反映情况，在编写中就要做到写得快、编的快、审得快、印得快、发得快。尤其是会议简报，常常是一日一报，甚至是一日数报。只有这样，简报才能发挥它应有的作用。

（4）简要，即语言要简明、篇幅要短小。简报的写作力求内容单一，突出中心，篇幅短小，文字简练，去掉一切空话、套话、废话，以最少的文字反映最多的情况，让相关人员在最短的时间内掌握更多的信息。

（三）简报的种类

简报的内容和形式多种多样，因而简报的划分标准也各不相同。

（1）以性质来划分。可分为工作简报、会议简报、专题简报等。

（2）以时间来划分。可分为定期简报、不定期简报等。

（3）以内容来划分。可分为专题简报、综合简报等。

（4）以用途来划分。可分为汇报性简报、报道性简报、介绍性简报、总结性简报等。

（四）简报的作用

（1）情况反映，上下达情。

（2）交流经验，传播信息。

第4单元

日用类文书写作

单元实训项目

实训目标

能够独立完成日用类文书中的个人简历、竞聘词、主持词、求职信、申请书等文书的拟写。

实训准备

本单元要求学生提前了解日用类文书的职能范围、性质特点，通过查阅材料、浏览网站，搜集整理各种日用类文书，并作比较分析，找出日用类文书的特点与规律。

实训阶段

在学习本单元的同时，进行各个项目的实践。为保证各实训项目按时完成，应按以下各阶段进行检查验收。

第一阶段：以求职者的身份，通过阅读例文、告知事项、布置任务、检查落实，撰写个人简历、求职信等文书。

第二阶段：以在校学生身份，通过竞聘职位、主持节目、申请项目，撰写竞聘词、主持词、申请书等。

总结与评估

实训项目结束，教师对实训任务进行考核，综合对学生实训成绩进行评定，分为优秀、良好、中等、及格和不及格。

项目一　拟写个人简历

一、知识目标

通过该模块的学习，了解个人简历的概念、特点、分类、基本内容和形式，掌握个人简历的写作格式和技巧。

二、能力目标

通过阅读范文，体会两种格式的个人简历的内容要求和写法，通过病文诊治、写作实训，能够根据收集的材料，撰写出内容完整、条理清晰、语言顺畅的个人简历。

三、写作范例

示例1

个人简历

本人基本情况：

姓名：林天　性别：男　年龄：23岁　政治面貌：党员　就读院校：传奇职业技术学院管理系行政管理专业

自我评价：

本人性格开朗、稳重、有活力，待人热情、真诚。工作认真负责，积极主动，吃苦耐劳。有较强的组织能力、动手能力和团体协作精神，能迅速地适应各种环境，并融入团队中。

在校期间任职情况：

2006.9—2007.7　班级担任班长职务

2007.9—2008.7　担任学生会副主席兼班级体育委员

2008.9至今　系学生会主席

社会实践和实习情况：

2006.11—2007.6　辅导某初三学生各门功课，经过一段时间的辅导后，该学生的各门功课成绩均有提高，深受该生家长的好评。

2007.6—2007.9　在××电影公司实习，负责办公室的日常事务，从事人事和企业行政管理，在实习结束后，各领导给予极高的评价并给予奖励。

2008.3—2008.7　在××市工商行政管理局合同处实习。主办“××市重合同、守信用企业协会”的成立仪式，熟练地运用办公自动化设备，起草及审查各种办公室文件；编排、打印档案；打理办公室日常事务，与其他各单位、部门做好协调，协助本部门领导做好管理工作等。通过自己的努力，认真负责地完成任务，该协会被国家工商总局授予国家优秀信用组织协会。对于实习期间的工作，处长和科长们给予很高的评价和奖励。

在校期间获奖情况：

荣获 2006—2007 学年“三好学生”称号。

荣获 2007—2008 学年“优秀共青团员”称号。

荣获 2008 学年“实习积极分子”称号。

在实习工作中，主办了“滨州市重合同、守信用企业协会”的成立仪式，该协会被国家工商总局评为优秀信用组织协会。

获得证书情况：

大学英语四级证书、全国计算机二级证书、秘书中级技能证书、公共关系资格证书。

主修专业课程：

社会学、逻辑学、行政管理学、人力资源管理学、企业管理学、基础写作、公共关系学、公共计算机学、市政学、毛泽东思想概论、信息管理概论、法学基础、行政法和行政诉讼法、社会心理学、中国政治制度史、大学英语、行政领导和决策学、秘书学、行政生态学、应用写作、机关管理和办公自动化、政治经济学、公共政策学、人际关系学、谈判学、中国传统礼仪文化、公共管理学、社会调查研究学、行政哲学等。

个人专长：

交际、组织、管理、写作、计算机、文学、分析研究、足球、音乐等。管理理论知识结构牢固，能充分并成功地运用于实际中；英语基础知识较扎实，具备一定的听、说、读、写及翻译能力；熟悉计算机网络，熟练掌握办公自动化，对各种硬件安装及各种软件的运用有着丰富的实践操作经验。

林天

二〇〇九年六月八日

示例 2

个人简历

<table>
<tr><td>姓　名</td><td>杨易哲</td><td colspan="2">性别</td><td>男</td><td colspan="2">民族</td><td colspan="2">汉族</td><td rowspan="4">本人相片</td></tr>
<tr><td>出生年月</td><td>1986. 2. 2</td><td colspan="2">政治面貌</td><td>团员</td><td colspan="2">健康状况</td><td colspan="2">良好</td></tr>
<tr><td>院　系</td><td colspan="2">××大学法学院</td><td colspan="3">入学及毕业时间</td><td colspan="3">2006. 9—2009. 7</td></tr>
<tr><td>专业名称</td><td colspan="2">法学</td><td colspan="3">家庭地址</td><td colspan="3">×市×区×路</td></tr>
<tr><td>学　制</td><td colspan="2">四年</td><td colspan="3">培养方式</td><td colspan="2">全日制</td><td>学历</td><td>本科</td></tr>
<tr><td>联系电话</td><td colspan="2">××××</td><td colspan="3">E－mail</td><td colspan="4">××××</td></tr>
<tr><td>主要专业课程</td><td colspan="9">宪法、刑法、刑事诉讼法、法理学、宪法学、经济法、民法、民事诉讼法、刑法总则、行政法、国际公法、国际私法、国际经济法、法律史、商法、知识产权法</td></tr>
<tr><td>学术水平</td><td colspan="9">在××核心类期刊《××》（××年第×期）上发表学术论文一篇《××》</td></tr>
<tr><td>社会实践经历</td><td colspan="9">2005. 9—2006. 3 任班宣传委员、学院团委宣传委员
2006. 3—2007. 3 任校团委团刊《××》记者
2008. 7—2008. 9 在《××法制报》周刊实习
2008. 9 至今　　赴贫困地区参加社会实践活动</td></tr>
<tr><td>所获奖励</td><td colspan="9">2005 年被评为××市市级三好学生
2006 年被评为校级三好学生、优秀干部
2008 年获大学优秀社会实践奖学金
2008. 9 至今荣获法制作品征文大赛奖励、学院 2009 届优秀毕业生</td></tr>
<tr><td>计算机应用能力</td><td colspan="9">获得国家计算机二级证书</td></tr>
<tr><td>外语应用能力</td><td colspan="9">通过国家大学英语四级考试，具备较强的英文阅读能力、听力、口头表达能力和笔译能力</td></tr>
<tr><td>需求岗位</td><td colspan="9">本人愿意到党政机关、新闻单位、报社从事本专业或相关专业工作</td></tr>
<tr><td>备注</td><td colspan="9"></td></tr>
</table>

四、技能引导

个人简历写法比较灵活，一般由标题、正文、结尾、署名、日期、联系方式构成。

（一）标题

在正文上端居中写明“个人简历”或“本人简历”。

（二）正文

正文的写法一般分多层展开：个人信息，包括姓名、性别、民族、政治面貌、学历与学位、毕业院校及专业、现工作单位等；教育背景，包括在校期间学习专业及课程情况，专业技能及实践经验，集中介绍一个或两个方面；本人专长，本专业以外的所学、所长、所取得的成绩、社会工作能力情况；个人性格品质；需求岗位意愿等。

（三）结尾

结尾主要表达自己在今后工作中如何表现，例如不懈努力、积极进取、回报单位的决心和信心等。结尾部分不宜多写，一般三两句话即可，也可省略不写。

（四）署名

在正文右下方签署当事人姓名，姓名书写于日期的上一行，超出日期前两个字的位置，姓名要写全称，不可以使用“小李”“老王”等。

（五）日期

在署名下一行写全年、月、日，一般要用大写的汉字，日期后空四字。

（六）联系方式

最后写上家庭住址、联系电话、传真、电子邮箱等。

五、个人简历的写作实训

（一）病文诊治

个人简历

姓名：李××

联系地址：广州市中山三路××号

联系电话：（略）

求职目标：经营部、营销部、广告部、管理部

资格能力：1998 年 7 月毕业于××商学院商业管理系，获商业管理学士学位。所修课程主要有：商业经济、商业管理、市场营销、商业传播、广告学、公共关系学等。选修课程有：零售企业管理、消费者行为和计算机原理与应用等。在校期间学习成绩一直优秀，撰写的毕业论文曾受到奖励，并在全国多家报刊上发表。

工作经历：1998 年 6 月至现在皆在××市百货公司负责市场营销及有关管理工作。

社会活动：求学期间曾担任××协会主席，曾在××市营销管理论坛上代表协会发表演讲，并在该论坛 1997 年 5 月举行的会议上当选为年度“明星之星”。

其他情况：1975 年出生，未婚，能熟练运用各种现代办公设备，英语会话能力强，书写能力略逊。爱好旅游、打网球、摄影。

（二）强化训练

（1）个人简历文字式模板，如图 4－1 所示。

标题（居中）

正文

个人信息

教育背景

本人专长

个人性格品质

需求岗位

结尾

署名（超出日期两字）

日期（后空四字）

联系方式（电话、传真、手机、地址、邮编等）

图 4－1　个人简历格式模板（文字式模板）

（2）个人简历文字加表格式模板，如表 4－1 所示。

表 4－1　文字加表格式模板

<table>
<tr><td>姓　名</td><td></td><td colspan="2">性别</td><td></td><td colspan="2">民族</td><td colspan="2"></td><td rowspan="4">本人相片</td></tr>
<tr><td>出生年月</td><td></td><td colspan="2">政治面貌</td><td></td><td colspan="2">健康状况</td><td colspan="2"></td></tr>
<tr><td>院　系</td><td colspan="2"></td><td colspan="3">入学及毕业时间</td><td colspan="3"></td></tr>
<tr><td>专业名称</td><td colspan="2"></td><td colspan="3">家庭地址</td><td colspan="3"></td></tr>
<tr><td>学　制</td><td colspan="2"></td><td colspan="3">培养方式</td><td colspan="2"></td><td>学历</td><td></td></tr>
<tr><td>联系电话</td><td colspan="2"></td><td colspan="3">E－mail</td><td colspan="4"></td></tr>
<tr><td>主要专业课程</td><td colspan="9"></td></tr>
<tr><td>学术水平</td><td colspan="9"></td></tr>
<tr><td>社会实践经历</td><td colspan="9"></td></tr>
<tr><td>所获奖励</td><td colspan="9"></td></tr>
<tr><td>计算机应用能力</td><td colspan="9"></td></tr>
<tr><td>外语应用能力</td><td colspan="9"></td></tr>
<tr><td>需求岗位</td><td colspan="9"></td></tr>
<tr><td>备注</td><td colspan="9"></td></tr>
</table>

（三）写作实训

广州市××公司是一家从事健康产业的专业化公司，集研发、生产、经营、售后服务于一体，主要生产、经营医疗器械、保健器材、健康食品、功能纺织品等。为了扩大公司的业务，现在向社会公开招聘如下人员：

储备干部：专科以上学历，较强的组织、沟通、协调能力，有吃苦创业精神、团队协作意识和一定的管理悟性，人数 8 名，男女不限。

公关宣传人员：专科以上学历形象气质佳，普通话标准，文笔流畅，有才艺者优先，男生 1.75 米以上，女生 1.6 米以上，人数 8 名。

营销人员：中专以上学历，五官端正，身体健康，敬业爱岗，积极向上，人数 10 名，男女不限。

售后服务人员：中专以上学历，五官端正，口齿流利，敬业爱岗，人数 3 名，男女不限。

储备财务人员：专科以上学历，较强的组织、沟通、语言表达能力，形象好，有魄力，有亲和力，人数 5 名，男女不限。

专卖店店长：专科以上学历，较强的组织、沟通、表达能力，形象好，有魄力，有亲和力，人数 8 名，男女不限。

石岩看完以上材料后，觉得公关宣传人员比较适合自己，按照简历的写作要求，请你代石岩写一份个人简历。

六、归纳总结

（一）概念

个人简历是对个人学历、经历、特长、爱好及其他有关情况所作的简明扼要的书面介绍。个人简历是一个人生活经历的精要总结，在一定程度上是一个人的整体形象的缩影，因而是现代社会人事档案的一个重要组成部分，也是考察干部、选拔任用人才等必须具备的一份重要资料。

（二）分类

按照书写形式，个人简历可分为文字式和文字加表格式。

（1）文字式个人简历。以文字为表达方式。

（2）文字加表格式个人简历。以文字加表格为表达方式。

（三）基本内容

一般来说，简历应该包括以下六个部分。

1. 个人基本信息

一般包含姓名、住址、电话、电子邮箱四项内容。

2. 求职意向

即求职目标或个人期望的工作职位，主要说明求职者想要从事什么样的工作。

3. 教育背景

这个部分是应届毕业生或者无任何工作经验的求职者需要用心准备的内容。学校正规的课程、自我提升和参加专业机构的培训等内容都可以在教育背景中说明，但前提是要与所应聘的工作相关。

4. 工作经历

工作经历是简历的重头戏。对于应届毕业生或无任何工作经验的求职者可以突出实习或者兼职经历、社团活动等。

5. 获奖及荣誉

应届毕业生可以罗列在学校获得的荣誉、奖学金，参加的各项校内外活动和比赛等。

6. 技能及证书

技能及证书包括外语水平证书、计算机能力证书、培训证书、各项职业资格证书等。只要与应聘职位密切相关，都可以在简历中着重提出。

（四）注意事项

（1）简历内容要简。简历的“简”字，就决定了简历的篇幅不能太长，要做到简明扼要。

（2）详细写出特长。求职者在填写自己的特长时，比较模糊和笼统，没有说明到底“特”在哪里，这让用人单位很难作出准确判断，也容易产生怀疑。因此，填写时一定要详细。

（3）求职目标明确。所有内容都应有利于应征职位，无关的或者妨碍应征的内容不要叙述。

（4）突出过人之处。每人都有自己值得骄傲的经历和技能，如应聘者有演讲才能并获得过大奖，应详尽描述，这会有助于应聘者应征营销职位。

（5）用事实和数字说明。不要只写上“善于沟通”或“富有团队精神”这些空洞的字眼，应举例说明曾经如何说服别人，如何与一个意见相左的人成功合作的事例。这样才有说服力并给人留下深刻的印象。

（6）自信但不自夸。充分准确地表达应聘者的才能即可，不要过分浮夸，华而不实。

（7）适当表达关注及兴趣。在简历中适当表达对招聘单位的关注和兴趣，这会引起招聘人的注意和好感。

（五）相关链接

简历中应避免以下几种语言。

（1）随信附上履历，供您参考。履历不是给对方参考的，又是做什么的呢？因此，“供您参考”完全可以去掉。

（2）我认为、我觉得……牵涉个人感受、情感的语句，与公事无关，少说为妙。

（3）我精力充沛。难道有人会说：我天性懒惰吗？此类问题，最好用实例说明，可以这样说：“在公司业务繁忙时，我可以连续工作 7 天，每天工作 12 小时。”

（4）请查收履历。如果你没有把履历藏起来，不必告诉对方查收。

（5）薪金待遇可以协商。薪金问题，回避为宜，这个问题留在面试之后再说。

（6）期待您的答复。把主动权控制在自己的手中，告诉对方将会与之联系，要主动出击，不要守株待兔。

（7）我的专长可应用于……太空泛，用事例说明自己的专长在对方的空缺职位上大有用武之地。

项目二　拟写竞聘词

一、知识目标

通过该模块的学习，认识竞聘词的概念、格式、特点、分类、写法要求、写法技巧及如何巧妙的“自我推销”。

二、能力目标

通过阅读范文，了解各种类型竞聘词的写作特点和规范；通过病文诊治和写作实训，熟悉竞聘词的写作程式；能够根据要求，撰写出格式正确、内容完整、层次清晰、目标明确的竞聘词。

三、写作范例

示例 1

扬起自信的风帆

——在远帆文学社竞选大会上的演讲

安徽　姜军

尊敬的各位评委，亲爱的同学们：

我来自高三文科班，拥有一个很大气的名字：姜军，所以我决心竞选社长一职。对此，我有足够的自信。

首先，我的文学成绩虽不十分出色，但也有一定影响：发表了数十篇文章，荣获过多项大奖。记得《中学生大观察报》常务总编国理才老师在给我的信中深情地写道："你有良好的天赋，用心去写，去亲近、感悟文字吧！"

其次，我干过两年的《大校园》学生记者，迄今仍被多家刊物聘为记者和会员。有一定的采访、办刊经验，如竞选顺利，我将是轻车熟路，较别人更容易进入社长的角色。

再次，我和全国各地的一些校园刊物、文学社团都有固定联系。我将充分利用这一得天独厚的条件，扩大我社影响，提高我社知名度。

最后，也是最重要的，那就是我的激情，我的热忱。两年的创作实践，无论是学习，还是为人处世，都使我成熟了许多。期间经历的挫折和打击，反而更坚定了我对文学的热爱。我在《书剑如梦》一文中曾这样写道："今生，无论何时何地，注定要以笔为剑，做着行侠仗义、笑傲红尘的迷梦。"这，是我一生不灭的追求！

在这充满竞争、洋溢青春朝气的大舞台上，机会大家均等，但能力各有千秋，阐述的理由也各有特色。对于文学社具体工作的开展，我有一份详细的计划，在此我不想过多赘述，因为这只是写在纸上、说在口上的。如果我竞选社长成功，我将在老师的指导下开展工作，团结文学社全体成员和全校师生一道为我校的精神文明建设增光添彩。到那时，奉献给大家的必定是美好的现实。

滚烫的宣言高高升作猎猎风帆，搏击风浪的自信飞扬在宏阔的蓝天下，我们是一队年轻的船，远航，拒绝靠岸！谢谢大家！

示例2

竞选文娱委员的演讲词

江苏如皋市如城一中96级高三（1）刘丹

各位同学：

你们好！

我的竞选目标是文娱委员。实不相瞒，对这一职位我是垂涎已久，因此我今天走上讲台，不是凑凑热闹，而是有备而来。我自信，我的竞争优势是无人能比的。

我曾在小学和初中阶段长期担任班级文娱委员，有着"从政"的丰富经验。记得小学三年级时，为迎接我县撤县建市，学校要求每班出几个节目。我组织全班同学积极投入，排演了大合唱《让我们荡起双桨》和小品《爷爷，过年了》，赢得了一致好评，我也因此获得"最佳小导演"称号。初中阶段，我所组织的班级"诗朗诵"活动获学校评选的一等奖。好汉莫提当年勇，而今勇气胜当年。

当然，会唱歌不一定就能当好文娱委员。下面就请听听我的工作设想，考察我的工作能力。我将在竞选成功的第二天，在教室后墙上开辟一块“歌迷影迷园地”，及时向大家汇报歌坛、影坛新动态、新信息，介绍歌星、影星的逸闻趣事。我将在重要的节日里，组织主题鲜明、风格独特的联欢晚会，让大家尽情尽兴，以松弛一下平时绷得过紧的神经，调剂我们紧张的学习生活。我还会不定期地在课间搞个“轻松五分钟”，或让未来歌星过把瘾，或让准笑星幽他一默，或设计几个“斯芬克斯之谜”让大家有奖竞猜。如果条件允许，我还准备搞个小型的“文化沙龙”，不定期的切磋艺事。并且每隔一段时间就交换一下各自的磁带、影碟，实行“资源共享”。我将定期召开学生代表会议，及时搜集对班级“文化生活”的意见，并根据合理的意见不断改进工作。

总之，我会让每一位同学明显感到，自从我当上文娱委员后，班级的文娱气氛变得浓厚了，大家的学习生活也不再是枯燥无味了。我将用自己的实际行动证明我当文娱委员就是“无可替代”。

同学们以前常说：“窗外的世界很精彩，里面的我们很无奈。”你们如果选我当文娱委员，我一定会变它为“窗外的世界很精彩，窗内的生活也多彩”。当我全面实施我的施政纲领时，请为我喝彩！

明智的你，请投出明智的一票！谢谢！

示例 3

竞选班长的演讲词

同学们：

你们好！

今天，我走上讲台的唯一目的就是竞选“班级元首”——班长。我坚信，凭着我新锐不俗的“官念”，凭着我的勇气和才干，凭着我与大家同舟共济的深厚友谊，这次竞选演讲给我带来的必定是下次的就职演说。

我从来没有担任过班级干部，缺少经验。这是劣势，但正因为从未在“官场”混过，我一身干劲，没有“官相官态”“官腔官气”，更不可能是“官痞官油子”；少的是畏首畏尾的思虑，多的是敢作敢为的闯劲。正因为我一向生活在“最底层”，从未有过“高高在上”的体验，对摆“官架子”看不惯，就特别具有民主作风。因此，我的口号是“做一个彻底的平民班长”。

班长应该是架在老师与同学之间的一座桥梁，能向老师提出同学们的合理建议，向同学们传达老师的苦衷。我保证做到在任何时候，任何情况下，都首先是“想同学们之想，急同学们之所急”。但师生之间发生矛盾时，我一定明辨是非，敢于坚持原则。特别是当老师的说法或做法不尽正确时，我将敢于积极为同学们谋求正当的权益。

班长作为一个班级的核心人物，应该具有统驭全局的大德大能，我相信自己是够条件的。首先，我有能力处理好班级的各种事务。因本人具有较高的组织能力和协调能力，凭借这一优势，我保证做到将班委成员的积极性都调动起来，使每个班委成员扬长避短，互补互助，形成拳头优势。其次，我还具有较强的应变能力，所谓“处变不惊，临乱不慌”，将损失减少到最低限度。再次，我相信自己能够为班级的整体利益牺牲一己私利，必要时，我还能“忍辱负重”。最后，因为本人平时与大家相处融洽，人际关系较好，这样在客观上就减少了工作的阻力。

我的治班总纲领是：在以情联谊的同时以“法”治班，最广泛地征求全体同学的意见，在此基础上制定出班委会工作的整体规划；然后严格按计划行事，推选代表对每个实施过程进行全程监督，责任到人，奖罚分明。我准备在任期内与全体班委一道为大家办十件好事：

1. 借助科学的编排方法，减轻个人劳动卫生值日的总长度和强度，提高效率；

2. 联系有关商家定期送纯净水，彻底解决饮水难的问题；

3. 建立班级互助图书室，并强化管理，提高其利用率，初步解决读书难的问题；

4. 组织双休日城乡同学的“互访”，沟通情感，加深互相了解；

5. 在得到学校和班主任同意的前提下，组织旨在了解社会、体会周边人们生存状态的参观访问活动；

6. 利用勤工俭学的收入买三台处理电脑，建立电脑兴趣小组；

7. 帮助寄宿生和通勤生结成互帮互促的对子；

8. 建立班级“代理小组”，做好力所能及的代理工作，为有困难的同学代购物件、代寄邮件等；

9. 设一个班长意见箱，定时开箱，加速信息反馈，有问必答。

我会是一个最民主的班长，常规性的工作要由班委会集体讨论决定，而不是我一个人说了算。重大决定必须经过“全民”表决。如果同学们对我不信任，随时可以提出“不信任案”，对我进行弹劾。你们放心，弹劾我不会像弹劾克林顿那样麻烦，我更不会死赖着不走。我决不信奉“无过就是功”的信条，恰恰相反，我认为一个班长“无功就是过”。假如有谁指出我不好不坏，那就说明我已经够“坏”了，我会立即引咎辞职。

同学们，请信任我，投我一票，给我一次锻炼的机会吧！我会经得住考验，相信在我们的共同努力下，充分发挥每个人的聪明才智，我们的班务工作一定能搞得十分出色，我们的班级一定能跻身全市先进班级的行列，步入新的辉煌！

谢谢大家！

四、技能引导

（一）标题

标题一般有三种写法：文种标题法、公文标题法和文章标题法。

（1）文种标题法。此类标题可以只标“竞聘词”三字。

（2）公文标题法。此类标题采用类似公文标题的方式书写，如《关于竞聘××公司经理的演讲》。

（3）文章标题法。这类标题可用单行标题拟制，也可采用正副标题形式，例如《明明白白做人实实在在做事——竞聘学校办公室主任的演讲词》。

（二）称谓

即对评委或听众的称呼，一般用“各位评委”“各位听众”等。

（三）正文

（1）开头。开门见山讲自己竞聘的职务和竞聘的缘由。开头应自然真实，干净利落。

（2）主体。简洁地介绍自己的情况，如年龄、学历、政治面貌、现任职务等一些自然情况。

摆出自己优于他人的竞聘条件，如政治素质、业务水平、工作经历等。提出假设自己任职后的施政目标、施政构想、施政措施。

（3）结尾。用最简洁的话语表明自己的决心、信心和请求。

当然，竞聘词要考虑多种临场因素与竞争对手因素，结构可以灵活多样，但是其基本内容离不开以上几个部分。

五、竞聘词的写作实训

（一）病文诊治

学生干部竞选演讲稿

尊敬的各位老师、同学们：

你们好！

金秋送爽，转眼我们进入深秋。万山红遍、层林尽染，鹰击长空、鱼翔浅底，好一派迷人的深秋景色啊。我的心情和大家一样愉快！祝大家天天开心！

今天我作为学生代表，十分荣幸地站在这里参加本届学生会主席团成员的竞选。我竞选的是学生会副主席一职，虽然我很清楚，我的竞争对手都是各个班级精挑细选选出来的精英，实力不可小觑，但我充分相信自己的能力，所以，今天，我能够站在这里挑战主席团！

或许有些人会暗自发笑：这小子怎么这么自负！可是我想说，自负，就是高度的自信！一个人如果连自己都不相信，那么他就没有资格做任何事，即使做了，也很难成功！我之所以能够站在这里，大部分是由于我的自信！当然，能力也很重要，一个人的信心和能力永远是成正比的。

本人兴趣广泛，特别是在美术方面有一定的特长，喜欢画画、制作广告和宣传工作，曾获文学院“反腐倡廉”广告语比赛的三等奖，代表班级获系“海报风采展”一等奖，并多次在《声屏报》发表自己的漫画作品。除此之外，我还在蜗牛饰品店做过兼职，负责销售和设计饰品，积累了一定的实践经验，懂得了如何销售饰品以及如何更好地与顾客沟通。我认真学习会计基础，并考取了中级电算会计证。

加入主席团，是一种荣誉，更是一种责任。我知道这条路上有许多挑战，但我自信我有能力担起这副担子，因为我有热情，我有毅力，我有实事求是的工作态度。如果我有幸当选，我将以良好的精神状态，大胆地管理学生会事务，使校园生活更加多姿多彩，真正做好本届学生会的工作！

假如我未能当选，我也不会灰心、气馁，我将在今后努力提高自己的能力，同时希望学生会工作在本届学生会成员的管理、协作下越做越好！

但愿我今晚好运，谢谢各位！

（二）写作实训

又到学生会一年一度换届选举的时候了，你想竞聘什么职务呢？请根据自己的情况撰写一篇竞聘词。

六、归纳总结

（一）竞聘词的概念

竞聘词，也叫竞聘演讲稿，或叫竞聘讲话稿。它是竞聘者为了竞争某岗位或职位而向领导和听众展示自己优势条件的演讲稿。大到竞选总统，小到竞聘上岗，都要用这种演讲稿。

（二）竞聘词的特点

竞聘词是演讲稿的一种，因此，它具有针对性、时限性、鼓动性、艺术性等演讲的一般特点，但由于它是针对某一竞争目标而进行的，所以，除了这些共性外，还具有以下个性特点。

1. 目标的明确性

目标的明确性是竞聘演讲区别于其他演讲的主要特征。一方面，表现在演讲者一上台就要鲜明的亮出自己所要竞聘的目标；另一方面，其所选用的一切材料和运用的一切手法也都是为了一个目标——使听众能投自己一票。

2. 内容的竞争性

一般的演讲，内容尽管是海阔天空，谈古论今，但一般都不是来显示自己的长处。竞聘演讲则不同，它的全过程都是听众在候选人之间进行比较、筛选的过程。竞聘者如果“谦虚”“不好意思”说自己的长处，就不能战胜对手。因此演讲者必须尽自己最大的可能来显示出自己胜他人一筹的优势，做到“人无我有”“人有我优”“人优我特”。有时，甚至还要把本来是“劣势”的东西换一个角度讲成“优势”。

3. 措施的条理性

演讲者在讲措施时一定要注意条理清晰、主次分明，不要像漫坡放羊那样，讲到哪算哪，让人听了一团乱麻。为了把措施讲得有条理，演讲者可以用列条的方法，如“第一点”“第二点”等表示；或用过渡语来承上启下，这样不仅条理清晰，而且使演讲上下贯通，浑然一体。切忌结构过于复杂，层次过细。

（三）竞聘词的分类

竞聘词是演讲稿的一种，它的分类也跟演讲稿一样，根据不同的标准有不同的分类方法。就工作竞聘词而言，一般来说，竞聘技术岗位的称为技术岗位竞聘词，竞聘行政职务岗位的称为行政岗位竞聘词等。

（四）竞聘词的写法要求

竞聘词中介绍个人简历时要讲求真实性、简要性，突出特殊性；展示工作能力时要突出工作成绩、优化工作思路；提出的施政措施要目标明确、实在；语言上要做到情真意切、质朴。

竞聘词的写作除了观点鲜明、内容充实、语言通顺外，还要注意如下问题：

（1）实事求是，明确具体。竞聘者应该实事求是，言行一致。每介绍一段经历、一项业绩都必须客观实在。

（2）调查研究，有的放矢。竞聘词是针对岗位而开展的，因此，写作前必须了解岗位的情况，力争找到解决问题的最佳途径，以便战胜对手。

（3）谦虚诚恳，平和礼貌。评审人员及与会者是不会接受狂妄傲慢、目中无人的竞聘者并委以重任的，所以，竞聘词写作十分讲究语言的分寸，表述既要生动、有风采、打动人心，同时又要谦逊可信，情感真挚。

（五）竞聘词的写法技巧

1. 开头要开门夺气

竞聘词的一个重要特点，就是竞争性，而竞争的实质就是争取听众的支持，鼓舞、壮大己方支持者的队伍，瓦解、分化对方支持者的营垒。做到这点的有效手段之一，就是在演说之初的几分钟内，在气势上争取主动，战胜对方。

2. 主题要突出要项及优势

获取竞聘演讲成功的关键部分就在主题部分。因此，在这部分的写作上，要突出要项，充分展示竞职者的竞争优势。具体地说，可以从以下几个方面努力。

（1）任期目标。竞聘者提出的任期目标要明确且具体实在、才能使人信服。

任务、指标要明确，能量化的要尽量量化，不能量化的要具体化。并且，竞聘者所定目标要具有竞争力，还必须注重目标的先行性。

（2）施政构想。竞聘者写作时可以联系客观实际、体现岗位特点、注重难点问题、适应发展形势来谈施政构想，对未来的工作岗位做出统筹安排。

（3）措施方略。竞聘者围绕实现未来的任期目标所提的方法、措施，必须切实可行。让人感到踏踏实实，可以操作。同时，思路要新颖独到，使人感到有创新，有发展，高人一等。这样，才有吸引力、号召力。

（4）个人优势。它的内容广泛，包括个人的各种素质、能力、水平。其中常提到的有政治、思想、文化、义务、心理、身体等方面的素质；有管理、公共、组织、协调、表达等方面的能力；有政策、理论水平；有个人资历、工作经历、专业水平等。这方面的内容，要根据设置岗位的实际需要，有选择、有针对性地介绍，或表现在经历上有突出优势，或在素质上突出优势，或在构想上突出优势，或在语言上突出优势，等等。宜简不宜繁，内容要充实。

3. 讲究竞聘技巧

具体来说，一是要根据岗位工作的需要，善于扬己之长，用事实表明自己比对手更有特长；二是根据群众的美好愿望，善于体察民心，用事实表明自己比对手更能满足民众的急切需求；三是根据单位现有的条件，善于物尽其用，人尽其才，用比对手略胜一筹的任期目标，提出对手未曾想到的点子，说明自己比对手更有办法。

总之，竞聘者准备竞聘词，要善于扬己之长，用事实说话。切忌吹牛、浮夸、华而不实。

（六）实战技巧

竞聘词中如何巧妙地“自我推销”，具体来说应该做好以下几个方面。

1. 铺垫

竞聘者一般在演讲中总要简介个人经历，以让评委和听众了解竞聘者的文化程度、知识水平和实践能力等基本情况，以此作为推销自己的“利器”。因此，这种自我简介，在写作上做些必要的铺垫，也就成为了一种自我推销的实用技巧。

2. 对比

有比较就有区别。竞聘者在写作上要善于运用对比的推销技巧，把自己的特点和优势表达出来，这将有利于评委和听众通过对比作出正确的认定和选择。

3. 衬托

竞聘者可以根据表达的需要，在文中可以借助名人或权威对自己的评价或影响来增强评委和听众的信任感。这种衬托技巧，实际上就是一种侧面的渲染，运用得好，往往能够产生独特的推销效果。

4. 印证

竞聘者在阐述自己优于他人的竞职条件时，如全面展示自己的强项，一定要用实实在在的成果和业绩来证明，才能让人信服，这就是“印证”的推销技巧。

5. 反转

在一般情况下，竞聘者都是从正面阐述自己的特点和长处，以突出竞争的优势。在特殊条件下，也可以从反面表明自己的弱点和短处，然后通过辩证分析，巧妙地把劣势转化为优势。这样，不仅可以给人以坦诚的印象，而且同样能够使人信服。

6. 暗示

竞聘者在突出自身的竞争优势、表示一定胜过别人的时候，不妨运用含蓄一点的语言，给评委和听众以“我一定会不负众望”的暗示。这样做，推销的效果反而更好。

（七）相关链接——竞聘词要善于把握好五大关系

竞聘词是谋职时发表的公开演讲，具有明确的针对性和强烈的竞争性，要取得成功，还须认真处理好以下五个关系：

（1）朴实与生动的关系。演讲者在介绍个人简历、陈述竞职条件、提出岗位目标和工作措施时，用朴实的语言固然能够给评委和听众以质朴诚实的印象，但是既充满活力又能感动人的语言，同样能够从另一侧面展示演讲者的口才魄力和性格风采。如一位高中生的竞职演讲的开头：“春天来了，我也来了。我驾着踌躇满志的春风而来，来竞选学生会主席一职……”朴实中不乏生动，生动中又见朴实，受到听众的欢迎。

（2）直率与含蓄的关系。竞职演讲的针对性特点要求演讲者要以直率的态度，明确的表达自己的竞职动机和条件等，这种直率并非毫无节制，在演讲者突出自身的竞争优势，力图胜过对手的时候，就不妨运用含蓄一点的语言，巧妙地说明“他不行，我行”，或“他行，我更行”，以避免“抬高自己，贬低别人”之嫌。

（3）严肃与幽默的关系。竞职演讲是一件非常严肃的事情，但它并不意味着演讲者要板着面孔，用抽象的概念和枯燥的数据来说话。演讲者不失时机地用一用幽默手法，往往会获得出人意料的现场效果。

（4）自信与谦恭的关系。竞职演讲是一种竞争，演讲者都要善于展示自己的特长，突出自身的优势，以唤起听众的信任感。同时，又要充分尊重评委和听众，虚心听取对手的经验，学习别人的优点。因此，在演讲时要在演讲内容、语言气势和仪态气质上表现出一种强烈的自信，使听众产生靠得住的感觉；可又要表现出一种谦恭的良好风度，给听众留下虚怀若谷、文明礼貌的好印象。

（5）理智与情感的关系。无论是介绍、自我评价，还是提出和阐释构想，竞职者的言辞态度都要给听众以鲜明的理智感，但是它同样需要情感的作用，因为真挚而强烈的情感，能够使听众产生心理共鸣，从而确立有利于竞聘者的情感意向。情理交融的竞职演讲，必定会产生良好的效果。

项目三　拟写主持词

一、知识目标

通过该模块的学习，了解主持词的概念、特点、分类、基本内容和形式，掌握主持词的写作格式和技巧。

二、能力目标

通过阅读范文，体会不同格式主持词的内容要求和写法；通过病文诊治、写作实训，能够根据要求，撰写出各种会议、大型纪念活动、庆祝活动及大型集会的主持词。

三、写作范例

示例 1

在××公司揭牌仪式上的主持词

2010 年 11 月 5 日

主持人　　副镇长 ×××

各位领导、同志们、朋友们：

银厦建设有限公司宝业分公司是我们长领岗镇目前规模较大、经营较好、发展稳定的一家镇属企业，经党委、政府研究酝酿，通过公司招聘，决定由王志超同志担任该公司总经理，经过近三个月的筹备，今天，公司正式揭牌。

参加今天揭牌仪式的有：县委书记 ×××，郭阳县县长 ×××，镇党委 ××× 书记，镇长 ×××，长发路桥建设公司 ××× 经理，总公司 ××× 董事长以及社会各界同仁、朋友，让我们以热烈的掌声，对他们的到来表示欢迎和感谢！

下面，我宣布：银厦建设有限公司宝业分公司揭牌仪式开始：

鸣放鞭炮、演奏音乐。

集团公司总经理 ××× 讲话。

镇政府 ××× 镇长致辞。

县长 ××× 致辞。

县委书记 ×××、集团总经理 ××× 揭牌。

……

在本次庆祝银厦建设有限公司宝业分公司的揭牌仪式上，公司总经理 ××× 同志、镇政府 ××× 镇长、县长 ××× 等领导做了热情洋溢的致辞，从他们的讲话中，我们深切感受到县委、县政府、镇党委政府对公司的关心和支持，也深切感受到各级领导对壮大乡镇龙头企业的殷切期望，让我们衷心地祝愿银厦建设有限公司宝业分公司越来越发达，越飞越高！

最后，预祝各位领导，同志们：身体健康、工作顺利、万事如意！

示例 2

纪念清明节重温入党誓词活动主持词

×××

（2009 年 4 月 5 日）

同志们：

今天，我们所有市级党员领导干部，怀着崇敬的心情来到革命烈士纪念碑前，举行缅怀革命先烈、重温入党誓词活动。

今天的活动有四项议程，下面逐项进行：

第一项议程，请市委书记 ××× 同志、市政府市长 ××× 同志、市人大常委会主任 ××× 同志和市政协主席 ××× 同志代表大家向抗日战争而牺牲的革命烈士献花篮。

……

第二项议程，举行默哀仪式。全体成员：

一鞠躬

二鞠躬

三鞠躬（礼毕）

第三项议程，由主持人领读入党誓词。

入党誓词：我志愿加入中国共产党。拥护党的纲领，遵守党的章程，履行党员义务，执行党的决定，严守党的纪律，保守党的秘密，对党忠诚，积极工作，为共产主义奋斗终生，随时准备为党和人民牺牲一切，永不叛党。

第四项议程，请市委书记 ××× 讲话。

……

同志们，我们举行今天这个活动的目的，就是要学习革命先辈为党和人民的事业敢于流血牺牲的大无畏革命精神，学习他们听从组织召唤、服从组织安排的党性原则，学习他们任劳任怨、无私奉献的崇高品格。刚才，××× 书记就如何实践入党誓言，学习革命先烈提出了要求。我们每个同志都要按照“三个代表”重要思想的要求，充分发挥表率作用，坚定信念，做忠诚党的事业的模范；强化责任，做实践党的宗旨的模范；创新实干，做争创一流业绩的模范；勤政为民，做坚持立党为公、执政为民的模范。要以实际行动实践“三个代表”重要思想，永远保持共产党员的先进性，以实际行动为××的发展建功立业，为开创××经济社会发展的新局面而努力奋斗！

活动到此结束。

示例3

女：尊敬的各位领导、各位来宾：

男：亲爱的老师、同学们：

合：你们好！

女：踏着“蒹葭”的节拍，
我们从《诗经》中徐徐走来。

男：一路经历了唐诗、宋词和元曲，
我们徜徉在诗的国度，
享受着诗歌的激情和浪漫。

女：诗歌是明眸中的亮点，
诗歌是心灵天空的繁星。

男：诗歌是跳动的音符，
诗歌是理想世界的阳光。

女：今天，正值七月盛暑，就像我们正是诗意年龄的大学生，

合：挥洒青春激情，
放飞人生理想。

男：衷心希望我们这次诗歌朗诵会，
能够给各位带来丝丝凉风，
能够给各位送来款款深情。

女：让我们在欣赏美、品位美的同时给大家留下美好的夏日回忆！

四、技能引导

主持词一般由标题、日期、主持人姓名、称谓、正文构成。

（1）标题。一般由“会议活动名称＋主持词”构成，如《第七届教师节大会开幕式主持词》。

（2）日期。标题之下居中标明会议活动的具体日期。

（3）主持人姓名。日期之下居中标明主持人的身份和姓名。

（4）称谓。一般是身份从高到低，性别先女后男，并尽可能覆盖全体参加对象。

（5）正文。主持词正文部分要根据事先确定的会议或仪式的程序来拟写，

使主持词与每一项活动程序有机地融合起来。具体环节大致有开场白、介绍、串联词和小结。

①开场白。主持人的开场白主要是起宣布会议或仪式开始的作用，在不专门安排致开幕词的会议中，主持人的开场白相当于开幕词。大型会议活动开幕式由于另有人致开幕词，因此主持词的开场白可对参加开幕式的来宾表示欢迎和感谢，或者简要揭示会议活动的背景和意义，作为开幕式的引子。要注意语言简明，不可长篇大论，避免与后面的开幕词或欢迎词意思重复。

②介绍。主持人要介绍出席会议或仪式的主要领导和嘉宾以及每一位致辞人、发言人，其他主席和主要领导人、主要来宾，报告会议的出席人数，说明会议的目的、任务和宗旨，宣布会议议程或程序，强调会议的纪律和注意事项，介绍发言者的姓名和职务，宣布会议的结果，宣布会议结束等。介绍时，一要做到次序得体，一般按身份从高到低，身份相同时，可按资历高低或先宾后主；二要做到被介绍者的身份、职务、姓名清楚准确；三要做到礼貌，即介绍致辞人、发言人、颁奖人、领奖人时，要用“请”“有请”等礼貌用语。

③串联词。在结构上要将每节内容串联起来，成为一个有机的整体，表达的每一项程序要以自然段落分开或标上序号，语言要根据会议的性质和内容确定表达风格，如法定性代表大会的主持词要求准确、严密、规范，符合会议的议事规则，而节事活动的主持词则可以幽默、风趣、生动、活泼，充满激情。

④小结。每项程序结束后，主持人可作一个简短的小结，阐明致辞、发言或具体活动的意义，对发言者表示感谢。会议或仪式结束之前，可概括会议成果，对与会者提出希望和祝愿，也可根据程序安排，导入下一节活动。

五、主持词的写作实训

（一）病文诊治

病文 1

同志们：

今天，我们院全体党员，拂晓时刻就乘车来到西柏坡。这是我们在先进性教育活动中的一件大事，是我们把先进性教育活动引向深入的一个具体举措。

院党组之所以选择春节刚过，元宵节将来临之时采取这次行动，是有深刻用意的。主要目的就是让大家再接受一次“两个务必”的传统教育，再接受一次党员先进性的现场教育，以此来鼓舞我们的斗志，以此来激发我们搞好先进性教育活动的决心。

现在，当我们在“料峭寒风又醒”的初春季节，即将面对鲜艳的党旗庄严宣誓，我们每一个党员同志都应该感到一种鼓舞、一种振奋、一种警醒。我们每个人都应深深地回味一下，认真思考一下“历史、现实、未来”这三个关键词语所构成的神圣课题，西柏坡是老一辈无产阶级革命家战斗过、生活过的地方，新中国从这里走来，西柏坡也是我们党进京赶考的起点。红色西柏坡是在党的历史上留下的一座丰碑，在每个共产党员的心中是一个鲜红的情结，历史现实和未来是割舍不断的。缅怀先贤是为了不忘记历史，珍重历史是为了激励现在，紧抓现在是为了开启未来，这一切的一切归结起来，就是我们这次先进性教育活动的主题：必须永葆共产党员的先进性，以旺盛的革命热情，把我们的检察事业不断推向新的高度再铸新的辉煌！

下面让我们面对鲜艳的党旗，在××检察长的带领下，重温入党誓词。

主　持　词

王月明

各位领导、同志们：

大家好！

今天，来自全国各地的教育专家、大师，以及来自全国十几个省、市、区的一百多名教师代表在××××学院欢聚一堂，开展国家级教研活动，这是我们××教育教学史上的一个盛会！

我十分荣幸地宣布：第×届全国新世纪××××教学研讨会，现在开幕！

本次会议有如下议程：

（一）表彰奖励，对优秀课例（优秀论文）的执教者（作者）颁发荣誉证书。

（二）观摩精彩课例，由全国十个省市区优秀教师展示课堂教学艺术。

（三）举办学术沙龙，围绕会议主题对研究课进行专题互动研讨。

（四）听取大会主题报告：《如何指导学生进行有效的课堂探究活动》。

今天在主席台就座的贵宾有：

北京××大学出版社总编×××教授；

北京教育科学研究院研究员×××教授；

……

对各位专家、领导的到来，让我们用热烈的掌声，表示最衷心的欢迎！

下面进行开幕式第一项，请×××同志致欢迎词；

下面进行开幕式第二项，请×××同志讲话；

开幕式的第三项，请×××教授讲话；

最后，有请×××教授讲话。

尊敬的各位老师，同学们！师者的交流，精彩纷呈！第六届×××研讨大会开幕式到此结束，更多的精彩还在后面，让我们拭目以待！

谢谢大家！

（二）强化训练

（1）会议主持词格式模板，如图 4－2 所示。

标题（居中）
日期（居中）
主持人姓名（居中）
称谓（顶格）
　　问候语（前空两字）
　　正文（每段前空两字）

图 4－2　会议主持词格式模板

（2）庆典活动主持词模块，如图 4－3 所示。

标题（居中）
日期（居中）
主持人姓名（居中）
男：×××、×××（称呼）
女：×××、×××（称呼）
合：××××××××
男：××××××××
女：××××××××
……（正文，根据日程或节目安排逐项进行介绍）

图 4－3　庆典活动主持词模块

（三）写作实训

××职业学院××系即将举行实习表彰大会，假设您作为该大会的主持人，请为此会议撰写主持词。

六、归纳总结

（一）主持词的概念

主持词也称为主持辞，是主持人用于说明会议活动主旨，引导、推动活动展开，串联和衔接前后内容，总结和概括会议活动情况的文稿。此外它还有组织环节、介绍发言人身份、控制活动进程、确保会议程序的严肃性和准确性、营造现场气氛的作用。

（二）主持词的分类

主持词根据不同的标准，可分为不同的种类。按其内容和性质，可分为会议主持词、节庆活动主持词、交际礼仪活动主持词和比赛活动主持词。按主持人的身份可分为外请主持人主持词和内部主持人主持词。

（三）主持词的注意事项

（1）写主持词之前，要清楚掌握会议的背景和全部议程，并分析每项议程轻重，然后确定议程事项的排列。排列顺序的过程就是串联主持词的过程。

（2）主持词要有条理性。必须串联得自然、流畅，衔接得当，这就需要在选词造句时特别要注意考究。多用连接词、转折词，但一个词不要多次重复出现。

（3）语言要有鼓动性，内容要有号召性，力求营造良好的会场气氛。

（四）节目主持的类别与主持词的写作要求

节目主持形式多样，如果按场合分有社会活动、文艺活动和广播电视等几大类。

1. 社会活动

社会活动包括比赛、演讲、辩论、会议、典礼等。写作主持词要了解活动的宗旨，熟悉活动议程，把握好时间及每个环节的进程，随时注意控制会场气氛。主持词的写作严肃认真，语言要简洁明快、干净利落，主持人的语言一般使用第三人称语言。

2. 文艺活动

文艺活动包括文艺性演出、各种舞会、晚会、联欢会、产品促销活动等。这种活动比较轻松活泼，主持词的撰写比较灵活。既要有事先拟定的主持词，又要随机应变、幽默风趣，也可以让观众参与，双方互动，创设一种轻松欢快的和谐气氛。

3. 广播电视

广播电视包括这种综合性、专题性、专业性的板块节目。撰写此类主持词，事先要尽可能地多了解一些专业知识，抓住重点，反映点、焦点问题，要把握时机，引导人们思考或参与，吸引听众或观众的注意力。主持人往往采用第一人称，语言亲切，娓娓道来，要晓之以理，动之以情。

4. 婚礼主持词

婚礼主持词比较特殊，婚庆典礼活动是以家庭为组织形式的活动，规模大小、风格也不尽相同。这是由婚庆主人的身份、地位、工作、社会交往情况而定。因此，婚礼主持词写作起来也就比较灵活，一般来讲，要热情有趣、活泼生动、幽默诙谐，自始至终都要热情洋溢，要烘托出浓浓的喜庆气氛。

七、阅读拓展——节目主持人

“节目主持人”出现于第二次世界大战末期，美国人爱德华·伯尔乐和埃德·沙利文在综艺节目《明星剧场》《城中大受欢迎的人》中，第一次以节目主持人的角色在电视上闪亮登场。1952 年美国哥伦比亚广播公司制作人唐·休伊特提出了以“主持人”取代播音员的设想，并开始由沃尔特·克朗凯特首席主持 CBS 的《晚间新闻》。这种奇妙的形式、新颖的编排、灵活的表达、亲切的语音和有序的节奏，使沃尔特大获成功，赢得了广大听众的欢迎和好评。由此，节目主持人很快波及全球，并且很快被电视、电台、演出、集会、竞赛等传播媒介和交际场合所采用。节目主持人完全改变了过去那种传统的播音方式、报幕形式，主持中灵活机动、风趣幽默、生动立体，调动着各方面积极参与，使各种活动熠熠生辉，给观众或听众无穷乐趣，并给人温馨、启迪、回味和美的享受。

我国出现这一名称是在 1980 年。当时，广东省广播电台在《大众信箱》节目中第一次改播音员为节目主持人。1981 年中央电视台在举办《全国中学生智力竞赛》时赵忠祥率先以节目主持人的身份在屏幕上亮相。1986 年广州珠江经济广播电台开始取消播音员，全部改为节目主持人。目前，我国的电视台、电台除《新闻联播》等少数节目仍采用播音员形式外，大部分栏目均改为节目主持人。

节目主持人在各种活动中既是组织者、主持者，又是指挥者，是统领、引导、推进活动进程的人。随着社交活动的增多，节目主持人的范围也逐渐外延，成为当前十分走俏的热门行当。一些单位或部门，在举行各种会议、联欢会或竞赛活动时，大都采用节目主持人的形式。

项目四　拟写求职信

一、知识目标

通过该模块的学习，了解求职信的概念、分类、形式、写作技巧，了解求职信的特点和内容要素，掌握求职信的写作步骤和格式要求。

二、能力目标

通过阅读范文，体会不同种类求职信的内容要求和写法；通过病文诊治、写作实训，能够根据不同的要求，撰写出内容完整、条理清晰、语言顺畅的求职信。

三、写作范例

示例 1

求职信

尊敬的 ×× 电子有限公司人事部经理黄先生：

您好！

贵公司招聘计算机专业人员的启事，为一个即将毕业的大专生提供了难得的机会。如能为您这样广有影响的公司工作，我会感到十分荣幸。

我是××职业学院计算机专业的应届毕业生，已顺利完成了全部学业（附《各科成绩一览表》）。在校期间，我花了较多时间和精力钻研计算机汉语输入的新方法，已取得了初步的成果。我的毕业实习是在××公司开展的，取得了相关领导和同事的较高评价。

我个人性格开朗，机敏健谈，人际关系融洽。业余爱好摄影，它不但丰富了我的精神生活，而且对我所学的专业有所促进——户外活动磨炼了我吃苦耐劳的精神和强健的体魄，为我高效率地完成工作打下了良好的基础。

从有关材料获悉，贵公司十分重视员工素质，管理科学，效益显著。当然，像贵公司这样的单位对就职者的要求也一定十分严格，但我相信有条件获得入选的资格。我还相信凭自己所学的基础理论和专业知识，加上勤奋认真的工作态度，无论效力于管理工作还是新技术开发部门，都不会辜负领导者的希望。

随寄履历表一份，并有详细通信地址，如蒙约见，则不胜感激。

顺颂商祺！

求职者：×××

××年×月×日

示例2

尊敬的××商业大厦经理先生：

昨日阅毕《××日报》，获悉贵公司招聘会计三名。我毕业于××财经会计专业，自问对于此项工作尚能胜任，故大胆投函应征。

作为一名会计学专业的学生，我热爱这个专业，并在大学四年的学习生活中为其投入了巨大的热情和精力。求学期间，我主修商业会计专业，并参加过计算机操作技能的严格训练，这使我有能力在贵公司这样一家专业化水平比较高的单位任职，能熟练运用计算机处理各种会计业务。此外，人际关系和心理学方面的训练，将有利于我与公司客户建立融洽的业务关系。

我曾在××百货公司做过业余会计工作，在实践中受益匪浅，随后还在该公司任财务分析员，时间长达两个月。其他关于该项工作的任职资格，请见随信附上的个人简历。

处于人生精力最充沛时期的我，渴望在更广阔的天地里展露自己的才能，期望在实践中得到锻炼和提高，因此我希望能够加入贵公司进一步提高自己。感谢您在百忙之中给予我的关注，给我一片蓝天，我将还您一份惊喜。我热切期盼您的回音。

此致

敬礼！

求职人：×××

××年×月×日

示例 3

尊敬的公司总经理先生：

我是××大学中文系的应届毕业生，我不能向您出示任何一位权威人士的举荐信为自己谋求职位，数年寒窗苦读所掌握的知识和技能是我唯一可立足的基石。今天从贵公司的人事主管处得知，贵公司因扩展业务，各部门需要招兵买马，所以自我推荐。

在校期间，我不仅系统地完成了中文专业的所有课程，而且还利用业余时间学习了计算机文字处理技术和操作。为了适应社会需要，我还参加了英文系高年级选修课程的选修并取得了优异成绩，可以完成较复杂的口译和笔译。此外，我还曾担任学生会宣传干事，且获得学校第四届辩论赛三等奖和散文征文二等奖，具有较强的口头表达能力和写作能力。

贵公司需要一名翻译吗？贵公司需要一名秘书吗？贵公司需要一名公关人员吗？贵公司需要一名电脑操作员吗？

如果需要，我很乐意接受实际操作考试和面试。盼望您的回音。

顺祝愉快！

求职人：×××

××年×月×日

示例 4

××经理：

虽然您很忙，但是希望您能看完我的信。

我是一个经历坎坷、尝尽酸甜苦辣的人。因为敢于创新，而品味过成功的丰硕果实；因为敢于冒险，也体验过触礁的震荡与凄凉。这一切都锤炼了我作为企业管理人员所必备的成熟与胆识！

我的过去，正是为了明日的发展而准备、而蓄积；我的未来，正准备为贵公司而奋斗、而拼搏、而奉献！

现在正是贵公司招兵选将待机而发的重要关头。我不想在凉爽的空调房里坐享其成，也不想仅仅是锦上添花，我想雨中送伞，我想雪中送炭。我想亲身去闯、去干！

1988 年到 1996 年间，我经受过 8 年驾驶汽车、摩托车的锻炼；学过 3 年法律；经历过 5 年办案的挑战和考验……

做文秘，我有作品见报；做驾驶，已有 20 万行程；做经管，我已摈弃了不切实际的梦想而变得自信和有主见。

良禽择木而栖，士为知己者死。当公司需要宣传、誊写文书时，也许我可以提笔"滥竽充数"；当您为了提高办事效率而自己驾车的时候，也许我可以换换疲惫的您偕同前往；当公司为法律事务而起纠纷，因为业务增多而难以应付的时候，我可以用所学法律知识摇旗呐喊，竭力为公司解一分忧愁，增一寸利润，挽一点损失……

我不能再说了，说多了我怕像王婆卖瓜，有自卖自夸之嫌。“实践出真知，奋斗长才干。”我只需要实践，去闯、去干。因为才干在实践中养成，也终究要在实践中体现！

××经理，一个合作的机会，对我来说是一次机遇，也是一次挑战，更是一个良好的开端。

我期待着好消息的早日传来。

此致

敬礼！

自荐人：×××

××年×月×日

四、技能引导

求职信一般由标题、称谓、正文、祝语、落款五部分组成。有的求职信后还附有附件。

（一）标题

标题直接写“求职信”或“应聘信”。

（二）称谓

称谓应根据收信人的身份、地位选择恰当的称呼，如“××厂领导”“××公司经理”等，为礼貌起见，可视情况使用“尊敬的”之类的修饰语。称谓应另起一行，顶格写收信者的名称，称谓后加冒号。接着另起一行空两格写问候语。

（三）正文

正文包括求职意向、求职优势、提出希望和要求。

（1）求职意向。问候之后，直截了当地说明从何渠道得到有关信息以及写此信的目的。

（2）阐述求职的优势。可以兼谈对工作岗位的认识。这是求职的主体部分。这部分着重介绍自己应聘的有利条件，从自己和用人单位的实际出发，在实事求是的基础上特别突出自己的优势和“闪光点”，这部分内容应写得投其所好，有的放矢，具有较强的说服力和感染力。此外，还可以就个人的身体情况、兴趣爱好、性格特点等可能引起对方兴趣的长处略作介绍。

（3）提出希望和要求。诸如“热切地盼望与您见面”“希望得到您的允诺”之类的语言。特别需要提醒的是别忘了写上联系方式，以便感兴趣的用人单位与求职者联络。

（四）祝语

写上表示敬祝的话。诸如“此致敬礼”，或祝“工作顺利”“事业发达”等相应的词语。

（五）落款

落款即署名和日期。落款写在正文的右下方，姓名写在上面，成文日期写在姓名下面，成文日期要年、月、日俱全。

（六）附件

有说服力的附件是对求职者鉴定的凭证，求职信的附件是不可忽视的组成部分，可以将自己的简历、学历证书、职业资格证书、成绩单、获奖证书等复印作为附件。如：

附件：1. 中国劳动和社会保障部职业资格证书 × 份

2. ×× 省大学生演讲比赛二等奖荣誉证书 × 份

附件不需太多，但必须有分量，足够证明应聘者的才华和能力。附件要随函寄出。

五、求职的写作实训

（一）病文诊治

求职信

尊敬的 ×× 中学领导：

我是一名即将毕业的大学生,，现就读于 ×× 师范学院的加工制造系的机电技术专业，主攻电子方面的课题。当你收到这封自我推荐信的时候，肯定会惊讶我是否投错了门，在你们认为，我就应该是找家很有前途的企业，以自己在专业方面的特长谋求出路而不该是从一名工程师成为一名人民教师。的确，你的惊讶也就是我向你发这封发自内心的求职信的原因了。

首先，就我们这所学校性质而言，是一所专为全省高等职业教育培训师资的学校。可以肯定的是，从每一言每一行都是以为人师表为准则来约束我们的。从授业水平而言，我除了有自己扎实的专业知识外，对物理有着很深的认识和兴趣。所以，我对成为一名中学的物理教师很有信心，并且我自我总结了一套有效的教学方法。在教学实习当中，反响不错，深受教师的赞许和同学的好评。另外，本人有着良好的普通话水平，表达流畅、自然，完全能掌握课堂 45 分钟的节奏。

再则，如果你对我从事理科教学还有所疑虑的话，没关系，作为一名跨世纪的大学生，我将很有实力接受你的选择。在优秀的学习成绩之外，我想告诉你的是我并不是一位只知埋头苦读的学子，我的双眼还关注这个社会、这个世界，时时刻刻注重自己各方面素质的培养，除参加大大小小的校、系组织的活动外，我最热爱的莫过于运动。一直以来，我把健康当做人生最宝贵的一笔财富。我是校篮球队、排球队的主力，刚一入校，我便被选进校田径队训练。长期参加体育活动，不但强健了我的身体，还使得我对各项体育项目了如指掌、动作准确。在田赛项目和竞赛项目方面均驾轻就熟。怀着对体育运动的热爱，我曾三次代表学校参加省级大学生田径赛及大学生运动会，取得骄人的成绩，并且是我校百米、200米、110米栏、400米栏纪录保持者。从另一个角度来说，从事我热爱的工作——体育，也将是我极其乐意的，相信我完全合乎一名体育教师的要求。

兴趣和热爱是干好工作的动力，本着对人民教师的热爱，对理科教学的热爱，对体育教学的热爱，我向你推荐我自己，并想通过你的赏识，谋求一份真正是我毕生热爱及专心投入的工作——教师。随信附个人档案一份。有关细节，在此不再赘述。

渴望你的回音。

此致

敬礼！

××师范学院×××

二〇〇九年六月二十七日

（二）强化训练

下面是一封求职信，阅读后请回答下列问题：

（1）用语是否得体？应怎样修改？

（2）结构上欠缺什么？应怎么补上？哪些内容是多余的？

××服装厂：

前天接到我的旧同学××的来信，说贵公司公开招聘生产管理员。我是××学校企业管理专业的毕业生，在校读书时，学习成绩优秀，爱好体育运动，是学校篮球队的成员。贵厂就设在我的家乡，我想，调回家乡工作正合我的心意，而且生产管理员的职务，也和我所学的专业对口。不知贵厂是否同意，请立即给我回信。

敬礼！

×××谨上

1999年4月24日

（三）写作实训

某大宾馆因工作需要，需招聘大堂经理、公关助理、餐饮、客房部领班、服务员、保安员数名。有一位35岁的下岗女工毅然前往应聘。她认为自己有如下优势：在原单位担任过保卫干事，熟悉保安工作的规律与特点；女性善于察言观色，第六感觉特棒，非常细心；受过专门训练，学过擒拿格斗的基本技巧，而且还业余学过柔道；体格健壮等。请据以上材料代她写一份求职信。

六、归纳总结

（一）求职信的概念

求职信是求职者向用人单位或单位领导人介绍自己的实际才能、表达自己应聘愿望的一种书信。求职信起到毛遂自荐的作用，一封好的求职信可以拉近求职者与用人单位之间的距离，直接关系到求职者是否能进入下一轮的角逐，已成为一种社会化的活动。

（二）求职信的特点

1. 明确的针对性

撰写求职信的目的是向收信者寻求工作岗位或职务，而写好求职信的关键是有的放矢、投其所需，即针对求职单位的实际情况、阅信人的心理和个人的求职目标写作。

2. 鲜明的自荐性

求职信本身就是自我推荐，因此要恰当地推销自己，要让用人单位通过求职信了解自己，应重点介绍自己的特长和优势，要有所侧重地显示自己可能给用人单位创造的效益或潜在的利益，使阅信人印象深刻、促使求职成功。

3. 强烈的竞争性

求职信具有强烈的竞争性。求职就是竞争，求职者必须要让阅信人认为自己的才干和能力是出类拔萃的，也必须在求职信中充分展示自己远远超过别人的竞争优势，否则就很难引起对方的重视。

（三）求职信写作注意事项

（1）态度真诚，实事求是。求职信既要表现出对所求职位的渴望，又要表现出对胜任这份工作的自信。所以态度要诚恳，所列个人资料要真实、具体、有较强的说服力。

（2）结构要清晰，内容要简短。要有条理，要简练、准确，切忌冗长、含糊。篇幅控制在 600 字以内（附件除外）。

（3）语言方面要平实，语句要通顺，表达要准确、得体，要注意礼仪，不卑不亢。

（4）字迹要工整，若为打印的信，注意版面设计要大方得体，不能出现错别字。若为手写的信，洁净的文面会使对方感到写信人的严谨认真的态度，秀丽的字体可以给人以赏心悦目的感觉。总之，书信的外观可以体现一个人的能力和工作作风，切不可马虎。

（5）留联系方式。求职信一定要写清联系方式，包括邮编、通信地址、电话等。

七、相关链接

（一）招聘面试时有可能遇到的提问

（1）你为什么要来本单位应聘？

（2）你能否介绍一下你的基本情况？

（3）你能为我们做些什么？

（4）你打算做什么工作？

（5）你有什么弱点？

（6）你喜欢怎样的老板？

（7）你最成功的事业是什么？

（8）你想要多少工资？

（9）你如何处理上下级关系？

（10）你如何处理家庭和事业的关系？

（二）面试中如何应对富有挑战性的问题

1. 机智反问，滴水不漏

某电视台招聘记者，小李去应聘。面试中，考官说：“你说你爱好写作，可是你在‘自我评价’栏中居然出现了三次语法错误，现在既没有多余的表格，也不准涂改，你怎么办？”他听罢吃了一惊，心想填表时自己是字斟句酌，反复检查过，应该没有问题，于是答道：“为了弥补失误，我可以在表后附一张更正说明，不过，在发出这份更正说明之前，我想知道是哪些错误，因为不能无的放矢，错误地发出一份更正说明，我不愿意犯这种错误。”他的机智应对令考官们笑了。

2. 预设前提，无懈可击

在一次外企面试中，双方交谈很投机，接近尾声时，考官问：“可不可以邀请您共进晚餐？”这是一道深藏陷阱的考题。如果痛快接受，则有巴结、应酬考官的嫌疑；如果干脆拒绝，又显得不那么礼貌。一位考生得体地答道：“如果作为同事，我愿意接受您的邀请。”

3. 拓展想象，以奇制胜

有一位考官出了这样一道题：“本公司北京分部召开酒会，想请国务院总理也来参加，请问你有办法邀请到他吗？请你提出你的方案。”一位考生围绕主题提出六条具体措施，想象力十分丰富，思路宽广，受到考官的好评。

4. 借力反推，以攻为守

有考官问：“《资本论》第二章第一页第一句话是什么？”这显然是在为难人。一位考生机敏地答道：“如果您不介意的话，请问，今天参加面试的第六个考生穿什么颜色的衣服，您记得吗？”考官听了不但没有生气，反而笑了。他顺利地通过了考试。

项目五　拟写申请书

一、知识目标

通过该模块的学习，了解申请书的概念、特点、形式、基本内容、种类和注意事项，掌握申请书的写作格式和技巧。

二、能力目标

通过阅读范文，体会不同种类申请书的内容要求和写法；通过病文诊治、写作实训，能够根据不同的性质，撰写出内容完整、条理清晰、语言简练、自然得体的申请书。

三、写作范例

示例 1

困难补助申请书

尊敬的学院领导：

我叫李蕾，系建筑工程系 09 级 3 班的学生。我来自 ×× 省 ×× 市一个贫穷的山区，一家七口人。上有爷爷奶奶，下有一个弟弟，一个妹妹，弟弟妹妹正在上学，一家人的全部费用全靠父母那几亩薄地的收入。由于我是自费生，家里已为我欠下了近万元的债务，每每念及这些，我总是心存深深的愧疚，唯有以加倍的努力学习来报答他们。

我入学以来，担任了班上的生活委员，竭力为同学服务，积极配合辅导员和老师的工作，得到老师和同学们的一致好评，这也给了我继续成长的信心。

最近得知学院要发放一笔困难补助金，我本不想给学院添麻烦，但又考虑到若能得到困难补助，可以为家里减轻些负担，所以特提出申请，望能批准。

此致

敬礼！

申请人：李蕾

二〇〇八年 × 月 × 日

示例 2

助学贷款申请书

中国农业银行兰州市分行：

本人于 2008 年 9 月进入某农学院食品系食品加工技术专业学习，本科，身份证号码为2100931989112505×××，毕业时间为2012年7月。

因为家庭经济困难，难以支付本人在校期间的学费及其他一切费用，为了能顺利完成学业，特向贵行申请国家助学贷款，贷款时间为2009年9月至2012年7月，每年申请金额为6 000元，共计人民币24 000元整（人民币）。

本人郑重承诺：如获得国家助学贷款，我将更加努力学习，积极上进，圆满完成四年的学业，信守诺言，在2013年8月30日前还清所有贷款。毕业后及时将工作单位或详细的联系方式告知贵行，坚决做一名守信用的当代大学生。

家庭地址：辽宁省××市开原县梁途沟镇××村

邮政编码：（略）

联系电话：139××××8361

申请人：杨柳

二〇〇九年十二月九日

示例3

入团申请书

××团支部：

在五四青年节来临之际，我郑重地向团组织提出申请，要求加入中国共产主义青年团。一批又一批的先进青年、伟大祖国的建设者和捍卫者，铸造了一代又一代共产主义战士——黄继光、雷锋、张海迪式的人物。

加入共青团是我多年的夙愿。以前，我一直想加入共青团，但我将自己同那些优秀共青团员比较时，感到自己缺点很多，因而没有勇气提出请求。近年来由于团支部的热情帮助，我逐渐认识了自己身上存在的缺点：缺乏坚韧不拔的毅力、经不起批评、受不起委屈等，在克服缺点的同时开始有所进步。我衷心地感谢团组织对我的关怀和帮助。

我决心在加入团组织以前，以共青团员的标准严格要求自己，以优秀共青团员为榜样，刻苦学习，不断提高自己的思想水平与认识水平，争取做一个完全合格的共青团员。

最后，我再一次请求团组织接受我的入团申请。我绝不会辜负团组织的期望。

致

崇高敬礼！

申请人：×××

二〇××年×月×日

示例 4

入党申请书

敬爱的党：

像小苗盼望阳光雨露那样，我殷切期望早日投入您的慈母般的温暖的怀抱，在您的直接关怀、教育、培养下，成为伟大的社会主义祖国的四化建设的有用之才。因此，我盼望成为一名中国共产党党员。

敬爱的党，虽然我不像健康人那样，在学校里系统地学习党的光辉历史，但是，从给我以厚爱的亲朋师友之中，从二十几年的生活经历中，同样强烈地领略到党的光荣和伟大。我们的党是中国工人阶级的先锋队，是中国各民族人民利益的忠实代表，是中国社会主义事业的领导核心。党的最终目标是实现共产主义。中国共产党领导全国人民，在毛泽东思想的指引下，经过长期的反对帝国主义、官僚资本主义的革命斗争，取得了新民主主义革命的胜利，建立了人民民主专政的中华人民共和国。“没有共产党就没有新中国”的歌声，唱出了人民的心声，也道出了一个伟大的历史事实。新成国成立以后，党又领导全国人民顺利地进行了社会主义改造，完成了新民主主义到社会主义的过渡，确立了社会主义制度，发展了社会主义的经济、政治和文化。特别令人难忘的是，我们的党经历了十年内乱的严峻考验，在国家和人民最危急的关头，一举粉碎了江青、林彪两个反革命集团，挽国家于存亡之际，救人民于水火之中。党的十一届三中全会的召开，在各条战线上取得了拨乱反正的重大胜利，实现了历史性的伟大转变，规划了四化建设的伟大蓝图。党的十二大以来，随着社会主义建设新局面的开创，各族人民意气风发，同心同德奔向未来。历史证明，我们的党不愧为光荣、伟大、正确的党。

作为一个病残青年，我无时无刻不在感受到党的温暖。没有党的关怀，就没有我的生命，更没有我的今天。特别是当我在生活中克服了一点困难，在工作中做出一点成绩的时候，党又给予我很高的荣誉，使我时时有一种无功受禄之感。我付出的太少了，得到的太多了，纵然献上我的青春和生命也无法报答党和人民对我的厚爱。

我深知自己离一个共产党员的要求相差太远。但我决心时时处处以一个党员的标准严格要求自己。战胜困难，刻苦学习，百折不挠，奋力攀登，更多地掌握四化建设的本领，为共产主义事业贡献出我微薄的力量。敬爱的党，请考验我。

张海迪

××年×月×日

示例 5

网络版主申请表

论坛昵称		性别		年龄	
申请的版面名			家庭住址		
网络简历			曾任职务		
QQ			电子邮箱		
住宅电话			手机		
网络管理经验					
爱好					
特长					
回答问题： 1. 为什么要申请版主？ 2. 对于你所申请的版面有何独到见解？ 3. 对于版主工作有何认识？ 4. 你上任后会如何发展改版？ 5. 上网时间段？					
需要说明的问题：					

四、技能引导

申请书由标题、称谓、正文、结语、附项、署名和日期构成。

（一）标题

申请书的标题有两种形式：第一种由“性质 + 文种”构成，如《入党申请书》；第二种直接用文种“申请书”作标题。

（二）称谓

另起一行顶格书写，写明接收申请书的单位名称或领导人姓名，后加全角冒号。如“ ×××团支部：”“系党总支领导：”等。

（三）正文

正文由引言和主体构成。引言是引导接受申请书的对方进入正题并被正题所吸引。主体的写法因人而异，一般分多层次展开，包括申请事项、申请原因、决心和要求等。申请事项：要向领导、组织提出申请什么，开门见山，直截了当，不含糊其辞；申请原因：为什么申请，也就是说明申请的目的、意义及自己对申请事项的认识；决心和要求：最后进一步表明自己的决心、态度和要求，以便组织和领导了解申请人及给申请人予认可，此项应写得具体、诚恳，有分寸，语言要朴实准确，简洁明了。

（四）结语

申请书的结语可从两个角度考虑。表示敬意，如“此致、敬礼”等。也可表示感谢和希望，如“请组织考验”“请审查”“望领导批准”等。

（五）附项

有的申请书，还要有附项，如“贷款申请书”，在附项中要写清联系人、联系方式等。

（六）署名

在敬语右下方签署申请人的姓名，姓名书写于日期的上一行，超出日期前两个字的位置，姓名要写全称，不可使用“小林”“老孙”等。

（七）日期

在署名下一行写全年、月、日，一般要用大写的汉字，日期后空四字。

五、写作实训

（一）病文诊治

下面是某高校一名同学写的国家助学基金申请书，请阅读分析该申请书存在哪些问题，提出修改意见，然后根据文中所提供的信息重新改写成合格的申请书。

敬爱的领导：

你们好。我是××。我来自××省××市××镇，是一个世代都以农耕方式谋生的家庭。家中有60岁的父母、88岁的奶奶和66岁的单身叔叔，两姐姐已经出嫁。父母知识水平有限，只可子承父业，夫唱妇随，困守那农田三亩，终日苦苦劳作。无奈地处偏远，加之农耕技术有限，含辛茹苦哺育出来的农作物量少价低。只有勉强维持生活，年终略有节余。

自学生步入大学殿堂之日起，家庭经济危机宣布提前三年爆发。困则思变。学生读大二时，年过半百的父母选择了背井离乡，纵身投入珠三角淘金的民工大潮中。由于知识水平有限，岁数已高，几经寻工未果。最后在一个很小的民营企业的饭堂争取到一份工作，一干就是两年。两年来，他们只有在过年的时候才回家一趟。学生深知父母此举乃为省下“不必要”支出留给学生做伙食费。今年中秋节，学生去探望父母。在回工厂的路上，母亲见到路上面有几只塑料瓶，或许是出于习惯，连忙弯腰欲捡。然而，学生此时却拉住了母亲的手，说："今天过节，放假，别捡了。"母亲听了，连忙道歉。学生深感愧疚。不是为了父母靠捡垃圾卖钱供我读书的行为，而是为了自己那莫名其妙的自尊心作祟，而且伤害了母亲的心。可怜天下父母心，蜡炬成灰，春蚕丝尽，尽为儿女。谁言寸草心，报得三春晖。家中那位很疼我的奶奶，88岁了。年老体弱，病痛缠身。在学校学到的医学知识告诉我，那是自然规律，不可违背。但发生在自己身上，情感始终大于理智。

学生我即将去实习，完成大学求学生涯的最后一站。然此战却不是省油灯，花费将会增加。父母经济压力也会增加。加之现在经济危机，他工作的那个小厂能否度过此劫仍是个谜，是否有工资发，仍是观望状态。

学生在校表现良好，虽然没有获得过任何种类的奖、助学金，但也没有犯过大错。成绩一直居于本专业中上游，其中网络技术还获得过单科第二名。曾任文娱委员一年，给同学们带来过不少快乐与回忆。

现在学生郑重向学校递交申请，申请国家助学金。望学校领导批准。

此致

敬礼！

申请人：××

2009年11月27日

（二）强化训练

申请书格式模板

标题（居中）

称谓（顶格）

正文（每段前空两字）

……

结语（前空两字）

附项（联系方式：电话、传真、手机、地址、邮编等）

署名（超出日期前两字）

日期（后空四字）

（三）写作实训

刘强的父母因工作调动，举家迁入南方某市。刘强现为山西××学院2008级新生，学制三年。与父母分隔两地，有诸多不便。近日，通过家人联系，刘强新居所在城市的××学院同意接受他入学。刘强要转学，校方要求他提交转学申请。请代刘强写一封转学申请书，注意将转学理由一一陈述清楚。

六、归纳总结

（一）申请书的概念

申请书是个人或集体向有关部门、组织表达某种愿望或提出某种要求，争取组织和领导的帮助与批准时，所使用的书面文书。

（二）申请书的分类

（1）按制作形式，可以分为文字式申请书和表格式申请书两种。文字式申请书，文字为表达方式；格式申请书，表格作为框架填充内容为表达方式。

（2）按用途划分，可以分为思想政治方面的申请、学习工作方面的申请和日常生活方面的申请。思想政治方面的申请一般是指加入某些进步的党派团体的申请。如申请加入中国共产主义青年团、中国共产党、少先队、工会以及参军等。学习工作方面的申请是求学或在实际工作中所写的申请，如入学申请书、代职进修申请书、工作调动申请书等。日常生活方面的申请是在日常生活中，因柴米油盐、吃穿住行常常会遇到的一些问题，需要个人申请才可以被组织、集体、单位考虑照顾或着手给予解决的申请，诸如困难补助申请、户口迁移申请、个人开业申请等。

（三）申请书的特点

1. 请求性

申请书总是申述理由并有所请求的。无论是个人在政治生活上的入团、入党申请，还是个人或单位在其他方面的申请，均是请求满足己方要求的，故请求性是申请书的一个根本的特点。

2. 上行性

这是由申请书的性质所决定的。个人对党团组织和其他群众团体表述志愿、理想和希望，要用申请书；下级在工作、生产、学习、生活等方面对上级有所请求时，也可使用申请书。正因为申请书把个人或单位的愿望、要求向组织或上级领导表达，争取组织和领导的帮助与批准，所以在语言、措辞方面需要符合这种下对上的行文标准。

3. 采用书信体格式

申请书也是一种专用书信，它同一般书信一样，也是表情达意的工具，因此，它也必须按照书信的格式行文。申请书内容因要求不同而不同。但形式都基本不变，与普通书信不同的是，申请书要求内容单纯，一事一议。

（四）注意事项

（1）阐明自己申请事项的理由时应与本人的实际情况相符，不能言过其实，否则可能导致相反的结果。

（2）申请事项尽管是属于向单位或上级请求性的要求，但申请人不可低三下四，也不可态度生硬。

（3）申请行文要自然得体、语言简练。篇幅长短，视具体情况而定。

项目六　拟写条据

一、知识目标

通过本模块的学习，帮助学生对“条据”的概念有一个明确的认识，熟悉各种条据的用途，掌握写条据的基本要求、写作方法及表达方式，能够撰写出适合不同用途的条据文书。

二、能力目标

通过写作范例阅读，了解各种条据的适用情境、格式规范和写作要点；通过病文诊治、写作实训，完成各种条据写作的学习；在此基础上归纳出条据的特点及要点，并以各种情境中人物的身份，撰写出符合需要的、具有凭证作用的条据文书。

三、写作范例

示例 1

借　条

财务科预支购书费肆仟元整。购书后凭购书发票结账。

借款人：张 ××

×× 年 × 月 × 日

示例 2

借　条

因我学院组织留学生演讲比赛之需，特向校团委借用下列物品：

1. 无线麦克肆套。
2. 抢答器捌套。
3. 电子计分牌肆套。

以上物品，叁天后归还。此据。

国际文化教育学院

经手人：张 ××

×× 年 × 月 × 日

示例 3

欠　条

原借教研室伍盒《发展汉语》磁带，已还肆盒。尚欠壹盒于月底归还。

李敏喜

××年×月×日

示例 4

收　条

今收到我院 2007 级对外汉语专业 3 班王岩岩同学送来的为埃塞俄比亚难民的捐款人民币肆仟伍佰元整（￥4 500.00）。

收款人：赵良学

××年×月×日

示例 5

代收条

外语学院×××同学归还文学院××同学的教材《语言学概论》《应用写作》《文学概论》叁本，无污损。此据。

代收人：文学院宋韵

××年×月×日

示例 6

领　条

校总务科发给的香皂叁盒（每盒壹块），毛巾肆条，茶叶肆袋。系办公用品。

基础课教研部

经手人：黄××

××年×月×日

示例 7

代领条

代为收到学院发给计算机系软件技术班肖蒙同学的奖学金人民币壹仟元整。

此据。

经手人：计算机系软件技术班李小越（代）
××年×月×日

示例8

请假条

刘老师：

我拉肚子了，昨夜挂了急诊，医生诊断为急性肠炎，无法正常上课，特请假一天。请予批准。

此致

敬礼

附：医大二院病假证明一张

学生：王一江
××年×月×日

示例9

留言条

张老师：

今天上午我来找您，还上次借您的辞典，您不在家，现把辞典放在隔壁王浩家。特留言告知。

此致

敬礼

学生：李亮
××年×月×日

示例10

托事条

××大学外事处：

你们需要的××语言大学的《汉语教程》已经到货，特托人带来信条告知，请在明天上午8时来我书店五楼汉语部购买。

此致

敬礼

××市学府书店
××年×月×日

四、技能导引

（一）标题

字体略大些，在第一行居中位置写标题。一般用文种作标题。但留言条、托事条在实际使用中一般不写标题。也可用正文内容的前几个字，写成“今欠”“今收到”“今领到”“今借到”等作为标题，如属于替别人代收、代领的情况，标题应写为“代收到”“代领到”。但这类标题的正文要顶格写。

（二）正文

正文一般包括：称谓、内容和结尾。

1. 称谓

条据的称呼是个人或单位，顶格书写，后面加冒号，以示后面有话要说。多为姓加职务或职位，前可有礼貌词。如“尊敬的 × 老师”“尊敬的 × 局长”等。借条、欠条、收条、领条等一般不用称呼。

2. 内容

应另起一行空两格书写正文。

（1）请假条。用最简洁的文字表述出来请假的原因。请假的起止时间（请假天数一般要用大写），如有别的事项需要交代，可另起一段。可请事假、病假、公假等。

（2）留言条。简述留言的原因。应写明何时、何地并准确地说明要告知对方的事项。公事留言条，要尽量简洁；私人留言条，可以叙旧、表达未遇的遗憾等，自由度较大。

（3）托事条。简述委托的原因。应准确的写明需要对方何时、何地、以何种方式办何事、怎么办。

（4）借条。借条应写清借谁的，什么东西，对方的称谓，还应写明所借钱物的数量、品种、规格、归（偿）还的时间日期及损失的赔偿等事宜。既可借公家的，又可借私人的。可借款，也可借物。如果是借钱，则应写清钱的用途。

（5）收条。有收条，也有代收条。要准确写清收谁的、什么东西，并准确描述物品名称、财物性质特征、数量及规格等。

（6）领条。有领条，也有代领条。简要准确写明领到钱物的名称、数量及规格等。一般是单位领物、领钱。如果是领钱，则应写清钱的用途。

（7）欠条。借私人或单位的财物，归还部分，还有部分拖欠或到期未能归还，需写欠条。欠条要写清所有所欠财物——欠了什么东西、所欠数量（额）多少；还应写清归（偿）还的日期、数量及方法。如果是欠款，则要写明数额。

3. 结尾

在正文结束后多以“特立此据”“此据”“特此请假”“请准假”“请同意为盼”等尾语作结，也可省略不写。请假条常可另起一行空两格写“此致——敬礼”；拖事条可写致谢语，留言条可不写此项内容。

（三）落款

在正文的右下方写上单位或个人名称，收条、欠条、领条、借条的署名前一般冠以“经手人”“收款人”之类的字样。有时可根据需要盖章或按手印。

条据签名有两种，一般性借条、收条等，往往只由借的人签字就行了，而涉及重大物资或钱财，则需双方都签字。例如大笔钱款的收条，交款人要签名，收款人更要签字。

请假条的署名必须是全名；留言条和托事条的署名可以是全名，也可以是小名或外号等，但必须让对方明确知道是谁。

（四）日期

就是出具条据事项的具体日期。留言条、托事条一般不写年，但要写上某月某日，也可具体到几时几分。

五、写作实训

（一）病文诊治

（1）指出下面说明性条据中的错误并加以改正。

请假条

我有病了，不能来上课，需要请假一周。

帮我买一本《说文解字》速递过来。

吴××：

我今天来你家，乘了地铁换公交，车费花了不少，可惜你不在家，想跟你商量事情也商量不成了。你明天在家吗？我大约8点来。一定要等我啊！不然我又要白跑一趟了。今留言托你邻居交你，大概能收到吧？再叙了。

老同学

即日

张老师：

昨夜雨急风骤，风云异色，天气突变。故吾尚在梦中，猝不及防，不幸受凉。鸡鸣之时，吾方发现，不想为时已晚矣。病毒入肌体，吾痛苦万分，亦悔昨夜临睡之际，不听室友之劝，多加棉被一条，以致此晨之窘境。吾痛。吾悔，无他，唯恸哭尔，室友无不为之动容。

吾师应懂，乃吾迫不得已。非不为也，而不能也。呜呼哀哉，哀哉痛矣。腹泻不饶人，敬请谅之。

学生兰兰猪敬上

（2）指出下面凭证性条据中的错误并加以改正。

领　条

今领到课本 50 本、作业本 200 本。

借　条

今借到老王现金 400 元，到期还清。

今收到王 ×× 借给我的人民币一佰〇三元正。

谢谢！

丁 ×

×× 年 × 日下午 × 时

欠　条

原借赵小雅 800 元，现在还欠 300 元未还。此据。

张 ××

（二）写作实训

（1）学校校庆，法律系文秘 1 班同学排练节目需用录音机，与外语组老师商量后，外语组老师同意借给他们两台录音机。请代拟这份单据。

（2）小王日前曾借公司照相机、录音笔等器材。如今录音笔已归还，照相机还要使用到月底。请代小王写这张欠条。

（3）某单位人事科科员蔡晓梅从该单位办公室领到了刚发放的毛巾 5 条、扫帚 1 把、水桶 1 个、拖布 1 个、垃圾桶 2 个。请代她写一张领条。

（4）×× 省司法警官职业学院发给张震同学 900 元补助金，可张震因病住院，由你替他代领，请写一张代领条。

（5）假设你的同学张莉莉是你的邻居，张莉莉的父亲病了，需要她照顾两天，托你代为请假，请你写这份请假条。

（6）刘玲玲同学大学期间参加了辩论比赛，获得了一等奖，但因有事不能亲自到学工处李老师处领取证书和奖金，她写了一张托事条给王宏同学，请王宏同学代领，请你以刘玲玲的身份写一张托事条给王宏同学。

在王宏同学代刘玲玲领证书和奖金时，王宏同学需为此给学工处的李老师开具收条，请以王宏的身份书写此收条。

（7）马上就要实习离校了。王芳要将到期的三本图书归还图书馆，但发现其中一本被校友王元借走后一直未还。王芳带着余下的两本书到王元寝室，准备索要后一起归还。到了王元的寝室后发现王元不在，时间仓促，王芳当即把手中的两本书放在王元的桌子上，并留下便条，要求王元回来后替她将三本图书一并归还。请你代王芳写一则留言条。

（8）综合训练。

2011 年 4 月 6 日（星期一）早晨，××汽车销售公司人事部助理张唯于早上 8：30 准时回到公司上班。他先到资产处领取了 50 张 2011 版招聘宣传单和 1 盒碳素笔。刚回到人事部接收完销售部的 2011 年度销售数量报表，他就接到妈妈的电话，得知爸爸突然出车祸入院，妈妈正在医院等他拿钱去办入院手续。

于是，张唯把去总经理办公室取网络招聘登记表的事委托给同事曾科学，然后经领导同意向公司出纳借了 10 000 元钱，并写了条据给财务部张经理后，到银行取出了自己仅有的 15 000 元存款就直奔市第一医院。到了医院才知道要交 30 000元钱，于是他想到了住在医院附近的表姐。等他赶到表姐家时已经是 11 点了，不巧的是表姐已经外出了。他匆匆地写下一张请表姐帮忙筹钱的字条后回到医院。张唯在城里没有什么亲戚，表姐又一时联系不上，他非常着急。这时他突然想起该医院主管人事的王副院长和他曾经在一次会议上见过，而且与他是同乡。在王副院长的帮助下，张唯终于为父亲办理好了入院手续，不足的那 5 000 元钱则由王副院长担保，由张唯向医院签下了字据。

请根据以上情况代张唯拟写需要的条据。

六、归纳总结

（一）条据的含义

条据是人们在生活和工作中，因交流信息、协调关系、收欠钱款、存留凭证的综合性文书。条据是日常工作、学习和生活中常见的应用文。

（二）条据的分类

条据按内容和性质可以分为两类：一是说明性的便条；二是凭证性的单据。现分述如下：

1. 凭证性条据

借条、欠条、领条、收条等属于凭证性条据，凭据本身就含有“凭证”“证据”的意思，这些条据是在处理涉及法律关系的事务中所使用的，而且在民事诉讼和纠纷中可以作为证据使用。

（1）借条。借条又称借据，借条是单位或个人借到钱财或物品时写给对方作为凭证的一种条据。它是一种非常重要的，具有法律效应的应用文。借条中需简要描述所借钱财或物品的所有人、财物性质特征、数量及规格。货币数量和其他重要的数字要用汉字大写。还要注明归还日期、数量及方法。钱财或物品归还后，要把借条收回作废或者撕毁。

（2）欠条。欠条是个人或单位在欠钱财或物品时写给对方单位或个人，作为约期归还的凭证性条据。它是日常生活中常见的一种凭据类应用文体。借私人或单位的钱财或物品，到期不能归还或不能全部归还，归还部分，还有部分拖欠时，也需写欠条。

（3）领条。领条是领取方领取到发放单位或个人所发放的钱财或物品时，写给发放方作凭证的字据，一般是单位领物。它是在发放和领取物品的过程中，经常使用的一种应用文样式。既有领条，也有代领条。一般在领取物品或钱物时，只要在事先造好的表册上签名即可，但是这种以单独的领条形式出现的应用文仍很常见。

（4）收条。收条也叫收据，是收到东西的单位或个人写给对方做凭证的字据。它是生活中常用的具有法律效应的一种应用文样式。既有收条，也有代收条，既可收公家的，也可收私人的钱财或物品。

2. 说明性条据

请假条、留言条、托事条等属于说明性条据，它是临时用来告知对方某个信息，或向对方说明某件事情的条子。一般不具备法律效力，只是人们一般性交往的文书。

（1）请假条。请假条是因事或因病而不能出勤或按时出勤，或不能参加某项预定活动时，向单位、组织或领导请求给予假期，用以说明原因的便条。请假条应由本人亲自撰写。若因故由他人代写的，应加以说明。

（2）留言条。留言条一般是访问某人未遇，先行离去或是不能久候他人时，向对方说明并道清事由的便条。公事留言条，要力求言语简洁，事完即止；私人留言条，自由度可以大些，但是也要具体、准确地说明要告诉对方的事项。留言条可托他人代交，也可置于交往对象易见之处。

（3）托事条。托事条即委托他人帮忙办理某事，但因故不能当面相托时所写的条据，将所托之事留言告知。由于托事条的目的往往是有求于人，因此在撰写时务必使用委婉用语、礼貌用语。无须写标题，但要具体、准确地说明要告诉对方的事项及本人身份等。

（三）条据的特点

1. 便利性

条据的特点在于一个“便”字，条据写起来简便，看起来方便，虽然纸小，作用却很大。所以，它在日常生活中被人们频繁应用。

2. 凭证性

无论是凭证性条据，还是说明性条据，它们都具有重要的凭证作用。例如，借条可以作为收欠财物的凭证，而请假条又可以作为请假的凭证。正因如此，条据常被作为重要的法律凭证。

3. 实用性

条据的实用性特点在日常生活中非常显著。无论是单位与单位之间、单位与个人之间，或者是个人与个人之间，都可以应用条据及时处理日常事务，既有利于解决问题，又提高了工作效率。

（四）条据的写作要求

（1）格式规范。条据写作内容虽然简单，但作为一种凭证，效用严肃，因此格式必须规范，以示郑重。

（2）条据上的金额、物品的数量（额），为防止涂改，必须用汉字大写，数字前面所留空白间距亦不可过大，以防止添加；款项金额后面加上一个“整”字。也可在金额后面以括号形式写上小写数字。如“借一本字典”，应写“借壹本字典”，因“一”字加一竖，就变成“十”了。

（3）字迹要清楚、工整。如果书写潦草，辨认不清，则起不到凭据作用，如果写错了，必须重新写；重要内容有所改动，应加盖印章。只能用蓝墨水钢笔、签字笔或毛笔书写。落款署名应是亲笔签名。慎重一点的凭据，姓名前要写单位或住址，签名之后要加盖图章或按上指印。

（4）正文的表述要简明。写清楚借、欠、收、领的事实即可，虽然不必讲道理、说理由，但必须实事求是，不能失实。

（5）语言要精练、准确。特别是凭证性的条据，表述不能有歧义，不能有任何语义上的含糊。

（6）日期要用汉字小写，并写全年、月、日，不能写“即日”之类。

第5单元

专业类文书写作

单元实训项目

实训目标

以某集团助理的身份，在集团的网站上以消息的形式报道该集团10周年纪念活动大会盛况；或以某高校大三、大四学生的身份，撰写一篇专题性的毕业论文或一份设计理念新颖的毕业设计。

实训准备

本单元要求学生提前了解消息的相关知识；领会毕业论文、毕业设计的概念、类型和必备知识；通过观看电视、浏览网站，查看报纸，搜集整理不同的消息，找出消息的特点、种类以及区别；并通过例文初步了解毕业论文和毕业设计的写作结构和格式。

实训阶段

在学习本单元的同时，进行各个项目的实践。为保证各实训项目按时完成，应按以下各阶段进行检查验收。

第一阶段：以某报社记者身份，通过对新闻事实的不同视角，撰写各种消息。

第二阶段：以某高校大三、大四学生的身份，综合运用所学专业的基础理论、基本知识和基本技能，针对某一问题独立进行分析和研究后，完成毕业论文或毕业设计的撰写。

总结与评估

实训项目结束，教师对实训任务进行考核，综合对学生实训成绩进行评定，分为优秀、良好、中等、及格和不及格。

（注：本单元受篇幅所限，毕业论文和毕业设计的“写作范例”只选取文科类毕业论文、文科类毕业设计各一篇）

项目一　拟写消息

一、知识目标

通过该模块的学习，将会帮助学生掌握消息的特点、分类、结构、写作内容和写作要求等知识。

二、能力目标

通过阅读范文，熟悉消息的文体特点和写作技法；通过病文诊治、写作实训，能够根据不同的消息类型选择恰当的语言和表达方式；在此基础上，能根据不同的需要熟练写作各种类型的消息。

三、写作范例

示例 1

中国神枪手许海峰赢得奥运会第一块金牌

新华社洛杉矶 7 月 29 日电（快讯）中国神枪手许海峰今天上午在这里获得了男子自选手枪比赛的金牌。

这是中国选手获得的第一块奥运会金牌，也是本届奥运会的第一块金牌。

他的成绩是 69 环。

（引自 1984 年《新华社好稿选》）

示例 2

百万雄师　横渡大江

新华社长江前线一九四九年四月二十二日二十二时电　人民解放军百万大军，从一千余华里的战线上，冲破敌阵，横渡长江。西起九江（不含），东至江阴，均是人民解放军的渡江区域。二十日夜起，长江北岸人民解放军中路军首先突破安庆、芜湖线，渡至繁昌、铜陵、青阳、荻港、鲁港地区，二十四小时内即已渡过三十万人。二十一日下午五时起，我西路军开始渡江，地点在九江、安庆段。至发电时止，该路三十五万人民解放军已渡过三分之二，余部二十三日可渡完。这一路现已占领贵池、殷家汇、东流、至德、彭泽之线的广大南岸阵地，正向南扩展中。和中路军所遇敌情一样，我西路军当面之敌亦纷纷溃退，毫无斗志，我军所遇之抵抗，甚为微弱。此种情况，一方面，由于人民解放军英勇善战，锐不可当；另一方面，这和国民党反动派拒绝签订和平协定，有很大关系。国民党的广大官兵一致希望和平，不想再打了，听见南京拒绝和平，都很泄气。战犯汤恩伯二十一日到芜湖督战，不起丝毫作用。汤恩伯认为南京、江阴段防线是很巩固的，弱点只存在于南京、九江一线。不料正是汤恩伯到芜湖的那一天，东面防线又被我军突破了。我东路三十五万大军与西路同日同时发起渡江作战。所有预订计划，都已实现。至发电时止，我东路各军已大部渡过南岸，余部二十三日可以渡完。此处敌军抵抗较为顽强，然在二十一日下午至二十二日下午的整天激战中，我军已歼灭及击溃一切抵抗之敌，占领扬中、镇江、江阴诸县的广大地区，并控制江阴要塞，封锁长江。我军前锋，业已切断镇江、无锡段铁路线。

（引自1949年4月24日《人民日报》）

示例3

黄河之水奔流千里到达天津

本报天津28日专电　奔流1 600多里的黄河之水，已于今天中午达到天津。久旱缺水的天津人民喜迎豫、鲁、冀三省人民千里迢迢送来的“风格水”，这些水对天津的生产和人民生活，将起到十分重大的作用。

（引自1981年《好新闻》）

四、技能导引

（一）标题

标题是消息的眼睛，消息的标题是消息内容的高度概括，它概括、提示、评价消息的内容，揭示消息的本质，吸引读者的阅读兴趣。消息有单行标题，也有多行标题。通常要用多行标题，包括主题、引题、副题、提要等。

1. 主题

主题又称正题、母题、大标题、主标题。主题是多行标题的中心骨干和核心，用来概括说明消息中最主要的事实和思想，放于显著位置，往往显得特别突出。

2. 引题

引题又称肩题、眉题。它衬在主题前面作前奏，起交代背景、烘托气氛、说明原因、揭示消息内涵和精神实质的作用。

3. 副题

副题也叫次题、辅题或子题。标在正题下面，常用来补充交代消息中的次事实，弥补主标题的不足。

4. 提要（或提要题）

提要又称提示题或纲要题。其作用是将消息中的核心内容概括出来，起内容提要的作用，一般文字较长。

消息的标题写作非常灵活，常见的有三种形式：

（1）单行标题。单行标题指只有一行字的标题。这种标题以叙事为主，要求简洁明了地反映消息的中心内容。如：

例1：长江巫峡溶洞新发现古人类遗址

例2：荷兰两小伙打造世界最长自行车

（2）双行标题。指具有两行字的标题，即由引题和主题或主题和副题构成的标题。如：

例1："皇帝女儿"多了也难嫁（主题）

土特产品进货谨防"一窝蜂"（副题）

例2：六部委赴各地检查菜篮子（正题）

主抓食品价格过快上涨（副题）

（3）多行标题。指三行或三行以上的标题，这种标题一般用于重要的新闻消息。多行标题实际是引题、正题和副题的结合。如：

例1：干流封冻长达1 100千米（引题）

严防黄河闹"凌"灾（正标题）

党中央、国务院高度重视，国家防总和水利部已派工作组赴现场协助抢险（副题）

例2：重庆加强环境监察监测和信息化能力建设（引题）

寓热情服务于严格执法中（正题）

人性化执法受到企业欢迎，环保信息网络促进综合决策（副题）

（二）消息头

在一篇消息的开头部分要标明"新华社报道"或"据新华社电"或"本报讯"或"××社×月×日"，的字样，这就是消息头。一般分"讯"和"电"两种。"电"主要指电报、电话、电传等形式向报社传递的新闻报道；"讯"主要指通过邮寄或书面递交的形式向报社传递的新闻。

下面是一条完整的消息头："新华社华盛顿9月15日电"。

（三）导语

导语是"消息"这一体裁特有的概念，是消息区别于其他文体的又一重要特征。

所谓导语，是介绍新闻事实中最重要的内容，文字简练而生动，它鲜明地提示消息的主题思想，并能引起读者阅读的开头部分。

具体写法上，可以采用以下几种方式：

1. 叙述式导语（也称直叙式导语）

它以凝练的语言，扼要而直接地将消息中主要的事实叙述出来，是导语最基本、最常见的写法之一。

例：经过中国科技人员的共同努力，SARS 病毒灭活疫苗昨天获得国家食品药品监督管理局批准进入一期临床研究，不久将首次在志愿者体内接种。中国将由此成为世界上第一个批准 SARS 疫苗用于人体临床研究的国家。

2. 描写式导语

它以展示事物的形象和事件的场景为主要特征。写作时常抓取某一生动形象、鲜明的色彩或有特色的细节加以描绘。但描写时应简洁而传神、力避过分雕饰。

例：新华社西北 1947 年 10 月 29 日电　西北联防军司令员贺龙将军接见清涧战斗中放下武器的蒋军 76 师中将师长廖昂。会见时，廖垂手鞠躬，局促不安，贺龙将军与之握手。

3. 评论式导语

即对所报道的事实进行评论，揭示其意义。

例：新中国成立以来长江上游的最大洪峰，今天凌晨顺利通过葛洲坝水利工程，我国这座最大的水利工程成功地承受了考验。

4. 对比式导语

就是把有差别的事物相比较，将现在的情景与过去的情景相比，将此地之状况与别处相比等。

例：合众国际社伦敦 1979 年 5 月 5 日电（记者：格兰·布莱克蒙）阿瑟·弗洛莫过去以“5 美元一天”的价格组织游客游览欧洲发了大财。而今天，一般游客在欧洲每天至少花费 10 倍的钱。

5. 引语式导语

即引用新闻人物精彩而生动的语言来揭示消息主题。

例：市委书记 ×× 今天在视察 ×× 乡 ×× 村的时候说：“一个一千多人的大村子，十几年来没有发生过一起刑事案件，应把这里普法教育的经验推广出去。”

6. 提问式导语

即将有关问题通过一个尖锐而鲜明的问题提出来，以引起受众的关注。有时是设问，即要求自问自答。

例：美联社纽约电（记者：克里斯·安吉罗）假如你经营一家旅馆，你怎样使房客把房间里的电灯自动关掉同时并不少收他的钱？

（四）主体

主体是导语的展开或续写部分。主体是对导语作具体全面的阐述，消息的主题也要在主体部分去体现。主体是对所报道的事实进行全面、具体的叙述和说明，它是消息的躯干部分。

主体部分应承接导语展开叙述，与导语相辅相成，可对所述事实或问题进行评说、议论。

1. 主体的作用和功能

（1）对导语进行解释、深化和具体化。使导语中的事实更加清楚，更加详细，以满足读者深入了解新闻事件的要求。对导语中涉及的内容，进一步提供有关细节和背景材料，使其更清楚、明确、具体。

（2）补充新的事实。使导语中没有提到的其他有关消息主题的事实得以补充，以保证消息的完备性。导语中未提及而又能表现消息主题的事实和其他要素，便由主体补充出来。

2. 主体部分写作时要注意以下几点

（1）要注意变换角度，不重复导语。写好主体，一个重要的问题是如何处理好主体与导语的关系，主体只是对导语中所涉及的事实加以具体化。如果处理不好，主体就可能与导语重复。

（2）紧扣消息主题取材。主体部分内容较多，故而要重视材料的取舍。应紧扣导语中所确立的主题来选用材料。若与主题无关或无多大关系，即便具体、生动、感人，也应割爱。主体既不能重复导语，又不能游离导语，这是一个问题的两个方面。注释导语，实际上就是从何时、何地、何事、何人、如何、为何等几个方面，对消息导语作进一步的说明。补充导语，实际上就是补充交代与主要新闻事实紧密相关的细节。

（3）叙事宜具体、内容应充实。消息必须用事实说话，不能空发议论。主体的写作，必须内容具体，不能把空泛的议论、抒情塞进消息。有人因消息是简明扼要的，要求篇幅短小、语言简洁，所以消息写得太概括、太抽象，在空洞无物的导语之下，是几条干巴巴的“筋”。读完了还不知道这篇消息讲了什么东西。消息虽不似通讯细致、深入地报道事实，但应使受众对新闻人物和事件有较完整而真切的了解，应传达出较具体的新闻信息。

（4）叙述力求生动。消息主体内容在要求具体、充实之基础上，还应力求生动。主体部分的写法，可以采用按时间顺序写，按逻辑顺序写，按时间顺序和逻辑顺序相结合的方式写。时序结构按照事情的发生、发展、结果的时间顺序，从头到尾一路写来。逻辑结构按照某一事物的几个方面的关系或某些事物的相互联系，组织和安排消息的层次和段落。消息主体写作应尽量避免平铺直叙，可运用生动形象的描述，灵活多变的手法和自由灵活的层次、段落安排。

（5）要防止罗列事实。消息主体要以具体事实说话，但又要防止罗列事实；

如果平铺直叙，简单罗列，读者还是不爱看。

（五）背景

消息背景，指事件的历史背景、周围环境及与其他方面的联系等。一般背景材料分为三类：

1. 说明性背景材料

就是用来说明新闻事实产生的原因、条件、环境、政治背景、历史演变以及新闻人物出身、经历、身份、特点的材料。

2. 注释性背景材料

即注释、解说有关科学技术、名词术语和物品性能特点方面的材料。

3. 对比性背景材料

就是那些能与新闻事实形成某种对比的材料。

（六）结尾

结尾是消息的最后一段或最后一句话，它承接主体、总结全篇、深化主题。但有的消息往往没有结尾，我们称为“零结尾”。

具体写法上，可以采用小结式、评论式、展望式、希望式、启迪式、描写式、引语式等多种方式。

五、写作实训

（一）病文诊治

（1）评析下面这则消息：

学校 3 项成果获北京市第十届哲学社会科学优秀成果二等奖

来源：北京工商大学　发表日期：2009 年 1 月 4 日

中共北京市委宣传部、北京市教育委员会、北京市人事局近日发布《关于“北京市第十届哲学社会科学优秀成果奖”的表彰决定》（京宣发［2008］36 号），我校谢志华教授的调研报告《2006 首都流通业研究报告》获经济学二等奖、李朝鲜教授的专著《理论与量化：现代服务产业发展研究》获经济学二等奖、崔学刚副教授的论文《上市公司控制权转移预测研究》获管理学二等奖。本届哲学社会科学优秀成果评审共收到申报成果 700 余项。经单位推荐、系统评奖委员会初评、市级学科评选组评选委员会、市评奖委员会终评、向社会公示等程序，共有 208 项优秀成果奖。其中特等奖 2 项，一等奖 41 项，二等奖 165 项。谢志华、崔学刚、赵冬代表我校出席了表彰大会。

北京市从 1987 年开始每两年组织一次哲学社会科学优秀成果奖评选工作，评奖办公室设在北京市社会科学界联合会。这是一个涵盖首都范围的社科大奖，由于首都得天独厚的人才资源优势，加上没有全国性社科联合组织，这一奖项具有较重的分量。到目前为止，该奖已经评选了十届，共评出 2 126 项优秀成果，其中特等奖 38 项，一等奖 470 项，二等奖 1 618 项。该奖项在北京市哲学社会科学领域属于级别较高的奖励。

（2）分析下面这则消息选取的报道角度是否恰当，并请说说理由。

巡警与“金元”在氢气瓶即将爆炸的危急瞬间
两种行动两种价值观

本报讯　11 月 1 日晨 7 点 40 分，在紫荆山立交桥下，河南金元广告公司满载 22 个氢气瓶的车辆突然起火，氢气瓶即将爆炸之际，出现了两种不同的行动。

一种是金元广告公司的工作人员，一见火起，就惊叫一声，害怕氢气瓶爆炸伤及自身，立即逃离着火的车辆，站在 50 米远的地方观望，并且，在巡警救火的过程中，他们只有一个人参与救火，其余的人，喊也喊不到跟前……

相反，正在立交桥下执勤的巡警四大队的王智力、杨凯、赵明一听到群众报告，得知氢气瓶着火时，三人就毫不犹豫，由赵明去报火警，王智力、杨凯立即从 50 米外的地方，冲向河南人民会堂，抓起灭火器，扑上即将爆炸的车辆灭火。同时，在立交桥下训练的巡警四大队巡警黄振勇、张华民、刘俊钊、徐公峰、于成北、储鲲、张福志、李伏波也停止训练，抬来两个大干粉灭火器，把着火车辆团团围住，奋力灭火……

这些巡警难道不知道氢气瓶爆炸他们就有生命危险吗？不是，据他们说，一见到有那么多氢气瓶。就知道这火烧下去氢气瓶会爆炸，所以，当时什么都没想，只是一个念头，赶快把火扑灭，千万别让氢气瓶爆炸。

金元广告公司的工作人员或许想得很多，所以要退避 50 多米，再思一思，想一想；巡警同志什么都没想，所以他们冲上去了，但两者相比，谁的思想境界高尚呢？

（二）写作实训

（1）根据下述情况，拟出不同的报道角度，并进行比较分析，选定一个最佳角度。

东北某村王某被汽车撞死，肇事者逃逸。王家只剩下孤女寡母，她们多方打探但肇事者毫无线索；后来想到悬赏，悬赏信息发出后，邻村的孔某雪夜蒙面到王家，提出先拿赏金后提供线索。王家母女考虑后约他三天后再来，孔某如期而至，拿到钱后提供了线索，然后被埋伏的公安抓了起来，警察说他先要钱有敲诈勒索之嫌。后经核实，孔的线索是真的，警察便放了他。但孔回村后不被村邻和家人所容，被迫离家出走；因为全村人都知道谁是肇事者但只有孔某去告发了。请分析是谁错了，然后拟定不同的报道角度。

（2003 年 12 月 21 日中央 10 频道）

（2）请仔细阅读下面这篇新闻素材，并回答问题。

杭州时代小学的一些学生这几天对四（1）班的李昂佩服得不得了，大家逢人便说："李昂给我们上的科技生物课真棒，他怎么懂那么多呀?!"

二（1）班的戴思佳这样布置她的茶艺表演场地：斗大的一面"茶"字旗帜挑在楼道口，教室四周贴满了书法作品，还有 2 位小朋友伴奏古筝。作为她的助手，班主任胡筱筱则负责找演出服装，同时还找来一位男同学扮演"店小二"。

戴思佳的茶艺表演课博得了满堂喝彩。

这天，跟李昂一样受学生们追捧的"明星"共有 9 位。他们都是时代小学的特长生，有球类运动、服装设计的，也有科技小魔术和茶艺表演等。

记者在现场看到，每位开课的特长生都吸引了不少观众。

李昂是学校的生物特长生。2001 年 4 月 12 日下午，李昂借助学校的多媒体设备开出了"科技生物课"，向全校对此感兴趣的学生介绍昆虫的特点、习性和生长过程。

为了上好这短短 30 分钟的课，9 位开课"老师"预先下了不少工夫：贴海报、做广告、印发入场券，布置开课地点，邀请指导老师作"助手"。

进行"差异教育"，评选特长生是时代小学的一大特色，如今全校有 70% 的学生都申请进入"特长生"行列。

校长俞国娣表示：把教室、讲台让给学生，是为了让更多的孩子发现自己的长处，增强自信心。

一年级学生骆君婕应邀给戴思佳古筝伴奏，骆妈妈自始至终在那里观看，她由衷地说："我真的很自豪。我来看，是为了向孩子表示我很重视。"

学校实验室里，一（3）班的科技特长生董宇聘讲的是"科技小魔术""水上明烛""烧不坏的手帕""会飞的小纸片"等 5 个蕴涵物理、化学和数学排列原理的小节目，在听课的同学们眼里显得那样神秘。

每个小节目一完，同学们争着上前试一试，课堂气氛活跃极了。

这天，刚好是学校的家长开放日。听说特长生要当小老师，家长们兴致勃勃地前往观摩。

①根据这篇新闻素材，写一则 450 ~ 500 字的消息。要求主题鲜明、突出；导语新颖、有创意；文字简洁、通畅。

②为所写的消息制作标题，要求为引、主或主、副结合的复式结构；具有新闻性、评价性；文字简练。

③为所写的消息配写一篇短评，并拟写标题，要求标题精练、吸引人，观点正确，语言简洁。字数在 300 左右，符合评论体裁的写作要求。

（3）根据下列材料写一则 300 字左右的消息，要有标题、导语、主体。

某省会城市市中心的 ×× 广场发生一起交通事故，一部卡车撞倒一个骑自行车的人。请从卡车、骑车人、道路等若干方面拟定多个报道角度。

（4）人文创新集团成立10周年之际，集团决定举办一系列纪念活动，一方面回顾总结10年来走过的历程，继承和发扬当年艰苦创业的优良传统和精神；另一方面是研究确定下一步集团发展战略，寻求新的发展机遇。在系列纪念活动中，首先举行了庆典大会。庆典大会结束后，公关部长要求助理李婷赶紧在集团的网站上以消息的形式报道大会盛况。请代李婷写出这则消息。

六、归纳总结

（一）消息的概念

消息是新闻中最基本的、使用量最大的文体。消息是以最直接、最简练的方式报道新闻事实的一种新闻文体，以简洁的文字迅速传播新近变动的事实。在所有的新闻体裁中，消息的使用频率最高。它是新闻媒介传播信息进行舆论宣传的最基本最重要的形式。消息是报纸、广播中数量最大、受众最多、影响最广泛的一种新闻体裁。狭义的新闻即指消息。

（二）消息的特点

消息是一种最讲实效的宣传形式，它一般具有内容新、事实准、报道快、篇幅短的特点，可以用新、准、快、短四个字概括。

1. 内容新

内容新就是报道的是新鲜事、新人物、新动态、新风尚、新知识、新问题等。它要求尽可能报道最新出现的人、事、物。

2. 事实准

事实准就是报道有根有据，确有其事。一篇理想的新闻报道应该把读者带到现场，使他能看到、感觉到、甚至闻到当时所发生的一切。人物、地点、时间、数字、引语、细节都准确无误；作者对事实的分析，要符合客观事物的本来面目。

3. 报道快

消息是对稍纵即逝的客观现象的及时记录，最讲究反映快。如果迟写慢发，新闻就会贬值或失去意义。

4. 篇幅短

消息的篇幅短小，与时效性原则紧密相关。它要求用简洁、概括的文字，把事实要点表达出来。最经济的文字，往往容易赢得时间，因而消息的句子短、段落短、篇幅短。

（三）消息的分类

1. 动态消息

所谓动态消息，也称动态新闻。其显著特点是它一般都不长，文字简练、篇幅短小，表达直接而鲜明。它主要用以报道已经发生或正在发生的事实，文字简洁、反应迅速，是各类消息中数量最大、最常见的一种新闻体裁。它时效性强，尤其提倡发“今日新闻”。动态消息主要将社会生活中发生的新变化、新成就、新动向、新情况，“第一时间”报道给读者或者听众。它突出的是新闻六要素中的“何事”，是围绕“何事”来交代何人、何事、何地。至于何因、何果，当然要提到，但不是动态消息的侧重点，可点到为止。它只是报道发生了“什么事”，而不解释“为什么”。

2. 综合消息

综合消息是把发生在不同地区或部门的性质类似的事件综合起来进行报道的新闻形式。它常常以不同地区、不同单位在各个时期内发生的某个事件、某项工作、某个问题为内容，围绕并突出一个主题综合起来加以宣传报道。它既不是对一个固定人物的描述也不是对一个独立事件的阐发，而是由不同时间、不同地点、若干不同的事实组成，经过综合、归纳、概括、提炼而成，具有鲜明的主题和很强的指导性。

3. 经验消息

经验消息不是突发性的，事情的发生、发展有比较长的过程。它是对某一部门或某一单位的成功经验进行报道的新闻形式。它不概括经验规律，而是用具体的事实反映经验，是对成功的具体做法的介绍。是由一件以上的事实经过综合、归纳、概括、提炼而成。经验消息突出的特点是它的针对性和指导性。它通过典型的材料，反映具体的情况，从事实中推出结论，典型中体现规律，通过纵和横的对比、分析、阐述，揭示事物的本质，归纳出经验性的东西来，它对现实工作有指导意义。在具体写法上，经验新闻在写作时要求交代情况、叙述做法、反映变化、总结经验，从事实中引出结论，从个别中指明规律，因而具有普遍的指导意义。经验消息偏重交代情况，比较注意提供背景材料，让读者感受到产生经验的条件，篇幅一般比其他消息要长些。

4. 述评消息

述评消息又称新闻述评或记者述评，它也是消息中较为特别的一种类型。一般的消息，纯用事实说话，不要作者站出来议论。述评消息则是一种夹叙夹议、边述边评、述评结合的消息体裁。它一面报道国内外重大新闻事件或有普遍意义的新闻事实，一面结合形势动向，对某种思想倾向，或对实际工作有普遍意义的重要问题，或为群众普遍关心的社会问题加上作者对新闻事实的恰到好处的评论，讲述事物发展变化的原因，揭示事物本质意义，指明其发展趋势，帮助读者认识事物，给读者以启迪。它是一种介于消息和评论之间的一种报道形式。述评消息通常分为事件述评、问题述评、形势述评、事态述评、思想述评、工作述评等。

5. 人物消息

所谓人物消息，即对人物的主要特点放大和再现，对人物进行集中突出的描绘，突出报道人物的思想、事迹的新闻形式。相当于电影中的近镜头。在选材上，则选取现实生活中人物活动的一、二个场面，一、二个镜头，充分地展示生活的横切面，描绘比较细腻，感染力强。在结构上，既不同于一般新闻，也不同于一般人物通讯，而是取二者之长，常常用一个概括性的导语开头，点出部分事实要点，但不透露太多，真正最重要、最精彩的东西，放在后面，使读者看完全篇后产生一种满足感。选定一个特定的角度，仔细观察局部特征，选择一个侧面加以报道。在这种新闻形式中，人物成了消息的中心，但不强调细节，没有过多的描写渲染。

项目二　拟写毕业论文

一、知识目标

通过本模块的学习将集中向学生介绍毕业论文的含义、特点。

二、能力目标

通过本模块的学习，培养学生综合运用所学知识，结合实际，按照毕业论文的行文规范写出高质量的毕业论文。

三、写作范例

论维西旅游资源优势及其开发对策

作者：×××

摘要：21 世纪旅游作为新的产业，以无烟工业的角色在全球得以迅猛发展。国家确定迪庆为我国中西部旅游开发重点地（州）之一。随着“三江并流”世界自然遗产的成功申报。云南省委、省人民政府提出建设“旅游经济强省”和迪庆藏族自治州建立“旅游支柱产业”等战略目标的确定。为维西发展旅游业创造了千载难逢的机遇。为此，结合维西实际，本文从三个方面分析了维西旅游资源的优势及其开发对策，以供有关人士参考。

关键词　旅游资源　特征　优势　对策

地处国家级风景名胜区“三江并流”中心腹地的维西，历史悠久，是一个多民族多宗教并存的地区，又是迪庆藏族自治州所辖的傈僳族自治县，是迪庆香格里拉的重要组成部分。维西素以动植物资源丰富、民族风情浓厚、饮食文化独特而著称，有“横断山中绿宝石”“天然杜鹃花园”“灵灵家园”“兰花之乡”等美称。

金沙江、澜沧江流经维西境内，怒江离维西县境仅十几公里之遥，与金沙江、澜沧江并肩而流，形成了三江夹两山，两河入两江的地势。县境内从最高海拔 4 880 米的查布朵嘎雪山到海拔 1 480 米的碧玉河，海拔高差 3 000 多米，形成了比较典型的立体气候植被带，蕴藏着较为丰富的动植物资源和独特的地貌奇观。境内大江滔滔，峡谷重重，林海莽莽，高原湖泊晶莹透明，构成了奇特的三江自然景观。

全县三大景区中，澜沧江景区以峡谷、雪山、高原湖泊、傈僳族"阿尺目刮"为代表；塔城景区以滇金丝猴、热巴、生态、藏传佛教为代表；保和镇以古乐、兰花、杜鹃，以及傈僳族对脚舞、饮食为代表，三个景区集中展示了维西独特的自然风光和人文景观。特别是叶枝阿尺目刮、塔城热巴、永春地脚舞、维西古乐，可谓是民族民间艺术宝库里的奇葩，深受中外游客的欢迎。

维西通往兰坪、中甸、丽江、德钦的公路有 5 条，有一个旅游开发公司，一家三江并流旅行社，六家酒店，5 家涉外定点接待单位。有 1 600 余个接待床位，100 余个标间，三条旅游黄金线路和一批通过严格培训的导游队伍和服务人员。

历史上，居住在境内的各民族长期和睦相处、互相依存、互为影响，因而在宗教、民俗、饮食文化等诸多方面形成了既有融合又各具特色的特点，形成"你中有我，我中有你"的文化教育现象。傈僳族特色文化，是维西各族人民长期融洽相处的结晶。

继云南省委、省政府提出"建设文化大省"和州委州政府提出"建设香格里拉文化州"战略目标之后，为了使维西旅游业顺利步入 21 世纪，促进旅游业的可持续发展，本文在分析了维西旅游资源优势的基础上，对旅游资源的开发提出了一定对策和建议。

一、维西旅游资源的特征

维西素有"兰花之乡""金丝猴家园""横断山脉中的绿宝石"的美誉。这里山河壮丽，自然风光优美，拥有北半球最南端终年积雪的高山，茂密苍茫的原始森林，险峻深邃的峡谷，发育典型的喀斯特岩溶地貌，使维西成为自然风光的博物馆，再加上维西众多的历史古迹、多姿多彩的民俗风情、神秘的宗教文化，更为维西增添了无限魅力。

从维西旅游资源的分布、构成、景观质量及特征、开发程度、社会情况等来看，可将维西旅游资源的特征概括为以下 7 个方面。

1. 多样性

维西山川秀美，其旅游资源构成复杂多样、丰富多彩。自然景观和人文景观都十分丰富，有立体气候；有雄伟壮丽的山川地貌；有古老悠久的历史文化遗存；还有各具特色的多民族文化；有多种奇异典型的地质现象、丰富的矿产矿床及动植物群落；有大量高峰绝壁、急流险滩和洞穴可供攀登、漂流探险；还有数量和品种多样的矿泉供人闲逸疗养。而雄奇壮伟的"三江并流"核心腹地更是世界上独一无二的。特殊的区位，形成维西旅游资源组合的多样。

2. 奇特性

通过维西众多的景观与州内外相似或同类景观比较，得出这样的结果：维西许多地区地学景观都具有奇特性，构成旅游资源优势。

3. 地域性

维西旅游资源分布极为广泛，除塔城、保和镇、叶枝、永春、攀天阁等乡镇的旅游景观已享有一定的盛名之外，在澜沧江沿岸的维登、中路、白济汛、康普、巴迪等乡镇旅游资源大量分布，并且有相当程度的集中。全县各乡镇几乎都有景点，并各有特色。但是，各类旅游景观资源的分布却受一定地域限制，例如塔城、叶枝两大旅游片区的显著差别，少数民族分布的地域性等。

4. 多民族性

维西的民族旅游资源特色鲜明，丰富多样。云南有51个民族，西维西就占13个。各民族在长期的生产、生活中，形成了风格各异、类型多样的民族文化、风俗习惯、节日、服饰、村舍建筑，构成了维西旅游资源的一大特点和优势。

5. 融合性

在维西，不同的地学景观与各异的动植景观、气象景观和民族文化、少数民族风情组合形成风格、特色不同的景区，各类景观相辅相成，互为依托，体现出极高的组合性。

6. 生态性

维西生物旅游景观极为丰富独特，素有“横断山中的绿宝石”“灵灵家园”“兰花之乡”等美誉，不少动植物类型观赏价值极高，自然生态系统保存较好，充分体现了人与自然和谐相处，“天人合一”的主题，成为香格里拉一大生态旅游景观。

7. 潜力性

维西县地处祖国西南边陲，旅游资源丰富，但绝大多数未加以开发利用。可利用和挖掘的潜力还很大。例如，位于维登乡境内的新化湖、叶枝镇的查布朵嘎等，到如今仍处于未开发状态，应不断补充内涵，赋予其新的生命力，充分挖掘出其潜力。

二、维西旅游资源开发存在的问题

为把旅游资源优势转化为经济优势，迪庆藏族自治州委、州政府，维西县委、县政府提出了把旅游业发展成为新兴支柱产业的决策，加快了维西旅游资源的开发和建设的步伐。

目前，维西已开发和建设了一大批具有地方特色的风景旅游区和旅游服务设施，基本上形成了以县城保和镇为中心的三大旅游线路，重点建设了县城、塔城镇、澜沧江流域为中心的三大旅游区。目前维西旅游资源开发已取得了喜人成绩的同时，仍然有大量不容忽视的问题存在。

1. 资源总体开发程度不高

当前，维西服务设施还不配套，景观资源的开发较单一，造成资源特色的浪费，开发缺乏系统性和整体性。

2. 行业管理差

维西旅游资源的开发，缺乏统一规划和管理，各自为政，各行其是，盲目开发的现象时有发生。相当部分环境质量高、历史文化价值和艺术观赏价值上乘，且具有科学考察价值的重点旅游资源得不到新的或深层次的开发，利用效率不高。部分地方因行业管理不当，造成景观的破坏和景点的重复建设，大大损害了维西旅游地的形象。

3. 保护意识差

开发过程中资源的保护意识差，对旅游资源的破坏现象仍然存在，人为性破坏和建设性破坏现象严重。

4. 开发资金不足

维西旅游资源的开发，资金来源不稳定。旅游资源的发展建设本身就具有建设周期长，资金消耗大的特点。而目前维西县旅游开发的资金基本上由政府划拨，尽管政府也建立了发展旅游业的基金，分年度划拨，但仍是杯水车薪。因此，有些好的旅游项目因资金问题而搁浅，其开发速度远不能与迅速增长的游客需求相适应。另外，由于资金不足，相配套的交通、能源和自身基础设施欠账太多，制约着维西旅游业的发展。许多景观资源，由于地处边远地区，交通设施落后，可进入性差，导致这些颇有价值的景观鲜为人知。

5. 环境管理差

许多景点，由于环境管理差，有损于维西旅游形象。虽然政府投入一定的人力、物力和财力抓环境卫生，但成效不大。脏、乱、差现象仍然存在，损害了高质量的旅游资源，造成游客滞留时间较短。

6. 宣传力度不够

维西诸多的名胜风景旅游点，由于宣传力度不够，多年来一直鲜为人知，造成旅游资源的极大浪费，而维西每年的旅游宣传资金较低。

此外，诸如资源开发规划人才匮乏，地方政府对旅游资源开发与保护政策的认识不足，各地区经济发展不平衡等因素也是制约维西旅游资源开发与旅游业发展的重要因素。

三、对策及建议

针对维西旅游资源的特征及开发管理中存在的问题，吸取多年来的经验教训，提出以下建议，以供参考。

1. 转变政府职能，加大开发力度。（略）
2. 加强法制建设，加大执法力度。（略）
3. 积极倡导生态旅游，做到资源的保护性开发。（略）

4. 进行全方位、多层次的深度开发。(略)

5. 广辟财源，多方集资，落实旅游资源开发、建设资金。(略)

6. 坚持旅游资源的永续利用。(略)

参考文献：

[1] 杨桂华，钟林生，明庆忠．生态旅游 [M]．北京：高等教育出版社，2000.

[2] 周国兴．香格里拉——维西旅游指南 [M]．昆明：云南人民出版社，2000.

[3] 维西县旅游局．三江并流腹地·灵性香格里拉 [M]．昆明：云南人民出版社，2005.

(文章来源：中国知网，有改动)

四、技能导引

定稿后的毕业论文按顺序应包括以下十二个部分：标题、作者署名、摘要、关键词、目录、引言、正文、结束语、致谢、参考文献、注释。

(一) 标题

标题也叫题目，是文章的重要组成部分，是对所选内容研究过程和成果的直接表述。标题高度概括论文内容。题目不宜过长，有些必须在题目中表示的，可采用正副标题的形式。

(二) 署名

署名是对研究成果拥有著作权和具有责任感的体现。署名的位置一般在标题的下面，毕业论文一般还要将指导教师的姓名署上。大部分学校的毕业论文有统一的封面，作者和指导教师的姓名应放在指定的位置上。

(三) 摘要

摘要也称提要，位置在正文的前面。主要是对毕业论文内容不加注释和评论的简单陈述：提出该论文的主要观点、研究对象、揭示论文的研究成果、简要叙述全文的框架结构。一般不超过 500 字。

(四) 关键词

关键词一般书写在摘要下面，3 ~5 个，按词条的外层次从小到大排列。主题词应采用能覆盖论文主要内容的通用技术词语，是供检索用的关键词条。

(五) 目录

一般篇幅较长的毕业论文，设有分标题。设置分标题的论文，因其内容的层次较多，整个理论体系较庞大、复杂，为了方便阅读，可以设目录。目录一般放置在论文正文的前面。

（六）引言

引言又称前言、绪论，它是论文的引子，即论文的开头。

（七）正文

正文是论文的主体和核心部分。正文要求明确正统地表达论文工作情况和作者的见解。毕业论文属于议论文体。一般来说，论文的总体写法都基于这样的结构：提出问题—分析问题—解决问题。

论文正文包括开头、主体及结尾等部分。

1. 开头

论文的开头一般包括说明论文的写作目的、意义，对所研究问题的认识，以及提出问题。

2. 主体

主体是展开论题，表达作者个人研究成果的部分。这部分阐明论证的问题。要把论点、论据、论证有机地结合起来。要求结构合理，层次分明、重点突出、文字精练，通顺。

3. 结尾

结尾是主体要点的总结，是课题研究的成果。既要照应开头，又要简明扼要。

（八）结束语

它一般包括结论和建议两部分。是毕业论文的结束部分。一般这部分要总结全文，突出主题；它是课题研究的答案，是整个论文要点的归纳。一般为 400 ~ 1 000字。

（九）致谢

致谢是对毕业论文撰写、修改工作中给予指导、提出建议、提供便利条件和进行帮助的组织和个人表示谢意的简要文字。

（十）参考文献

在毕业论文后一般应列出参考文献。列出的参考文献一般要写清书名或篇名、作者、出版者和出版年份。如果出自学术论文，应注明作者、论文题目、刊物名称、年份和期号、页码等。

它是为了反映出对前人的科学成果的尊重，体现严肃的科学态度，分清是自己的观点或成果还是别人的观点或成果，同时也是为了指明引用资料出处，便于检索。

（十一）注释

对于一些不宜放在正文中，但作为毕业论文又是不可缺少的部分，或有重要参考价值的内容，可编入毕业论文附录中。例如问卷调查原件、数据、图表及其说明等。

五、写作实训

（一）病文诊治

论人力资源管理的重要性

内容摘要：人力资源管理是企业发展动力的源泉，是企业可持续发展的根本保障。人力资源管理根据企业的现状和未来，有计划、有目标地开展工作，对管理人员、企业员工提出了工作要求。通过加强企业文化建设和提高员工素质来加强人力资源管理。

关键词：企业；人力资源；管理；重要性

胡锦涛同志在党的十六届三中全会上，明确提出要树立和落实科学发展观，即“坚持以人为本，树立全面、协调、可持续的发展观，促进经济社会和人的全面发展”。以人为本是科学发展观的本质与核心。企业要健康快速发展，必须深刻认识科学发展观的内涵，做好企业人力资源管理。现代管理大师彼得·德鲁克曾经说过“企业只有一项真正的资源，就是人”。也就是说人力资源是企业发展的命脉。如何最大限度地做好人力资源管理，调动员工的积极性，是每个企业管理者必须思考的问题。

一、人力资源管理概述

人力资源管理是企业发展动力的源泉；是企业可持续发展的根本保障。人力资源管理涉及了管理学、法学、经济学、心理学、社会学等多个学科，是一个复杂的管理工作。

1. 人力资源管理的含义

人力资源管理是对特定社会组织所拥有的能推动其持续发展、达成组织目标的成员进行的一系列的管理活动，它是指通过对人和事的管理，处理人与人之间的关系，人和事的配合，以充分发挥人的潜能，并对人的各种活动予以计划、组织、指挥和控制，以实现组织的目标。

2. 人力资源管理的基本任务

人力资源管理的任务主要指吸引、激励、保留、开发人才为企业所用。具体说是指把组织所需的人力资源吸引到企业组织中来，将他们保留在企业组织之内，调动他们的工作积极性，并开发他们的潜能，从而获得人力资源的高效率的利用。

3. 人力资源管理的特征

人力资源管理是企业管理的基本职能，在企业管理中有其自身的独特性。主要表现在：管理内容上以人为中心；管理形式为动态管理，强调整体开发；管理方式采取人性化管理；管理策略上注重人力资源整体开发、预测与规划；管理体制上采用主动开发方式；管理层次处于决策层，直接参与企业的计划与决策。

二、加强企业人力资源管理的重要性

人力资源管理重要性的突显是市场竞争加剧的结果。随着社会主义市场经济的快速发展，人力资源管理在企业管理中的作用也变得日益重要。一个企业能否健康发展，在很大程度上取决于员工素质的高低与否，取决于人力资源管理在企业管理中的受重视程度。

1. 人力资源管理对企业管理人员的要求

人力资源管理将人作为一种重要资源加以开发、利用和管理，重点是开发人的潜能、激发人的活力，使员工能积极主动创造性地开展工作。对于企业管理人员来说，要求管理人员在工作中充分发挥承上启下、上通下达的纽带作用，帮助企业处理和协调各种关系。一要合理地处理好人与事的关系，确保人事匹配；二是恰当地解决员工之间的关系，使其和睦相处；三是充分调动员工的积极性、创造性，使员工为企业努力工作；四是对员工进行充分的培训，以提高员工的综合素质，保证企业的最好效益。

2. 人力资源管理能够提高员工的工作绩效

根据企业目标和员工个人状况，企业运用人力资源管理创造理想的组织气氛，为员工做好职业生涯设计，通过不断培训，进行横向纵向岗位或职位调整，量才使用，人尽其才，发挥个人特长，体现个人价值，促使员工将企业的成功当成自己的义务，鼓励其创造性，营造和谐向上的工作氛围，培养员工积极向上的作风，转变员工的思想，改进员工队伍的素质，使员工变被动为主动，自觉维护并完善企业的产品和服务，从而提高员工个人和企业整体的业绩。在具体运作中实行员工岗位轮换制，通过轮换发现员工最适应的工作种类，确保企业组织结构和工作分工的合理性及灵活性，从而提高员工的工作绩效，全面提高企业工作效率。

3. 人力资源管理是企业发展的需要

人是企业生存和发展的最根本要素。这是因为企业管理目标是由企业管理者制定、实施和控制的，但在工作过程中，管理者是通过员工的努力来实现工作目标的，这就要求员工必须具备良好的能力素质，掌握市场运作规律，圆满贯彻管理者意图。只有恰当的选用员工，才能圆满地实现企业预定的目标。人力资源管理能够创造灵活的组织体系，为员工充分发挥潜力提供必要的支持，让员工各尽其能，共同为企业服务，从而确保企业反应的灵敏性和强有力的适应性，协助企业实现竞争环境下的具体目标。

4. 人力资源管理是企业核心竞争力的重要因素

人是企业拥有的重要资源，也是企业的核心竞争力所在。美国管理学教授劳伦斯·S. 克需曼曾经说过："人是一切企业竞争、发展的控制因素。"随着企业对人力资源的利用和开发，企业的决策越来越多地受到人力资源管理的约束。目前人力资源管理逐渐被纳入到企业发展战略规划中，成为企业谋求发展壮大的核心因素，也是企业在市场竞争中立于不败的至关重要的因素。

三、加强企业人力资源管理的途径

企业的可持续发展，重点在于人的全面发展。企业员工素质的提高是一个由量的积累到质的飞跃的发展过程，也是一个自我更新、自我完善、自我改造的过程。本人认为加强企业人力资源管理，提高员工素质，应做好以下几个方面工作。

1. 坚持以人为本，加强企业文化建设

企业文化是企业的一种精神动力和文化资源，是其在长期的发展过程中形成的共同价值观念、思维方式和行为规范，是一种新的现代企业管理科学理论和管理方式。一个企业有什么样的精神、价值观和经营理念，就决定这个企业有什么样的组织结构、经营方式、管理制度、员工队伍和服务质量。良好的企业文化，即以人性化管理为基础，以实现企业价值观为目的，规范员工的思维方式和行为方式，不断地纠正企业员工的不良习惯。它所蕴涵的深层内容既体现了企业的发展思路和目标，也对全体员工的素质提出了更高的要求。随着物质生活水平的提高，企业员工迫切需要职业质量和生活质量进一步结合，他们不仅需要工作上的经济利益，同时也有心理上的各种需要。在企业文化建设中应将传统文化和现代文化相结合，借助人力资源管理的观念和技术激励员工，如参观、学习、考察，外出旅游等，通过潜移默化的企业文化熏陶，培养员工的团队精神和忘我工作的作风、勇于奉献的工作态度，达到企业与员工交心，使员工有归属感，企业有凝聚力，充分发挥员工的积极性和创造性，保持企业的发展后劲和可持续发展的动力。

2. 通过培训提高管理者的素质，做好人力资源管理工作

管理者的素质直接影响企业人力资源管理的成败。人力资源管理的工作任务是每个企业管理者必须履行的职责，企业管理者应该具备良好的政治思想素质，具有强烈的事业心和高度的工作责任感，具有创新意识，善于学习，具有敬业精神，具有调动员工积极性的能力。对这些知识的了解，更加明确了企业管理者通过自我完善，自我提高素质，在人力资源管理的工作中有助于管理者落实责任，确保企业各种政策、制度、组织绩效间的密切联系，维护企业人事政策和制度的连贯性。促进企业更好的成长和壮大。

人力资源管理在管理领域的扩大和在管理环节的提前等表现，使人力资源管理在企业管理中发挥着越来越重要的作用。人力资源管理在实际运作中需要不断创新，其核心是在企业管理中如何最大限度地调动员工的积极性。根据企业自身情况，建立行之有效的鼓励员工创新的竞争机制才是人力资源管理的根本所在。

（摘自免费毕业论文网 www. solw. cn）

（二）写作实训

（1）比较下列同一篇理科论文的两个标题，说明哪一个恰当，为什么？

①a. 全球气候变异之初探

b. 20 世纪 70 年代全球气候异常的特征及其形成原因的

②a. 用走迷宫的方法测定香烟中尼古丁对小鼠记忆的影响

b. 香烟中的尼古丁对小鼠记忆的影响

（2）根据下面所给材料的提示，寻找一个切入点，确定论题，尝试写作一篇小论文。

孔子是中国历史上最有影响的思想家，也是一个公认的对世界文化思想有影响的人物。他的思想不仅在社会生活中是比较强大的精神支柱，而且在正式教育和社会风气等方面都处于主导的地位。孔子和儒家的精神曾经在很大程度上变成了中国社会国民的精神，儒学在日本、韩国等亚洲国家目前是最具有优势的传统文化之一。然而，就在全世界掀起“孔子热”的同时，我们也应该看到，孔子和他的思想正渐渐从我们的现代化生活中淡去，它已经被很多国人慢慢遗忘了。勤奋、诚实、节俭、相助相生等伦理观念在韩国、日本这些现代文明较为发达的国家已生根发芽，中国也在进行现代化建设，儒家思想在中国还有现实意义吗？

（3）马克勤奋而充实地度过了大学生活的每一天，转眼之间，就到了最后一个学期。这个学期，要去完成近半年的毕业实习。马克凭借自己出色的能力和条件，申请到一家知名公司上班，马克在听取了班主任老师的谆谆教诲后，带着热切的憧憬，到公司报道上班。马克扎实的态度和严谨高效、富有创意的工作，赢得了部门领导和同事的一致好评，三个月的实习顺利结束，马克恋恋不舍地告别了同事。回到学校后，班主任老师把马克叫到办公室来，给他布置毕业前的最后一项重要任务——毕业论文的写作。老师给了他如下参考选题：

①大学生就业观念变迁分析研究。

②社会互动视角下的“超女”现象解析。

③西方节日对中国传统节日的影响。

④当代大学生人际关系的特点。

⑤网络社会问题及控制。

⑥大学生网络交往对心理健康影响的研究。

⑦大学生寝室文化的现状与影响因素研究。

⑧农民工子女健康社会化问题的思考。

⑨提升大学生自我学习能力的途径探讨。

⑩青少年偶像崇拜偏差的原因及应对策略。

请代马克选定一个题目完成毕业论文的写作。

六、归纳总结

（一）毕业论文的适用范围

毕业论文是高等院校毕业生提交的一份有一定学术价值的文章。它是大学生完成学业的标志性作业，是对学习成果的综合性总结和检阅，是大学生从事科学研究的最初尝试，是在教师指导下所取得的科研成果的文字记录，也是检验学生掌握知识的程度、分析问题等基本能力的一份综合答卷。

（二）毕业论文的特点

1. 科学性

毕业论文的科学性包括：论题必须正确，论据必须可靠，应用的材料必须准确无误，叙述必须具有逻辑严密性。

2. 独创性

对选题有自己的独到见解，力求创新，强调选题、表达的新颖性、实践性。具体表现在：

（1）研究和探索前人未曾涉及的领域；

（2）纠正或者补充前人的观点；

（3）综合前人的研究，揭示今后研究的方向；

（4）为前人的立论提供新的事实材料或采用新的研究方法等。

（三）毕业论文的分类

按学科性质，可分为文科类毕业论文、理科类毕业论文和工科类毕业论文。

（1）文科类毕业论文。以文科类知识与技能为表述内容的毕业论文。

（2）理科类毕业论文。以理科类知识与技能为表述内容的毕业论文。

（3）工科类毕业论文。以工科类知识与技能为表述内容的毕业论文。

（四）毕业论文的写作要求

1. 坚持理论联系实际的原则

撰写毕业论文必须坚持理论联系实际的原则。毕业论文在选题和观点上都必须注重联系社会主义现代化建设的实际，密切关注社会生活中出现的新情况、新问题。

2. 立论要科学、观点要创新

毕业论文的科学性是指文章的基本观点和内容能够反映事物发展的客观规律。文章的基本观点必须是从对具体材料的分析研究中产生出来，而不是主观臆想出来的。科学研究的作用就在于揭示规律，探索真理，为人们认识世界、改造世界开拓前进的道路；毕业论文的创新是其价值所在。文章的创新性，就是要求不能简单地重复前人的观点，而必须有自己的独立见解。

3. 论据要翔实，论证要严密

一篇优秀的毕业论文仅有一个好的主题和观点是不够的，它还必须要有充分、翔实的论据材料作为支持。旁征博引、多方佐证，是毕业论文有别于一般性议论文的明显特点；论证是用论据证明论点的方法和过程。论证要严密、富有逻辑性，这样才能使文章具有说服力。

毕业论文是毕业生总结性的独立作业，是学生运用在校学习的基本知识和基础理论，去分析、解决一两个实际问题的实践锻炼过程，也是学生在校学习期间学习成果的综合性总结，是整个教学活动中不可缺少的重要环节。撰写毕业论文对于培养学生初步的科学研究能力，提高其综合运用所学知识分析问题、解决问题能力有着重要意义。

项目三　拟写毕业设计

一、知识目标

通过对本模块的学习，使学生掌握毕业设计的概念，理解毕业设计的特点和写作要求，重点掌握毕业设计的结构和写法。

二、能力目标

培养学生综合运用所学知识，结合实际，独立完成毕业设计的写作。

三、写作范例

华为鞋城商厦开业剪彩仪式策划方案

一、策划目的

借华为鞋城商厦一期改造开业之机，整合鞋业资源，宣传华为鞋城大厦鞋业整体形象，展示华为鞋城商厦鞋业丰富多彩的鞋类商品，强力提升华为鞋城商厦鞋业的品牌形象，树立华为鞋城商厦鞋业在北方地区行业领袖地位，进一步拉动“五一”黄金周市场，实现北方鞋业批发的繁荣发展。

二、背景分析

沈阳地处东北要塞之地，地理环境优越，交通便利，是全国的鞋业商品集散地，从而形成众多的商品批发商城，华为鞋城商厦便是在这样的条件下应运而生，并逐步发展壮大。但随着中国经济的快速发展，鞋业市场的快速升级，原有的鞋城已不能适应市场发展的需要，随着中国鞋业交易洽谈会在沈阳举办，东南沿海鞋业基地众商贾的北进计划，东北本土鞋业集团共同探讨突围之路，为东北鞋业的发展创造了良好的投资环境，为东北鞋业的影响力将进一步扩大。

华为商厦开发公司（集团）以准确的市场定位，专业的经营管理理念，依托卓尔不群的设计风格，秉承鞋城需求旺盛的人气，纳业界之精华，果断地投资7 900万元对鞋城东区进行升级改造，从而开沈阳鞋业经营之先河，并最终引发业界之空前革命。这都决定了此次开业庆典活动的重要性。

百盛礼仪策划有限公司凭借其强大的实力，全身心地融入华为商厦开发公司（集团）的大家庭中，以独特的创意、精妙的策划、真诚贴心的细节设计、周密的安排、优质的全方位服务，承诺帮助华为鞋城商厦实现全国行业领军之企业之一的梦想。

三、开业庆典仪式风格定位

隆重、典雅、节约。

四、指导思想

（一）华为商厦开发公司（集团）与百盛礼仪策划有限公司联手协作，成立开业庆典项目，并组织策划和保证此开业庆典达到预期效果。

（二）视觉效果布设如彩虹门、楼体条幅，可以争取以地方企业经济赞助为主，从而节省庆典项目开支。

（三）企业搭台，商家唱戏，使开业庆典仪式和商家促销活动相结合，形成互动，在开业庆典中宣传了商家产品。

（四）文艺演出可与商品展示交互进行。

（五）为迎“五一”黄金周销售旺季到来作积极的准备。

五、前期的广告宣传和舆论造势

（一）华为商厦开发公司（集团）开业前期广告宣传策略

1. 借助原有的声誉，进行人际传播。因为鞋城在消费者的眼中早就有了很好的口碑，通过人与人之间的交流和传播，能更快更直接地传递信息。根据人的消费心理，当一个人去消费的时候，周围人对他的影响很大，从而形成一传十、十传百的连锁传播方式。这种传播方式能够最直接地面向消费者，引起消费者的购买欲望，从而产生购买行为，也可以节省广告开支。

2. 开业前期的户外广告宣传。户外广告的优势是冲击力强，接触的人群广，在人的视野中停留的时间长，能起到更好的宣传效果。也可趁最近媒体关于华为商厦开发公司（集团）的系列报道之势，通过新闻媒体，以东北“第一家”“升级改造”等为切入点报道，引起消费者的关注，扩大社会影响。

（二）华为鞋城商厦开业前期筹划

开业庆典活动是一个系统工程，涉及面广，头绪多，前期需周密布置。建议成立筹备小组，专职事前各项活动的落实工作，以确保华为鞋城商厦开业庆典仪式的水到渠成，不因前期工作的仓促而影响既定的实施效果。

1. 向有关单位申请占道证，提前4天向沈阳市气象局获取开业当天的天气情况资料。

2. 落实出席庆典仪式的宾客名单，省市区局委有关领导，兄弟单位的领导，提前一周发放请柬，并征集祝贺单位（非沈阳来宾请柬要在典礼前 10 天寄出，沈阳籍提前 6 天寄出，根据来否的回执确认。请柬内容有行车路线图、VIP 停车证、午餐券等）。

3. 联系新闻媒体，安排广告制作与投放时间，拟定新闻采访邀请信，找准可供媒体炒作的切入点，推销“卖点”。

……

六、现场设置

（一）宏观静态元素布设

整体布设效果要求：所设各种庆典元素和谐搭配，整体上注重点、线、面的完美结合，凸现立体感、空间层次感，色彩追求强烈的视觉冲击力，张扬喜庆展现的隆重与典雅。实现场面的大气恢弘、热烈隆重且有序进行。

1. 剪彩区布设（略）

2. 表演区布设（略）

3. 周边环境布设（略）

4. 迎宾区布设（略）

（二）宏观动态元素布设（略）

七、开业典礼议程安排

地点：华为鞋城商厦大堂

时间：2010 年 4 月 20 日上午 9：30

（一）开业典礼议程（略）

（二）开业典礼仪式正式举行之前工作准备流程（略）

八、开业典礼仪式工作日程表（略）

九、开业全程项目预算（略）

四、技能引导

（一）标题

毕业设计说明书的标题应以最恰当、最简明、最概括的词语反映毕业设计中最重要的特定内容的逻辑组合，应避免使用非规范的缩略词、首字母缩写、字符、代号和公式等，通常不采用问话的方式，字数一般不超过 20 个字，可以用设计项目加“毕业设计报告”或“毕业设计说明书”构成。

（二）目录

目录可以反映文稿的结构和主要内容，便于读者迅速找到文中所需要的内容。

（三）摘要

摘要又称提要，放在正文的前面。摘要是对毕业设计内容不加注释和评论的简短陈述，提示设计的必要信息，力求简洁、精练。摘要一般包含中文摘要和外文摘要。其中中文摘要字数应为 200 ~ 300 字，外文摘要字数不宜超过 250 个实词。

（四）关键词

关键词又称主题词，是指用来表达论文主体内容信息的词语或术语，其目的是为文献检索提供方便，关键词不宜用非通用的代号。

关键词一般书写在摘要下面，另起一行，中外文关键词应一一对应。排序时通常应按研究的对象、性质和采取的手段排序，而不应任意排列。关键词后面不加冒号，词目之间应留出一个汉字的空格，不加任何标点符号。一般为 3 ~5 个。

（五）目录

主要内容的目录，要求页码正确对应。

（六）引言

引言（或绪论）主要说明研究工作的目的、范围、对前人工作的评述以及理论分析、研究设想、研究方法和实验设计、预期结果和意义等。该部分应有一定量的文字叙述，如有必要可单独编成章。主要包括以下几个方面：

（1）简述本设计的含义、范围及其在国内、外的发展概况及存在问题。

（2）完成本设计的总体思路。

（3）简述本设计要解决的主要问题及预期社会经济效益。

引言属概括叙述或简要说明部分，不要求详细展开。

（七）正文

正文是作者对研究工作的详细表述，其内容包括：问题的提出，研究工作的基本前提，假设和条件；基本概念和理论基础；模型的建立，实验方案的拟订；设计计算的方法和内容；实验方法、内容及其分析；理论在课题中的应用，课题得出的结果，以及结果的讨论等。

在毕业设计中，虽然这部分内容是核心，但由于专业不同而有很大的差异。不同专业的学生要根据毕业设计课题的性质，确定正文包含的内容。

撰写毕业设计的正文时，应注意以下两点。

（1）表述简练，篇幅恰当。毕业设计中理论分析部分应以简练的文字概略地表达，主要写明所作的假设及其合理性，所用的分析方法、计算方法、试验方法等哪些是他人用过的，哪些是自己改进的，哪些是自己创造的即可，篇幅不宜过多。

（2）简明扼要，详略得当。毕业设计中对实验的过程及操作方法，力求叙述简明扼要，对人所共知的内容或细节不必详述。做到言之有序、言之有理，以论点为中心，组成完整而严谨的内容整体。

（八）结论

结论，又称结束语，是解决问题的部分，是毕业设计报告的综合与概括，总结与提高，是全文的最终结论，大于文章的结尾，要写得概括、简短。结论是对正文的强调，要与开头首尾照应；要概括说明本设计的情况和价值；总结其优点、特色、创新点。要实事求是，切忌言过其实。并应指出其中存在的重要问题、后续工作和研究改进的方向。

（九）参考文献

文后参考文献著录规则是论文的重要组成部分，应列在毕业设计的末尾。用于当作者本人发现引文有差错时，便于查找校正，还可以使负责毕业设计答辩的老师了解学生阅读资料的广度，作为审查毕业设计的一种参考依据；另外，便于研究同类问题的读者查阅相关的观点和材料。

当然，论文所列的参考文献必须是主要的，与本设计密切相关的，对自己写成毕业设计起过重要参考作用的专著、论文及其他资料。不要不分轻重，开列过多。

列出的参考文献一般要写清书名或篇名、作者、出版社和出版年份。

（十）附录

凡对设计内容有用，但不便写入正文的一些数据，要用表格形式列出，连同一些附图以及有关资料等附在正文之后。

附录应当一一编写顺序号，并在毕业设计说明书相关内容处注明。附录应有附录名。

为了材料的完整性，编入正文又显过繁，而又能提供比正文更多的信息、研究方法等，可考虑编写附录。因此，附录是作为论文主体的补充项目，并不是必须的。

（十一）致谢

致谢词应以简短的文字对指导教师和协助完成设计的人员表示谢意，这不仅是一种礼貌，也是对他人劳动的尊重，是治学者应有的思想作风。

根据毕业设计的性质，各专业的毕业设计说明书可以仅包括上述的一部分内容。

五、写作实训

（一）病文诊治

论文摘要：本设计在利用计算机管理学生成绩方面，突破“单独表格式文件管理，没有形成系统”的传统模式，运用小型数据库 FoxBase 语言开发编写了本管理系统。

XR2211 及在 IR－MODEM 中的应用

——应用电子技术专业毕业设计报告

作者：×××

一、选题的背景与意义

有线通信方式由于拖带一根通信电缆，使其速度，易懂范围受到限制，而且拖带电缆易磨损，拉断，滑环产生的火花干扰常常影响通信质量；而无线通信则易受到干扰而使可靠性降低。感应无线技术能较好地解决这个问题，同时这一技术又能方便的解决移动机车的自动控制，奠定一定的基础。

二、研究的基本内容与解决的主要问题

XR2211 及在 IR－MODEM 中的应用与主要问题的解决方法；XR2211 及在 IR－MODEM中的设计与实现。

三、研究的方法与技术路线

首先对 XR2211 及在 IR－MODEM 的发展进行了解和深入研究，查阅相关的资料，然后通过学习 PROTEL99SE 来完成芯片的电路设计，并进行系统调试，做出完美的一份毕业设计。

四、研究的总体安排与进度

时间安排：一月至二月整理资料；

三月至五月边写论文；

六月修改论文及答辩。

五、主要参考文献

（1）《通信原理简明教程》　　清华大学出版社

（2）《感应无线数据通信系统 SW—88》　　电子技术应用

（3）《Protel 99SE 电路设计技术与入门》　　电子工业出版社

（4）《相关元器件的数据手册》

致谢

本论文是×××老师的悉心指导和热情关怀下完成的。×××老师渊博的学识、严谨的治学态度及随和的为人之道给我留下了难以磨灭的印象，这将使我终身受益，同时，蒋××老师在生活上也给了我极大的鼓励和帮助。为此，我要对他致以最衷心的感谢。

在专科学习的三年中，我与同学建立了深厚的友谊，他们在我遇到困难时无私地伸出了援助之手，对他们的帮助我特别感谢。最后，对关心、支持我的亲人和老师致以最衷心的感谢。

（二）写作实训

（1）马克的好朋友张扬是××职业技术学院××专业的三年级学生，今年上学期他在实习结束后将完成学业毕业，老师要求他将实习过程中学到的知识写一篇毕业设计报告，他不知道要怎么样来组织语言文字，他知道马克在写作这方面有特长，于是向马克求助。

假设你是马克，请你代他的好朋友张扬设计一份毕业设计报告，要求设计理念具有前瞻性，严格遵循学校所给的写作框架，项目自行设计。8 000 字以上。

（2）以较熟知的事物为前提，完成一项比较简单的毕业设计，如“同学录电子信息系统设计”。

要求：按上述毕业设计格式要求拟写该文。

（3）请做好先期市场调查，然后根据下列“酒店营销方案”的首尾内容，将中间详细内容要素补全，完成一篇规范的文本。

××酒店营销方案

根据本市目前酒店情况，首先树立“以市场为先导，以销售为龙头”的经营理念；为了更好地开展销售工作，制定此营销方案、市场推广计划，并在工作中逐步实施。

第一章　目标任务

一、客房目标任务：××万元（人民币）/年。

二、餐饮目标任务：××万元（人民币）/年。

三、起止时间：自××年×月至××年×月。

第二章　形势分析

1. 2008 年全市酒店客房 10 000 余间，预计今年还会增加 10～20 家酒店相继开业。

2. 竞争形势会相当激烈，“僧多粥少”的现象不会有明显改善，削价竞争仍会持续。

3. 今年与本店竞争团队市场的酒店有：

……

说明：

1. 提高散客房价、入住率，降低开房率。

2. 各项活动、会务促销方案，活动卖点只能在提前 45 天左右制定方案才会有实际意义。

3. 餐饮销售方案由餐饮部另外制定详细方案。

××大酒店

××年×月×日

六、归纳总结

（一）毕业设计的概念

毕业设计报告，是应届毕业生针对某个具体课题综合运用所学专业知识、理论知识、基本技能表述专业设计情况的一种应用文，一般就工科大学生而言的，相当于一般高校的毕业论文。

（二）毕业设计的特点

1. 科学性

科学性是毕业设计的基本特点。要求作者的论题必须正确，不能凭主观臆断或个人好恶随意取舍素材或得出结论，材料必须确凿无误，在尊重科学事实的基础上搞好设计。

2. 创造性

创造性是毕业论文的重要特点之一。要有自己独到的见解，不能只是简单的继承前人的观点，而是要发展前人的理论和成果，做到对某些错误、疏漏之处进行必要的修正和完善，提出新的学说、新的构想。

3. 规范性

从目前情况来看，虽然各高校对毕业设计的具体要求不尽相同，但大致内容是相同的。在人们长期使用过程中，已经形成了约定俗称的规范、要领、要求和基本格式，在撰写时，必须严格遵守。

（三）毕业设计的分类

毕业设计的类型主要有以下三类：

1. 工程（工艺）设计

工程设计具有整体性，涉及工程的整体布局，包括主要设备的选型和专用设备的设计及其他辅助设施的设计等。

2. 设备（产品）设计

设备设计又分为单体设备设计和零部件设计。主要是对某一具体设备或零部件的规格、形式、传动结构等进行设计。

3. 活动策划文案设计

活动策划文案设计主要是调研活动、宣传活动和促销活动等的设计，包括活动环境分析、总目标、内容措施、方案与实施、费用预算、日程安排等。

（四）毕业设计的注意事项

（1）毕业设计重点应放在整体架构的构思和技术性较强的关键部分。

（2）注意解释、说明的技巧，充分利用文字与图、表、形的说明。

（3）毕业设计文面上要做到字迹清晰美观，图示规范，干净整洁，层次分明。应加上封面，装订成册，同时注意装帧设计的质量。

附　　录

国务院关于发布《国家行政机关公文处理办法》的通知

国发［2000］23 号

各省、自治区、直辖市人民政府，国务院各部委、各直属机构：现发布《国家行政机关公文处理办法》，自 2001 年 1 月 1 日起施行。1993 年 11 月 21 日国务院办公厅发布，1994 年 1 月 1 日起施行的《国家行政机关公文处理办法》同时废止。

国务院

二〇〇〇年八月二十四日

第一章　总　　则

第一条　为使国家行政机关（以下简称行政机关）的公文处理工作规范化、制度化、科学化，制定本办法。

第二条　行政机关的公文（包括电报，下同），是行政机关在行政管理过程中形成的具有法定效力和规范体式的文书，是依法行政和进行公务活动的重要工具。

第三条　公文处理指公文的办理、管理、整理（立卷）、归档等一系列相互关联、衔接有序的工作。

第四条　公文处理应当坚持实事求是、精简、高效的原则，做到及时、准确、安全。

第五条　公文处理必须严格执行国家保密法律、法规和其他有关规定，确保国家秘密的安全。

第六条　各级行政机关的负责人应当高度重视公文处理工作，模范遵守本办法并加强对本机关公文处理工作的领导和检查。

第七条　各级行政机关的办公厅（室）是公文处理的管理机构，主管本机关的公文处理工作并指导下级机关的公文处理工作。

第八条　各级行政机关的办公厅（室）应当设立文秘部门或者配备专职人员负责公文处理工作。

第二章　公文种类

第九条　行政机关的公文种类主要有：

（一）命令（令）

适用于依照有关法律公布行政法规和规章；宣布施行重大强制性行政措施；嘉奖有关单位及人员。

（二）决定

适用于对重要事项或者重大行动做出安排，奖惩有关单位及人员，变更或者撤销下级机关不适当的决定事项。

（三）公告

适用于向国内外宣布重要事项或者法定事项。

（四）通告

适用于公布社会各有关方面应当遵守或者周知的事项。

（五）通知

适用于批转下级机关的公文，转发上级机关和不相隶属机关的公文，传达要求下级机关办理和需要有关单位周知或者执行的事项，任免人员。

（六）通报

适用于表彰先进，批评错误，传达重要精神或者情况。

（七）议案

适用于各级人民政府按照法律程序向同级人民代表大会或人民代表大会常务委员会提请审议事项。

（八）报告

适用于向上级机关汇报工作，反映情况，答复上级机关的询问。

（九）请示

适用于向上级机关请求指示、批准。

（十）批复

适用于答复下级机关的请示事项。

（十一）意见

适用于对重要问题提出见解和处理办法。

（十二）函

适用于不相隶属机关之间商洽工作，询问和答复问题，请求批准和答复审批事项。

（十三）会议纪要

适用于记载、传达会议情况和议定事项。

第三章　公文格式

第十条　公文一般由秘密等级和保密期限、紧急程度、发文机关标识、发文字号、签发人、标题、主送机关、正文、附件说明、成文日期、印章、附注、附件、主题词、抄送机关、印发机关和印发日期等部分组成。

（一）涉及国家秘密的公文应当标明密级和保密期限，其中，“绝密”、“机密”级公文还应当标明份数序号。

（二）紧急公文应当根据紧急程度分别标明“特急”、“急件”。其中电报应当分别标明“特提”、“特急”、“加急”、“平急”。

（三）发文机关标识应当使用发文机关全称或者规范化简称；联合行文，主办机关排列在前。

（四）发文字号应当包括机关代字、年份、序号。联合行文，只标明主办机关发文字号。

（五）上行文应当注明签发人、会签人姓名。其中，“请示”应当在附注处注明联系人的姓名和电话。

（六）公文标题应当准确简要地概括公文的主要内容并标明公文种类，一般应当标明发文机关。公文标题中除法规、规章名称加书名号外，一般不用标点符号。

（七）主送机关指公文的主要受理机关，应当使用全称或者规范化简称、统称。

（八）公文如有附件，应当注明附件顺序和名称。

（九）公文除“会议纪要”和以电报形式发出的以外，应当加盖印章。联合上报的公文，由主办机关加盖印章；联合下发的公文，发文机关都应当加盖印章。

（十）成文日期以负责人签发的日期为准，联合行文以最后签发机关负责人的签发日期为准。电报以发出日期为准。

（十一）公文如有附注（需要说明的其他事项），应当加括号标注。

（十二）公文应当标注主题词。上行文按照上级机关的要求标注主题词。

（十三）抄送机关指除主送机关外需要执行或知晓公文的其他机关，应当使用全称或者规范化简称、统称。

（十四）文字从左至右横写、横排。在民族自治地方，可以并用汉字和通用的少数民族文字（按其习惯书写、排版）。

第十一条　公文中各组成部分的标识规则，参照《国家行政机关公文格式》国家标准执行。

第十二条　公文用纸一般采用国际标准 A4 型（210 mm × 297 mm），左侧装订。张贴的公文用纸大小，根据实际需要确定。

第四章　行文规则

第十三条　行文应当确有必要，注重效用。

第十四条　行文关系根据隶属关系和职权范围确定，一般不得越级请示和报告。

第十五条　政府各部门依据部门职权可以相互行文和向下一级政府的相关业务部门行文；除以函的形式商洽工作、询问和答复问题、审批事项外，一般不得向下一级政府正式行文。部门内设机构除办公厅（室）外不得对外正式行文。

第十六条　同级政府、同级政府各部门、上级政府部门与下一级政府可以联合行文政府与同级党委和军队机关可以联合行文；政府部门与相应的党组织和军队机关可以联合行文；政府部门与同级人民团体和具有行政职能的事业单位也可以联合行文。

第十七条　属于部门职权范围内的事务，应当由部门自行行文或联合行文。联合行文应当明确主办部门。须经政府审批的事项，经政府同意也可以由部门行文，文中应当注明经政府同意。

第十八条　属于主管部门职务范围内的具体问题，应当直接报送主管部门处理。

第十九条　部门之间对有关问题未经协商一致，不得各自向下行文。如擅自行文，上级机关应当责令纠正或撤销。

第二十条　向下级机关或者本系统的重要行文，应当同时抄送直接上级机关。

第二十一条　“请示”应当一文一事；一般只写一个主送机关，需要同时送其他机关的，应当用抄送形式，但不得抄送其下级机关。

“报告”不得夹带请示事项。

第二十二条　除上级机关负责人直接交办的事项外，不得以机关名义向上级机关负责人报送“请示”、“意见”和“报告”。

第二十三条　受双重领导的机关向上级机关行文，应当写明主送机关和抄送机关。上级机关向受双重领导的下级机关行文，必要时应当抄送其另一上级机关。

第五章　发文办理

第二十四条　发文办理指以本机关名义制发公文的过程，包括草拟、审核、签发、复核、缮印、用印；登记、分发等程序。

第二十五条　草拟公文应当做到：

（一）符合国家的法律、法规及其他有关规定。如提出新的政策、规定等，要切实可行并加以说明。

（二）情况确实，观点明确，表述准确，结构严谨，条理清楚，直述不曲，字词规范，标点正确，篇幅力求简短。

（三）公文的文种应根据行文目的、发文机关的职权和与主送机关的行文关系确定。

（四）拟制紧急公文，应当体现紧急的原因，并根据实际需要确定紧急程度。

（五）人名、地名、数字、引文准确。引用公文应当先引标题，后引发文字号。

引用外文应当注明中文含义。日期应当写明具体的年、月、日。

（六）结构层次序数，第一层为“一、”，第二层为“（一）”，第三层为“1.”，第四层为“（1）”。

（七）应当使用国家法定计量单位。

（八）文内使用非规范化简称，应当先用全称并注明简称。使用国际组织外文名称或其缩写形式，应当在第一次出现时注明准确的中文译名。

（九）公文中的数字，除成文日期、部分结构层次序数和在词、词组、惯用语、缩略语、具有修辞色彩语句中作为词素的数字必须使用汉字外，应当使用阿拉伯数字。

第二十六条　拟制公文，对涉及其他部门职权范围内的事项，主办部门应当主动与有关部门协商，取得一致意见后方可行文；如有分歧，主办部门的主要负责人应当出面协调，仍不能取得一致时，主办部门可以列明各方理据，提出建设性意见，并与有关部门会签后报请上级机关协调或裁定。

第二十七条　公文送负责人签发前，应当由办公厅（室）进行审核，审核的重点是：是否确需行文，行文方式是否妥当，是否符合行文规则和拟制公文的有关要求，公文格式是否符合本办法的规定等。

第二十八条　以本机关名义制发的上行文，由主要负责人或者主持工作的负责人签发；以本机关名义制发的下行文或平行文，由主要负责人或者由主要负责人授权的其他负责人签发。

第二十九条　公文正式印制前，文秘部门应当进行复核，重点是：审批、签发手续是否完备，附件材料是否齐全，格式是否统一、规范等。经复核需要对文稿进行实质性修改的，应按程序复审。

第六章　收文办理

第三十条　收文办理指对收到公文的办理过程，包括签收、登记、审核、拟办、承办、催办等程序。

第三十一条　收到下级机关上报的需要办理的公文，文秘部门应当进行审核。审核的重点是：是否应由本机关办理；是否符合行文规则；内容是否符合国家法律、法规及其他有关规定；涉及其他部门或地区职权的事项是否已协商、会签；文种使用、公文格式是否规范。

第三十二条 经审核，对符合本办法规定的公文，文秘部门应当及时提出拟办意见送负责人批示或者交有关部门办理，需要两个以上部门办理的应当明确主办部门。紧急公文，应当明确办理时限。对不符合本办法规定的公文，经办公厅（室）负责人批准后，可以退回呈报单位并说明理由。

第三十三条 承办部门收到交办的公文后应当及时办理，不得延误、推诿。紧急公文应当按时限要求办理，确有困难的，应当及时予以说明。对不属于本单位职权范围或者不宜由本单位办理的，应当及时退回交办的文秘部门并说明理由。

第三十四条 收到上级机关下发或交办的公文，由文秘部门提出拟办意见，送负责人批示后办理。

第三十五条 公文办理中遇有涉及其他部门职权的事项，主办部门应当主动与有关部门协商；如有分歧，主办部门主要负责人要出面协调，如仍不能取得一致，可以报请上级机关协调或裁定。

第三十六条 审批公文时，对有具体请示事项的，主批人应当明确签署意见、姓名和审批日期，其他审批人圈阅视为同意；没有请示事项的，圈阅表示已阅知。

第三十七条 送负责人批示或者交有关部门办理的公文，文秘部门要负责催办，做到紧急公文跟踪催办，重要公文重点催办，一般公文定期催办。

第七章　公文归档

第三十八条 公文办理完毕后，应当根据《中华人民共和国档案法》和其他有关规定，及时整理（立卷）、归档。

个人不得保存应当归档的公文。

第三十九条 归档范围内的公文，应当根据其相互联系、特征和保存价值等整理（立卷），要保证归档公文齐全、完整，能正确反映本机关的主要工作情况，便于保管和利用。

第四十条 联合办理的公文，原件由主办机关整理（立卷）、归档，其他机关保存复制件或其他形式的公文副本。

第四十一条 本机关负责人兼任其他机关职务，在履行所兼职务职责过程中形成的公文，由其兼职机关整理（立卷）、归档。

第四十二条 归档范围内的公文应当确定保管期限，按照有关规定定期向档案部门移交。

第四十三条 拟制、修改和签批公文，书写及所用纸张和字迹材料必须符合存档要求

第八章　公文管理

第四十四条　公文由文秘部门或专职人员统一收发、审核、用印、归档和销毁。

第四十五条　文秘部门应当建立健全本机关公文处理的有关制度。

第四十六条　上级机关的公文，除绝密级和注明不准翻印的以外，下一级机关经负责人或者办公厅（室）主任批准，可以翻印。翻印时，应当注明翻印的机关、日期、份数和印发范围。

第四十七条　公开发布行政机关公文，必须经发文机关批准。经批准公开发布的公文，同发文机关正式印发的公文具有同等效力。

第四十八条　公文复印件作为正式公文使用时，应当加盖复印机关证明章。

第四十九条　公文被撤销，视作自始不产生效力；公文被废止，视作自废止之日起不产生效力。

第五十条　不具备归档和存查价值的公文，经过鉴别并经办公厅（室）负责人批复，可以销毁。

第五十一条　销毁秘密公文应当到指定场所由二人以上监销，保证不丢失、不漏销。其中，销毁绝密公文（含密码电报）应当进行登记。

第五十二条　机关合并时，全部公文应当随之合并管理。机关撤销时，需要归档。公文整理（立卷）后按有关规定移交档案部门。工作人员调离工作岗位时，应当将本人暂存、借用的公文按照有关规定移交、清退。

第五十三条　密码电报的使用和管理，按照有关规定执行。

第九章　附　　则

第五十四条　行政法规、规章方面的公文，依照有关规定处理。外事方面的公文，按照外交部的有关规定处理。

第五十五条　公文处理中涉及电子文件的有关规定另行制定。统一规定发布之前，各级行政机关可以制定本机关或者本地区、本系统的试行规定。

第五十六条　各级行政机关的办公厅（室）对上级机关和本机关下发公文的贯彻落实情况应当进行督促检查并建立督查制度。有关规定另行制定。

第五十七条　本办法自 2001 年 1 月 1 日起施行。1993 年 11 月 21 日国务院办公厅发布，1994 年 1 月 1 日起施行的《国家行政机关公文处理办法》同时废止。

参考文献

［1］马伟胜，黄伟．常用主持词写作规范与技巧［M］．广西，广西人民出版社，2007.

［2］曾爱波，应用文写作［M］．北京，北京邮电大学出版社，2008.

［3］孟庆荣，应用文写作实训［M］．北京，清华大学出版社，北京交通大学出版社，2010.

［4］李振辉，应用文写作实训教程（第2版）．北京，机械工业出版社，2006. 5.

［5］单立勋，丁国祥．应用文写作．北京，清华大学出版社，2010. 12.

［6］孙绍玲，应用文写作．大连，东北财经大学出版社，2006. 8.

［7］刘金同，应用文写作教程（第2版）．北京，清华大学出版社，2010. 6.

［8］绕静安，王茂春．新编应用文写作实训教程．北京，中国水利水电出版社，2010. 7.

［9］陈少夫，丘国新．应用写作教程．广州，中山大学出版社，2005. 4.

［10］于贵军，毕慧玲．应用文写作训练教程．哈尔滨，黑龙江教育出版社，2009.

［11］黄永红，应用写作［M］．北京，中国科学技术大学出版社，2009.

［12］高虹，应用文写作新教程．北京，清华大学出版社，2009. 7.

［13］叶振东，贾恭惠．毕业论文的撰写与答辩．浙江，浙江大学出版社，1995.

［14］王雪菊，应用文写作训练教程．北京，高等教育出版社，2010.

［15］张爱民，常用应用文写作［M］．上海，上海同济大学出版社，2008.

［16］徐中玉，应用文写作［M］．北京，高等教育出版社，2007.